中国哲学社会科学学科年鉴
CHINESE ACADEMIC ALMANAC

ALMANAC OF LATIN AMERICAN STUDIES IN CHINA

袁东振　王鹏　陈才　主编

中国拉丁美洲研究年鉴

2020-2021

中国社会科学出版社

图书在版编目（CIP）数据

中国拉丁美洲研究年鉴．2020－2021／袁东振，王鹏，陈才主编．
—北京：中国社会科学出版社，2022．5
ISBN 978－7－5227－0100－4

Ⅰ．①中…　Ⅱ．①袁…②王…③陈…　Ⅲ．①拉丁美洲—研究—
2020－2021—年鉴　Ⅳ．①D773－54

中国版本图书馆 CIP 数据核字（2022）第 069719 号

出 版 人　赵剑英
责任编辑　王鸣迪
责任校对　韩海超
责任印制　张雪娇

出　　版　中国社会科学出版社
社　　址　北京鼓楼西大街甲 158 号
邮　　编　100720
网　　址　http://www.csspw.cn
发 行 部　010－84083685
门 市 部　010－84029450
经　　销　新华书店及其他书店

印刷装订　北京君升印刷有限公司
版　　次　2022 年 5 月第 1 版
印　　次　2022 年 5 月第 1 次印刷

开　　本　650×960　1/16
印　　张　20.25
插　　页　2
字　　数　302 千字
定　　价　168.00 元

前　言

世纪之交，中国和拉美国家关系的水平获得全方位提升，政治、经贸、科技、文化等各个领域全方位合作成效显著，所有这些，为拉美研究工作提供了前所未有的机遇和条件。在新的历史条件下，中国的拉美研究既注重重大理论问题研究，又注重应用对策研究，既注重基础性研究，又注重具有前沿性、学术性问题的研究，特别注重对我国社会主义现代化建设事业具有借鉴意义的拉美重大问题的研究。在研究成果方面取得重要突破，研究成果涵盖政治、经济、对外关系、社会文化等多学科、多领域；研究水平有明显提升，出版了一批在国内外学界有一定影响力的研究成果；对外学术交流的力度也得到明显加大，同北美、欧洲、拉美、亚洲等地区的拉美研究机构的学术交流水平不断提高。

进入21世纪以后，全国各地陆续建立多家拉美研究专门机构，这些机构成为国内拉美研究的主体力量。目前国内拉美研究机构大体可分为三大类。一是专门的学术或研究机构，以学术或政策研究为主要任务，兼具人才培养、知识传播、社会服务和智库研究的职能。这类机构以中国社会科学院拉丁美洲研究所、中国现代国际关系研究院拉丁美洲研究所、中国国际问题研究院拉丁美洲和加勒比研究所等为主要代表。二是高等院校设立的拉美研究机构。如南开大学、北京大学、安徽大学、浙江外国语学院、西南科技大学、天津外国语大学、上海大学、河北大学、北京外国语大学、暨南大学、清华大学等高校设立的拉美研究中心（或研究所），或区域国别研究中心（如大连外国语大学拉丁美洲安第斯国家研究中心、对外经贸大学太平洋联盟国家研究中心、湖北大学巴西研究中心、河北师范大学秘鲁研究中心)。这些中心通常兼具教学、人才培养和学术研究等多项职能。三是政府机构中负责拉美事务的专门机构，如外交部拉美司、中共中央对外联络部拉美局，以及商务部下属的相关部门，等等。这些部门是政府政策的执行部门，兼具政策研究的职能。

随着全国拉美研究机构的逐渐建立，拉美研究的学科体系更加完备，研究领域不断拓展，研究深度不断加强，基础研究与对策研究、国别研究与综合研究、重大理论和现实问题研究不断取得新突破。中国社会科学院拉丁美洲研究所是全国最大的拉美研究机构，其研究水平基本可以代表全国拉美研究的水平。该所学科体系最为完备，设有政治、经济、国际关系、社会文化等研究室，几乎涵盖了除拉美历史、拉美文学之外的所有学科。南开大学拉美研究中心、中国社会科学院世界历史研究所、北京大学拉美研究中心、福建师范大学美洲研究院、湖北大学拉美研究院等则在拉美历史研究方面实力雄厚。中国现代国际关系研究院拉美研究所等在拉美形势跟踪方面成绩突出。北京外国语大学、大连外国语大学等高等院校则在拉美文学和文化方面占据优势。

为了适应全国拉美研究的新形势，充分体现中国拉美研究的主要成就，展现中国拉美研究的重要学术动态，便于国内外有关部门和相关人士了解我国主要拉美研究机构和研究成果，拟从本年度起，编辑出版《中国拉丁美洲研究年鉴》。

《中国拉丁美洲研究年鉴 2020—2021》的内容共分四个部分。第一篇主要展现 2020—2021 年度全国 30 家最主要拉美研究机构的概况、主要活动、主要研究成果、对内对外学术交流动态，机构按照成立时间排序。第二篇介绍中国拉丁美洲学会、中国拉丁美洲史研究会、中国外国文学学会西葡拉美文学研究分会三个全国性拉美研究社团及其重要学术动态。第三篇介绍 2020—2021 年度重要的学术动态和重要研讨会情况。第四篇介绍2020—2021年度主要著作、研究报告（不含内部报告）、期刊学术论文等主要科研成果；主要著作和研究报告按出版时间排序，期刊论文按作者姓氏拼音排序。科研成果和学术动态信息一般截至2021年上半年。

在年鉴编辑过程中，得到中国社会科学院拉丁美洲研究所柴瑜所长和王荣军书记的指导和大力支持，得到拉美所科研处刘东山、李慧、彭赫，中国社会科学院大学（研究生院）拉美系系秘书刘凡平及其他部门同事们的积极配合与通力协作；得到中国拉丁美洲学会秘书处、中国拉丁美洲史研究会秘书处董国辉秘书长、中国外国文学学会西葡拉美文学研究分会秘书处楼宇秘书长的大力协作；得到西南科技大学拉美研究中心的特别支持；得到南开大学拉丁美洲研究中心、中国现代国际关系研究院拉丁美洲研究所、北京大学拉丁美洲研究中心、对外经济贸易大学拉丁美洲研究中心和太平洋联盟国家研究中心、商务部国际贸易经济合作研究院美洲与大洋洲研究所、外交学院拉丁美洲研究中心、浙江外国语学院拉丁美洲研究所、湖北大学巴西研究中心、中央民族大学拉丁美洲社会文化研究中心、河北师范大学秘鲁研究中心、安徽大学拉丁美洲研究所、上海外国语大学巴西研究中心、北京第二外国语学院秘鲁研究中心、中国人民大学拉丁美洲研究中心、上海大学拉丁美洲研究中心、河北大学拉丁美洲研究中心、北京外国语大学拉丁美洲研究中心、大连外国语大学拉丁美洲安第斯国家研究中心、广东外语外贸大学拉丁美洲研究中心、中山大学拉丁美洲研究中心、暨南大学拉丁美洲研究中心、常州大学拉丁美洲研究中心、西南财经大学拉丁美洲研究中心、清华大学拉美中心、中国社会科学院世界历史研究所拉丁美洲史研究室、外交学院西语国家研究中心、中国国际问题研究院拉丁美洲和加勒比研究所、江苏师范大学中拉人文交流研究基地的大力配合。张冰倩博士在年鉴编辑过程中做了大量工作。中国社会科学出版社的领导和责任编辑给予我们多方支持和帮助。在此，谨向对我们工作给予大力支持的所有机构的领导和同仁表示诚挚的谢意。

编辑《中国拉丁美洲研究年鉴》的工作刚刚起步，在前期筹备、资料收集、实践经验等方面的准备都不够充分，加之编者水平所限，肯定会有许多不足、不当和遗漏之处。敬请社会各界和拉美研究人士批评指正，以利于今后年鉴工作的不断改进。

编　者

2021 年 9 月

目　　录

第一篇　中国拉丁美洲研究机构及动态

第二篇　中国拉丁美洲研究全国性社团及动态

第三篇　重要学术会议

第四篇　主要科研成果

第一篇

中国拉丁美洲研究机构及动态

中国社会科学院拉丁美洲研究所

一　历史沿革

拉丁美洲研究所成立于1961年7月4日，最初隶属于中国科学院哲学社会科学部。1964年归中共中央联络部领导。“文化大革命”期间，研究工作中断。1976年4月全面恢复工作。1981年1月起归中国社会科学院领导。拉丁美洲研究所是国内最大的拉美综合性研究机构。现任党委书记、副所长王荣军，所长柴瑜，纪委书记、副所长袁东振，副所长高程。截至2020年年底，拉丁美洲研究所共有在职人员52人。其中，正高级职称人员10人，副高级职称人员11人，中级职称人员22人；高、中级职称人员占全体在职人员总数的83%。

拉美所创建60年来，在党中央和国务院的领导和关怀下，从创建、成长到发展壮大，走过了一条艰苦奋斗、严谨求实，而又成果累累的发展道路。党的十一届三中全会以来，拉美所承担了众多国家社科基金项目和院重点项目。编写了《拉丁美洲历史辞典》《简明拉丁美洲百科全书》《西汉经贸辞典》等大型工具书，《中国与拉丁美洲：未来10年的经贸合作》《住房政策：拉丁美洲城市化的教训》《拉美国家的能力建设与社会治理》《拉美国家的法治与政治》《墨西哥农业改革开放研究》《智利养老金制度研究》《中国与拉丁美洲和加勒比国家关系史》《拉美国家政党执政的经验与教训研究》《农民、土地与政治稳定：墨西哥现代村社制度研究》《当代中国拉丁美洲研究》《“一带一路”合作空间拓展：中拉合作新视角》《回望拉美左翼思潮的理论与实践》《一带一路和拉丁美洲：新机遇与新挑战》《现代拉丁美洲研究》《劳尔·卡斯特罗革命生涯》《智利女总统巴切莱特：绽放的铿锵玫瑰》《共享型社会：拉丁美洲的发展前景》《巴西史》《国际变局中的拉美：形势与对策》《中国与阿根廷——迈向命运共同体》等专著和译著以及大量的论文和研究报告。其中许多成果获得了国家和中国社会科学院的奖励。这些成果不仅为中国的拉美研究做出了重要贡献，而且也为繁荣中国的社会科学做出了应有的贡献。

目前研究所下设六个研究室：拉美经济研究室、马克思主义理论与拉美政治研究室、国际关系研究室、拉美社会文化研究室、拉美发展与战略研究室、拉美区域合作研究室。另外，还有《拉丁美洲研究》编辑部、信息资料室和负责行政事务的综合办公室。所学术委员会和职称评审委员会由所内及部分所外专家组成。

1984 年，拉美所与国内有关单位联合发起并成立中国拉丁美洲学会，它对推动中国的拉美研究事业发挥了重要作用。为了加强国别重点地区研究，拉美所先后成立了巴西研究中心、古巴研究中心、墨西哥研究中心、中美洲和加勒比研究中心、阿根廷研究中心，这些非实体研究中心是国别和地区综合研究平台，对提升国别研究水平和整合国内外拉美研究资源发挥了重要作用，为推动拉美研究事业的发展做出了突出贡献。

拉美所自 1979 年起出版《拉丁美洲丛刊》（双月刊），自 1986 年起，改名为《拉丁美洲研究》。这是我国第一份，也是迄今为止唯一一份向国内外发行的、专门发表有关拉美研究成果的学术刊物，在国内外拉美学术界享有一定声誉。

拉美所历来十分重视人才培养，除举办各类业务培训班、派送多人到国外留学和进修外，还设立了隶属于中国社会科学院研究生院的拉美系。拉美系每年都招收拉美经济和拉美政治研究方向的硕士生和博士生，为国家培养了很多拉美专业研究人才。

二 国内学术活动

拉丁美洲研究所每年都举办多场学术活动。2020 年主办和承办的主要学术会议、研讨会、论坛、讲座、报告会如下。

1. 2020 年 7 月 17 日，由拉丁美洲研究所经济学科主办的 2020 年度 Python 与大数据学习班第二期第一次课程在京举行。课程目标在于 Python 数据采集与计量经济学分析，以期指导科研人员切实应用于工作实践中。

2. 2020 年 7 月 23 日，由拉丁美洲研究所经济研究室主办的以“拉美当前形势和中拉‘一带一路合作’”为主题的学术研讨会，在京线上举行，邀请对拉实务一线人员围绕该议题参与讨论。

3. 2020 年 9 月 9 日，由拉美国际关系学科、国际关系研究室、《中拉命运共同体构建》创新项目组联合主办的讲座“大数据与机器学习：人工智能时代的国际关系研究”在京举行，主讲人是对外经济贸易大学国际关系学院教授董青岭。

4. 2020 年 9 月 15 日，由《拉丁美洲研究》编辑部承办的“新冠疫情背景下的拉美与中拉关系”学术研讨会在拉美所大会议室举行。会议由《拉丁美洲研究》编辑部主任刘维广主持，拉美所副所长王荣军致辞，拉美所副所长袁东振作会议总结发言。来自党政机关和科研院所约 50 人参加了研讨会。

5. 2020 年 9 月 17 日，由拉丁美洲研究所经济研究室和国家开发银行主办的“中拉经贸合作前景”座谈会在京线上举行。参加此次座谈的有来自国开行、发改委外经所和深圳综合开发研究院的领导和专家，以及经济室的全部研究人员。

6. 2020 年 9 月 22 日，由拉丁美洲研究所发展与战略研究室主办的“新冠疫情与当前拉美发展状况”研讨会在京举行，主要讨论新冠肺炎疫情在政治和社会领域对拉美国家发展状况形成的冲击。

7. 2020 年 10 月 27 日，由拉美所社会文化研究室、中国外文局朝华出版社、中国外文局当代中国与世界研究院联合举办《中国与拉美：软实力视域下的人文交流》新书发布会暨研讨会。会议由社会文化研究室主任郭存海主持。“中国在拉美的软实力战略构建研究”创新项目首席研究员张凡、拉美所副所长袁东振、中国外文局朝华出版社社长汪涛、中国外文局当代中国与世界研究院副院长孙明分别致辞。北京外国语大学西葡语学院院长常福良教授、中拉友协副会长张拓大使、北京外国语大学国际新闻与传播学院院长姜飞教授、中国社会科学院荣誉学部委员徐世澄研究员、外交学院拉丁美洲研究中心主任左晓园教授、当代中国与世界研究院对外传播研究中心主任孙敬鑫、新华社对外部西班牙语编辑室主任张源培作大会发言。

8. 2020 年 11 月 3 日，由拉丁美洲研究所发展与战略研究室主办的“新冠疫情的冲击与发展中地区对华关系走势”研讨会在京举行，邀请亚太院张洁谈疫情对东南亚地区的影响及该地区国家对华关系走势、俄欧亚所徐刚谈疫情对中东欧地区影响以及该地区国家对华关系走势、西亚非洲研究所沈晓雷谈疫情对非洲的影响及该地区国家对华关系走势、拉美所王鹏谈疫情对拉美的影响以及该地区国家对华关系走势。

9. 2020 年 11 月 5 日，由拉丁美洲研究所经济研究室主办的“2020 年拉美所经济室成果发布暨研讨会”在京举行，发布 2020 年度出版的专著和译著。

10. 2020 年 11 月 10 日，拉美政治学科、政治创新项目组和马克思主义理论与拉美政治研究室举办“拉美国家的腐败与社会治理”学术研讨会暨《拉美国家腐败治理的经验教训研究》新书发布会。会议由政治研究室主任杨建民主持，拉美所副所长、政治创新项目组首席研究员袁东振作大会致辞。会议邀请中国现代国际关系研究院金砖国家暨 G20 研究中心主任吴洪英研究员，国务院发展研究中心研究员、人民日报高级记者吴志华研究员，上海大学拉美研究中心主任江时学研究员作主题发言。

11. 2020 年 11 月 12 日，由拉丁美洲研究所中美洲和加勒比研究中心、发展与战略研究室共同举办的题为“新冠疫情与中美洲—加勒比国家对华关系动向”的研讨会在京召开。中国前驻巴拿马贸易发展办事处代表王卫华、现代国际关系研究院拉美所曹廷副研究员、中美洲和加勒比研究中心秘书长王鹏应邀发言，分析当前中美洲和加勒比地区形势、新冠肺炎疫情对拉美和加勒比地区的冲击以及当前中拉关系的走势。

12. 2020 年 11 月 17 日，由拉丁美洲研究所《构建中拉命运共同体》创新项目组、拉美国际关系学科、国际关系研究室联合举办的“美国大选及美拉关系走向”研讨会在京召开。

13. 2020 年 11 月 17 日，由拉丁美洲研究所古巴研究中心与拉美政治研究室主办的“疫情背景下古巴模式更新及其对外关系”研讨会在京召开。

14. 2020 年 11 月 19 日，由拉丁美洲研究所经济室主办的讲座“WTO 改革”在京举行，会议邀请了对外经济贸易大学 WTO 研究院屠新泉教授到所演讲。

15. 2020 年 11 月 19 日，由拉丁美洲研究所区域合作研究室主办的“国际贸易规则重构与中国的制度型开放高地建设”研讨会在京举行，邀请社科院世界经济与政治所国际贸易室主任东艳研究员举办讲座。

16. 2020 年 12 月 1 日，由拉丁美洲研究所区域合作研究室、经济研究室和墨西哥研究中心共同举办的“世界经济论坛的运行及中国对外交流的机遇”讲座在京召开，邀请世界经济论坛（达沃斯论坛）大中华区政府关系总监曲鹏程举办讲座。曲鹏程总监介绍了世界经济论坛的运行模式和发展历程。

17. 2020 年 12 月 3 日，由《构建中拉命运共同体》创新项目组、国际关系研究室和国际关系学科联合举办的“中国对外援助整体情况及援外成套项目管理——以拉美为例”会议在京召开，邀请商务部国际经济合作事务局办公室副主任于洋在方桌会议室举办讲座。

18. 2020 年 12 月 10 日，由拉丁美洲研究所社会文化研究室主办的“企业社会责任和中国在海外的可持续投资”讲座在京举办，邀请凤凰卫视《龙行天下》栏目执行总编、凤凰中国企业全球可持续发展研究院执行院长张洪福先生在拉美所圣马丁学苑举办座谈，座谈会以讲座、视频分享和互动交流等形式展开。

19. 2020 年 12 月 22 日，资深摄影家张晓冬博士在拉美所举行“光和影里的古巴社会变迁”座谈会。来自社会各界人士 20 余名参加了此次座谈会。

20. 2020 年 12 月 28 日，由拉丁美洲研究所和社会科学文献出版社共同主办的 2020 年拉美形势研讨会暨《拉丁美洲和加勒比发展报告（2019—2020）》新书发布会在京举行。会议由拉美所所长柴瑜主持，社会科学文献出版社社长王利民和拉美所副所长、《拉美黄皮书》主编袁东振分别致开幕辞，拉美所所长柴瑜作会议总结发言。来自党政机关、科研院所和新闻媒体 70 余人参加了会议。

2021 年 1—7 月拉美所举办的学术会议如下。

1. 2021 年 1 月 6 日，经济研究室以线上 + 线下的形式举办学术研讨会，邀请中国社会科学院拉丁美洲研究所张森根研究员以“经济全球化与经济民族主义——动向与前景”为主题进行主旨演讲，来自南开大学历史学院、现代国际关系研究院、中国社会科学院世界经济与政治研究所以及人民大学国际关系学院等相关单位专家学者参与讨论，拉美所所长柴瑜研究员及各研究室科研人员聆听交流。会议由经济室主任岳云霞研究员主持。

2. 2021 年 1 月 13 日，中国社会科学院拉丁美洲研究所社会文化研究室邀请中国华侨华人研究所张秀明研究员和中国社会科学院民族学与人类学研究所刘文远研究员共同在拉美所举办了“民族问题研究和发表”的专题讲座。讲座由社会文化研究室主任郭存海博士主持，来自中国社会科学院、中国人民大学、对外经贸大学、中国外文局、南京师范大学、中国社会科学出版社等机构的专家学者参加了专题座谈会。

3. 2021 年 3 月 3 日，中国社会科学院拉丁美洲研究所国际关系研究室、《拉丁美洲研究》编辑部、巴西研究中心联合举办了“社会科学研究方法及选题思路”座谈会，中国社会科学院世界经济与政治研究所《世界经济与政治》编辑部主任徐进研究员作了主题发言。会议由国关室周志伟研究员主持。这场座谈会是拉美所建所 60 周年纪念系列学术活动之一。

4. 2021 年 3 月 16 日，拉美所区域合作研究室举办“IMF 债务重组与债务限制”专题研讨会，中国进出口银行邢翊乔应邀主讲，区域合作研究室主任杨志敏研究员主持会议，区域合作研究室全体成员参与讨论。本次讲座主要围绕债务重组、IMF 融资工具及债务可持续分析、IMF 债务限制政策和实际案例等四个方面展开。

5. 2021 年 3 月 16 日，马克思主义理论与拉美政治研究室、拉美政治学科、政治创新项目组联合举办“2021 年第一次拉美左翼与社会主义”论坛，邀请荣誉学部委员徐世澄研究员作关于“拉美左翼政党和共产党的现状与研究方法”的专题学术报告。此次论坛也是拉美所建所 60 周年所庆系列学术活动之一。杨建民研究员主持会议，袁东振副所长作总结发言，来自拉美所的 30 多名科研人员参加了会议。

6. 2021 年 4 月 8 日，区域合作研究室举办“恐怖主义对‘一带一路’沿线贸易发展的影响研究”研讨会，李知睿博士应邀主讲，杨志敏研究员主持会议，区域合作研究室成员参与讨论。

7. 为庆祝中国共产党建党 100 周年、开展党史学习教育活动、庆祝拉丁美洲研究所建所 60 周年，推动该所员工进一步坚定理想信念，增强自觉运用马克思主义理论分析问题和解决问题的能力，拉丁美洲研究所在 2021 年 5—6 月举办系列学术活动。拉美所青年小组举办的《资本论》读书会是其中重要活动之一。

8. 2021 年 5 月 15 日，中国社科院拉美所与上海外国语大学联合主办的“比较法视野下的西葡与拉美法制”学术研讨会在上外虹口校区第二报告厅举行。中国社会科学院拉美所副所长袁东振研究员、上海外国语大学副校长查明建教授出席并致辞，来自中国社会科学院、北京大学、厦门大学、湖北大学、华中师范大学、华东政法大学、上海外国语大学、西班牙巴塞罗那大学、卡米亚斯大主教大学等高校、研究机构和法律实务部门 80 多位专家学者出席了研讨会。上海外国语大学法学院院长张海斌主持开幕式，拉美所副研究员谭道明作会议总结。

9. 2021 年 5 月 18 日，拉美所古巴研究中心与马克思主义理论与拉美政治研究室联合举办“2021 年第二次拉美左翼与社会主义论坛”。此次论坛的主题是迪亚斯—卡内尔执政以来的古巴模式“更新”。会议邀请外交部、中联部、现代国际关系研究院等机构的官员与学者与会。古巴中心执行主任杨建民研究员主持会议，来自拉美所的 30 多名科研人员参加了此次会议。

10. 2021 年 6 月 1 日，中美洲和加勒比研究中心举办题为“《合作伙伴协定》与欧盟—加勒比地区关系前景”的研讨会，中国社会科学院西亚非洲研究所赵雅婷博士、欧洲研究所张超博士、中美洲和加勒比研究中心秘书长王鹏分别发言，分析《合作伙伴协定》内容、欧盟发展援助政策的变化和欧盟—加勒比地区关系的前景。中国前驻哥斯达黎加大使李长华和中国现代国际关系研究院拉美所曹廷副研究员对发言作点评。

11. 2021 年 6 月 1 日，应中国社会科学院拉丁美洲研究所的邀请，中国外文局当代中国与世界研究院院长于运全研究员在拉美所大会议室作专题报告“后疫情时代中国对外传播的机遇与挑战”。专题报告会由拉丁美洲研究所所长柴瑜研究员主持，来自中国外文局当代中国与世界研究院、中国外文局朝华出版社以及拉丁美洲研究所全体研究人员聆听了这次专题报告会。

12. 2021 年 6 月 23 日，中美洲和加勒比研究中心与西南科技大学拉美研究中心在四川省绵阳市共同举办“当前中美洲—加勒比地区形势”研讨会。中美洲和加勒比研究中心秘书长王鹏、中美洲和加勒比研究中心副秘书长李菡、上海大学文学院张琨、西南科技大学拉美研究中心彭建容作会议发言。西南科技大学拉美研究中心副主任陈才教授主持会议。

13. 2021 年 6 月 24 日，拉美所“拉美发展的重大理论和现实问题研究”项目组、拉美发展与战略研究室和西南科技大学拉美研究中心在四川省绵阳市共同举办题为“拉美腐败问题与中国企业面对的挑战”的研讨会。发展与战略研究室主任王鹏副研究员、政治研究室谭道明副研究员和西南科技大学拉美研究中心李仁方副教授应邀发言。西南科技大学拉美研究中心副主任陈才教授主持会议，西南科技大学拉美研究中心崔忠洲副教授和上海大学文学院张琨博士就发言做评论。

14. 2021 年 6 月 29 日，应中国社会科学院拉丁美洲研究所的邀请，中央广播电视总台驻外资深记者杨探骊在圣马丁学苑举行了一场名为“中国话语和中国叙事体系构建”的分享会。分享会由拉丁美洲研究所社会文化研究室主任郭存海博士主持。

15. 2021 年 7 月 4—5 日，中国拉丁美洲学会会员大会暨“疫情冲击背景下拉美国家发展的新挑战及中拉关系新趋势”研讨会在中国社科院拉丁美洲研究所举行。会议采取线下线上相结合的方式进行。此次会议是在庆祝中国共产党建党 100 周年这个特殊的历史节点，又逢中国社科院拉丁美洲研究所建所 60 周年之际召开的。

16. 2021 年 7 月 14 日，“海地总统遇刺身亡与当前海地形势”研讨会在中国社会科学院拉丁美洲研究所举行。会议由中美洲和加勒比研究中心、“拉美发展的重大理论与现实问题研究”项目组和发展与战略研究室共同举办。中国前驻海地贸易发展办事处代表王书平、拉美所赵重阳和现代国际关系研究院曹廷应邀发言，中国前驻古巴大使张拓和中国前驻巴拿马贸易发展办事处代表王卫华作评论。拉美所副所长、中美洲和加勒比中心主任袁东振作会议总结。会议由中美洲和加勒比研究中心秘书长、发展与战略研究室主任王鹏主持，来自拉美所、现代国际关系研究院、中国国际问题研究院、中联部、新华社、南开大学和拉美所的 30 多名专家学者与会。

三　科研成果

2020 年拉美所共完成专著 4 部，129. 4 万字。论文 76 篇，77. 4 万字。研究报告 76 篇，27. 9 万字。译著 2 部，58. 7 万字。黄皮书 1 部，40 万字。学术普及读物 2 部，44 万字。共计 425. 7 万字。

2020 年拉美所创新工程共有 5 个研究项目，各项目组均圆满完成预期阶段性目标任务，其中 4 个项目完成结项。共在核心期刊发表论文 43 篇，一般期刊发表论文 35 篇；信息报送 55 篇；向省部委提交内部研究报告 23 篇，高端智库报告 4 篇；承担部委企事业等单位委托交办课题 7 项；接受中央媒体（三报三台两社）采访 53 人次。发表理论性文章 11 篇，其中以“习近平新时代中国特色社会主义思想研究中心”名义在中央“三报一刊”上发表 5 篇；在《拉丁美洲研究》杂志上发表马克思主义专栏文章 6 篇，发表研究阐释习近平治国理政新思想新实践专稿 5 篇，批判错误思潮文章 2 篇。出版《拉丁美洲和加勒比发展报告（2019—2020）》（黄皮书）1 部，出版专著 5 部，译著 2 部，学术普及读物 2 部。承担部委企事业等单位委托交办课题 7 项。其中，举办两次创新工程研究成果发布会，2020 年拉美黄皮书发布会。4 篇报告获院优秀对策信息对策研究类三等奖，1 篇报告获院优秀对策信息情况报告类二等奖。

四 教学成果

中国社会科学院大学（研究生院）拉丁美洲研究系以中国社会科学院拉丁美洲研究所为依托，成立于 1981 年。目前是大学 22 个教学系之一。现任系主任为中国社会科学院拉丁美洲研究所副所长袁东振研究员。

拉美系现有二级学科硕士学位点 3 个，分别是国际政治、国际关系和世界经济；二级学科博士学位点 2 个，分别是世界经济和国际政治。此外，还拥有博士后流动站 1 个。本系累计培养博士毕业生 180 余名、硕士毕业生 110 余名。向高等院校、研究院所、外交部和中联部等国家机构不断输送高端拉美研究人才。截至 2021 年 7 月，拉丁美洲研究系有博士生导师 8 名（柴瑜、袁东振、张凡、杨志敏、岳云霞、谢文泽、杨建民、周志伟），硕士生导师 11 名（王荣军、贺双荣、张勇、林华、宋霞、王鹏、刘维广、郭存海、谌园庭、高波、方旭飞）；硕、博在校学生共 44 人。

拉美系世界经济专业（拉美经济研究方向）设置专业课“拉美经济基础”和“拉美经济理论”。“拉美经济基础”是拉美系所有研究生必修的基础专业课，主要针对新入学的一年级硕士和博士研究生。本课程基本按照拉美和加勒比经济的历史发展轨迹进行讲授，在突出拉美和加勒比经济发展的一般规律的同时，注重对拉美和加勒比地区的主要案例进行分析。通过“拉美经济基础”专业课使学生能够熟悉和了解拉美和加勒比经济发展的基本情况，以及其经济发展的最新趋势，从而使学生能够结合中国经济改革的现实，站在拉美经济学科的前沿思考问题，并且提高其综合分析和研究能力。“拉美经济理论”是拉美系拉美经济专业研究生必修的专业课，主要针对该专业的二年级硕士和博士研究生。本课程重点培养学生的专业理论素养，尤其是对拉美经济发展进程中的重大理论和现实问题进行独立研究和分析的能力。按照此思路，本课程主要以拉美和加勒比经济发展的重大理论与现实问题为主，突出其研究型教学特点。通过“拉美经济理论”课使拉美经济专业的学生能够从理论上对拉美和加勒比经济发展重大问题及其经济发展的最新趋势进行独立研究，结合中国经济改革的现实，站在拉美经济学科的前沿思考问题，提高专业综合分析和研究能力。

拉美系国际政治（拉美政治研究方向）和国际关系（拉美国际关系研究方向）专业设置专业课分为“拉美政治基础”和“拉美政治理论”。“拉美政治基础”课程要求学生对拉美政治发展进程、政治体制和国家结构、立法机构和司法机构、选举制度、政党和政治思潮、社会组织和社会运动、社会阶层、阿根廷、墨西哥、巴西等拉美主要国家的政治和政治发展、当前拉美政治热点焦点问题、当代拉美国际关系的特点、拉美社会问题等有基本的了解，为进一步从事对拉美政治的研究打基础。“拉美政治理论”课程要求学生对拉美政治发展的重大理论和现实问题、拉美社会发展的重大理论和现实问题、中拉关系发展的重大理论和现实问题有比较深入的了解，为进一步从事对拉美政治的研究和撰写论文打下坚实基础。

此外，拉美系还开设有西班牙语初级课、中级课，要求非西班牙语专业的学生都要进行西班牙语的学习，为拉美专业学习提供帮助。

拉美系国际政治和国际关系专业已有教材《拉丁美洲政治》（徐

世澄著)，该书第一版是中国社会科学院研究生院第一批重点教材之一，自2006年7月出版以来，受到国内众多高校的欢迎，一些高校文科的研究生院在招收拉美方向和西班牙语专业的研究生或相关教学中，都把它作为必读或主要参考书籍之一。迄今为止，它仍然是中国国内唯一一部拉美政治教材。自2006年以后，拉美和加勒比地区的政治、经济、社会形势和国际关系发生了重大变化。在这种形势下，第一版的《拉丁美洲政治》已经难以满足新形势的需要，因此拉美系在第一版的基础上进行教材修订，目前已修订完毕，即将由中国社会科学出版社出版。本教材的编著者力求在第一版基础上，结合从事拉美政治数十年研究生教学的经验体会，力求以最新材料更加全面、系统和简要地阐述拉美的概况和政治发展进程、政治体制、政党和政党制度、思潮、政治和社会团体、拉美国际政治和拉美主要国家的政治发展成就和问题等。

拉美系世界经济专业于2020年启动《拉美经济发展》教材立项，开始教材的编著。该教材旨在适应社会科学学科建设的新要求，立足国际学术前沿，为国内拉美经济学科建设明确方向。

五 对外交流情况

拉美所同全国各地从事拉美研究的机构和学者有着广泛的联系，并且与拉美各国驻华使馆以及拉美、美国、加拿大、西班牙等地的大学、研究机构也开展了各种形式的学术交流，与多所国外机构签订有合作协议。研究所多次举办大型国际学术会议，经常派学者到国外进行访问、讲学或出席国际会议，与此同时也接待了大量的国外专家和政府官员来所进行学术交流或发表演讲。

2020年以后，因新冠肺炎疫情的缘故，拉丁美洲研究所对外学术交流活动受到较严重影响。2020年共派遣出访1批1人次，接待来访5批8人次。与拉丁美洲研究所开展学术交流的国家和地区有秘鲁、巴西、哥伦比亚、阿根廷、墨西哥等。组织国际学术研讨会1个；派员参加线上或线上线下相结合的国际会议14次，23人次。

1. 2020 年 7 月 3 日，拉美区域合作研究室助理研究员韩晗受秘鲁天主教大学邀请，通过视频会议方式，作题为“中国的经济宪法主义与亚洲国家抗击新冠的应急措施”的主题演讲，为参会秘鲁学者介绍中国在新冠肺炎疫情期间的公共卫生政策及其对拉美国家的借鉴意义。

2. 2020 年 7 月 18 日，拉美经济研究室学者 8 人参加由秘鲁利马大学主办的“新冠疫情下的中秘/中拉经贸合作”网络会议并分别发言。

3. 2020 年 9 月 11 日，经济研究室助理研究员王飞受邀参加由中国贸促会主办的拉美地区经贸政策和贸易投资法律风险报告会，作题为“巴西经济形势及中国投资巴西风险机遇”的演讲。

4. 2020 年 9 月 22 日，拉美社会文化研究室副主任林华参加了巴西国际关系研究中心（CEBRI）举办的“中国与南美洲：利益、张力与机遇”线上研讨会，并就中拉关系问题进行发言。

5. 2020 年 9 月 22 日，拉美国际关系研究室助理研究员赵重阳在哥中友好协会和哥伦比亚塔德奥大学主办的中国与拉丁美洲关系报告会上就中拉关系发言。

6. 2020 年 9 月 25 日，社会文化研究室助理研究员楼宇受阿根廷国立科尔多瓦大学语言学院邀请作题为“拉美文学在中国的传播与接受”的讲座。

7. 2020 年 10 月 14 日，在由墨西哥学院、墨西哥国立自治大学、中国社会科学院联合主办的主题为“抗击新冠肺炎疫情：共享的经验与挑战”的第四届中墨研讨会上，拉美发展与战略研究室主任王鹏以“新冠疫情和中拉关系：挑战与机遇”为题进行发言。

8. 2020 年 10 月 27 日和 30 日，由中国社会科学杂志社、中国社会科学院拉丁美洲研究所、巴西圣保罗州立大学、智利安德烈斯·贝略大学、阿根廷科尔多瓦国立大学、智利圣地亚哥大学联合主办，拉丁美洲研究所和圣地亚哥大学承办的“第九届中拉学术高层论坛暨新冠疫情后的世界学术研讨会”通过网络平台召开。来自中国、巴西、智利、阿根廷、秘鲁、墨西哥等国 100 多名学者及官员参加会议。拉美所副所长袁东振、党委副书记王荣军分别在开幕式和闭幕式中致辞。

9. 2020 年 11 月 13 日，社会文化研究室林华副主任在由阿根廷国立拉普拉塔大学国际关系学院主办的第十届学术大会“国际关系中的中国：美国、欧洲和拉美，构建命运共同体的挑战”中，就新冠肺炎疫情对中拉关系的影响进行发言。

10. 2020 年 12 月 3 日，国际基础设施投资与建设高峰论坛在澳门举办，平行会议第六届中国与拉美加勒比国家基础设施合作论坛同期举行。受中国对外承包工程商会和澳门贸易投资促进局邀请，拉美经济研究室主任岳云霞赴澳参会，并在第六届中国与拉美加勒比国家基础设施合作论坛进行了大会发言。

11. 2020 年 12 月 16 日，社会文化研究室主任郭存海在阿根廷萨尔塔大学举办的“中国和阿根廷的一带一路合作”在线研讨会中，作题为“一带一路与阿根廷”的发言。

2021 年上半年，在所党委的领导下，拉美所统筹推进疫情防控和对外学术交流工作，坚持迎难而上、主动作为，努力克服疫情影响，围绕对拉政策研究思想库建设的总目标，根据实际需要组织落实各项工作，丰富交流方式，深化学术合作。其间接待来访 6 人次，其中使馆 4 人次；举办大型国际会议 1 个；参与使领馆活动 5 次，15 人次；派学者参加线上或线上线下相结合的国际会议 7 次，8 人次。

1. 2021 年 3 月 11 日，受西班牙驻华使馆邀请，社会文化研究室助理研究员楼宇以译者和研究者的身份，参加该馆主办的“一场关于里卡多·皮格利亚的对话”活动，探讨阿根廷著名作家、文学评论家皮格利亚的作品及其对西班牙语文学的影响。

2. 2021 年 4 月 29 日，作为拉美所建所 60 周年的系列活动之一的“中拉大讲堂”学术演讲季启动仪式在中国社会科学院拉丁美洲研究所举行。本次学术演讲季由中国知网、中国拉丁美洲学会、中拉教科文中心、拉丁美洲社会科学理事会、拉丁美洲社会科学院以及拉丁美洲中国研究学会等中拉重要学术组织与研究平台共同发起，旨在普及中拉知识，促进两地学术交流，特别是增进中拉学界、媒体界、企业界、教育界和社会公众之间的相互了解和理解。

3. 2021 年 5 月 13 日，中联部邀请拉美所副所长袁东振研究员参加了该部举办的主题为“地区安全形势与中拉关系”的拉美和平组织领导人与安全智库学者网络研修班，并作“后疫情时代中拉‘一带一路’合作的风险与挑战”专题介绍。

4. 2021 年 5 月 21 日，古巴驻华使馆举办主题为“美国对古巴实施经济、商业和金融封锁及域外影响”的研讨会，我所古巴研究中心秘书长、拉美区域合作研究室助理研究员韩晗在会上作题为“多边主义中的不和谐之音——新冠疫情下美国对古巴的封锁”的发言。

5. 中国社会科学院拉丁美洲研究所联合澳门城市大学和西南科技大学，于 2021 年 5 月 26—27 日共同举办“东亚—拉美地区研究伙伴对话”国际会议。拉美所所长柴瑜、阿根廷驻华大使牛望道、中国外交部拉美司司长蔡伟和拉丁美洲社会科学理事会（CLACSO）秘书长卡琳娜·巴蒂亚尼（Karina Batthyány）出席会议，并在开幕式上致辞。本次会议以“大变局中的东亚和拉美地区发展与合作”为主题，采取线上线下相结合的方式举行。来自日本、韩国、新加坡、俄罗斯、阿根廷、巴西、智利、哥伦比亚、墨西哥、秘鲁、乌拉圭等国家以及国内各省市、地区拉美研究机构 120 多位专家学者、新闻媒体代表、听众出席会议。与会专家学者围绕东亚和拉美地区发展面临的机遇与挑战、创新发展与亚拉经验互鉴、国际可持续发展合作、“东亚—拉美地区研究伙伴对话”机制与亚拉跨地区智库合作构建这四个议题进行了深入交流和对话。

6. 2021 年 6 月初，中国驻阿根廷使馆邀请郭存海研究员参加该馆举办的建党百年线上专题研讨会，就新时期中阿、中拉关系发展及前景进行介绍，阿有关政党负责人和智库学者代表参加会议。

7. 2021 年 6 月 10 日，古巴国际政治研究中心邀请古巴研究中心秘书长韩晗参加“建党百年来作为领导力量的中国对外政策”网络研讨会，通过视频会议方式在会上作“一带一路倡议下的中拉合作：理念共识与现实发展”的演讲。

8. 2021 年 6 月 27 日，国际关系研究室副研究员孙洪波参加由阿根廷拉普拉塔国立大学中国研究中心举办的“中国共产党一百年：构建人类命运共同体”专题会议，并作题为“人类命运共同体：中国与拉美的虚构神话还是现实梦想?”的发言。

9. 2021 年 6 月 29 日，应中联部邀请，周志伟研究员参加了由中国驻累西腓领馆和巴西共产党下属智库毛里西奥·格拉博伊斯基金会、民主工党下属智库布里佐拉基金会共同举办的“百年历程——中巴智库对话会”线上会议并发言。

10. 坚决克服新冠肺炎疫情影响，保持与拉美驻华使馆的良好关系和频繁交流。2021 年上半年，拉美所所长柴瑜研究员先后拜会古巴驻华大使和阿根廷驻华大使，就双方今后可能开展的合作方式与领域进行交流，同时各拉美使馆官员多次拜访拉美所，拉美所学者也参加了一系列使馆举办的纪念活动和发布仪式等。

六 承担课题情况

（一）2020 年新立项课题

2020 年拉丁美洲研究所有多项新课题立项，其中，国家社会科学基金一般项目 1 项：“内生及外源性危机对拉美国家的影响及其应对机制研究”（张勇主持）；国家社会科学基金青年项目 1 项：“拉美现代右翼的演变及其对中拉关系的影响研究”（李昊旻主持）；中国社会科学院创新工程重大规划项目 1 项：“一带一路建设若干重大问题研究”（参与，赵奇秘书长牵头）；中国社会科学院重大科研规划项目 1 项：“未来十五年大国关系演化及中美关系”的子项目“未来十五年中国全球战略中的中国对拉美的战略”（柴瑜主持）；中国社会科学院马工程重大项目 1 项：“百年未有之大变局中的左翼政党与拉美社会主义运动”（杨建民主持）；中国社会科学院中国特色社会主义思想研究中心重点项目 1 项：“世界的拉美化：从发展动力角度看未来十年中国的国际战略环境”（高波主持）；中国社会科学院青年科研启动项目 3 项：“后疫情时代的全球价值链重整：中拉投资发展与合作”（郭凌威主持）、“墨西哥现代精英集团及其对中墨关系的影响研究”（李昊旻主持）、“基于全球多尺度多区域投入产出表的中拉贸易碳排放效应研究”（王淞主持）；院皮书项目 1 项：“拉丁美洲和加勒比发展报告 2019—2020”（袁东振主编、刘维广副主编）；横向课题 5 项：发改委国际司拟委托：“美对拉政策调整对中拉共建一带一路的挑战和对策”（岳云霞主持）、中国地质调查局南京地质调查中心委托：“安第斯重点矿业国家（秘鲁、玻利维亚、阿根廷）社会环境分析”（郭存海主持）、中联部研究室委托：“中外政党制度比较研究”（王鹏主持）、国家开发银行委托：“阿根廷经济深层分析及对我行国际业务的借鉴意义”（林华主持）、国家市场监督管理总局委托：“重点拉美国家市场监督管理机制”（谢文泽主持）等。

（二）2020 年结项课题

2020 年拉丁美洲研究所共有结项课题 6 项。其中，国家社科基金一般项目 1 项：“中国与拉丁美洲国家经贸关系研究”（谢文泽主持）。院皮书项目 1 项：“拉丁美洲和加勒比发展报告 2019—2020”（袁东振主编）。横向课题 4 项：发改委国际司拟委托：“美对拉政策调整对中拉共建一带一路的挑战和对策”（岳云霞主持）；中国地质调查局南京地质调查中心委托：“安第斯重点矿业国家（秘鲁、玻利维亚、阿根廷）社会环境分析”（郭存海主持）；中联部研究室委托：“中外政党制度比较研究”（王鹏主持）；国家市场监督管理总局委托：“重点拉美国家市场监督管理机制”（谢文泽主持）。

（三）2021 年度承担课题情况

2021 年，拉美所延续在研课题共 34 项。其中包括院重大科研规划项目 1 项；院创新工程重大科研规划项目 1 项；高端智库项目 6 项；习研中心重点项目 1 项；马工程重大项目 1 项；国家社科基金项目 3 项；拉美所创新工程项目 6 项；所级项目 6 项（机动项目）；院青年科研启动项目 2 项；部委和企业横向课题 7 项。具体如下。

1. 院创新工程重大科研规划项目：2019 年 4 月，拉美所承接中国社会科学院赵奇秘书长负责的“一带一路”建设若干重大问题研究项目，该项目由全球院牵头，俄欧亚所、欧洲所、西亚非所、拉美所、美国所、日本所等单位参与。研究周期为2019年4月至2022年12月，最终成果形式为系列研究报告。

2. 马工程重大项目：2020年5月，杨建民研究员承接中国社会科学院马工程办重大项目“百年未有之大变局中的左翼政党与拉美社会主义运动”，结项时间为2022年5月。

3. 院重大科研规划项目：2020年6月，拉美所承接中国社会科学院世界经济与政治研究所牵头的院重大科研规划项目“未来十五年大国关系演化及中美关系——中国对拉美的战略”，该项目由中国社会科学院院长谢伏瞻批示，结项时间为2021年6月30日。

4. 中国社会科学院习近平新时代中国特色社会主义思想研究中心重点项目：2020年11月，拉美所副研究员高波承接中国社会科学院习近平新时代中国特色社会主义思想研究中心重点项目“世界的拉美化：从发展动力角度看中国未来十年的国际战略环境”，结项时间为2021年12月。

5. 研究所创新工程项目：“构建中拉命运共同体：理论与实践创新”（首席研究员王荣军、贺双荣）；“拉美发展的重大理论与现实问题研究”（首席研究员袁东振）；“拉美政治生态的新变化及其影响”（首席研究员杨建民）；“拉美经济长期发展与双循环研究”（首席研究员岳云霞）；“‘一带一路’与中拉互联互通研究”（首席研究员杨志敏）；“中拉发展合作与互鉴研究”（首席研究员柴瑜）。

6. 高端智库课题：2021年上半年，拉美所王荣军研究员、柴瑜研究员、袁东振研究员、杨建民研究员、岳云霞研究员、高波副研究员、孙洪波副研究员等承担外交部、国务院新闻办、国家高端智库等课题。

7. 其他横向课题：我所柴瑜研究员、岳云霞研究员、杨志敏研究员、林华副研究员等承担国家发展与改革委员会、国家国际发展合作署、国家开发银行以及其他企业委托合作的学术研究课题。

8. 国家社科基金项目：张勇承担国家社科基金一般项目“内生及外源性危机对拉美国家的影响及其应对机制研究”；王飞承担国家

社科基金青年项目“区域性公共产品视阈下中拉在‘一带一路’框架内的金融合作研究”；李昊旻承担国家社科基金青年项目“拉美现代右翼的演变及其对中拉关系的影响研究”。

（供稿人：科研处）

南开大学拉丁美洲研究中心

一　历史沿革

南开大学拉丁美洲研究中心是我国在高校最早设立的拉丁美洲研究机构之一，现已发展成为国内重要的拉丁美洲史研究基地、人才培养基地和高水平的学术交流平台。

20世纪60年代初，为满足国家对拉丁美洲深入了解之所需，北京大学、中国人民大学、北京师范大学和复旦大学等高校先后开设拉丁美洲史课程。在这一历史大背景下，南开大学拉丁美洲史研究室成立。20世纪90年代初，国家教委积极推动高校国际问题研究，在具有基础的教委直属高校布设地区与国别研究中心。1993年11月，南开大学拉丁美洲研究中心正式挂牌成立。2000年10月，中心并入历史学院。拉丁美洲史是国家重点学科"世界史"的主要分支学科之一，也是历史学院的特色学科之一。2017年，中心成为教育部国别和区域研究备案中心。

该中心在1999年成为中国拉丁美洲史研究会秘书处所在地，负责研究会日常事务和举办各类学术活动，为组织和协调国内拉美研究发挥重要作用。洪国起教授在1991—1999年任拉丁美洲史研究会副理事长，在1999—2007年任理事长。2007—2016年，王晓德教授担任研究会理事长，韩琦教授担任常务副理事长。2016年至今，韩琦教授担任研究会理事长，董国辉教授担任副理事长兼副秘书长，王萍教授任副理事长。

二　研究方向

该中心主要对拉丁美洲整体及其主要国家的历史进行全方位研究，相关研究工作包括：

第一，对拉丁美洲整体的历史发展进程进行长期研究。目前，中心主要从拉美多元社会的形成、殖民遗产、现代化进程及社会变革等角度对拉丁美洲地区的整体发展进行研究。在拉丁美洲区域研究中已形成全方位、多角度的研究结构。

第二，中心在重视区域史研究的同时，力拓国别史研究，做到区域史与国别史相结合、大国史与小国史相协调。中心在国别史研究中紧抓具有国际和地区影响力的大国，例如阿根廷、巴西、智利、墨西哥等国家。这些地区大国无论是从自身的发展还是辐射力来说都对拉美地区产生至关重要的影响。在坚持着眼大国的同时，拉美中心并没有忽视对拉美中小国家历史的研究，例如秘鲁、巴拉圭、乌拉圭、厄瓜多尔和中美洲国家等。对于这些中小国家历史进程的研究丰富了国内拉美史研究的成果。

第三，在坚守历史学研究的同时，中心秉承史学研究的现实关怀，关注拉美现状，积极参与各种形式的现状研究。中心以历史学研究为基础，深究现实问题的历史缘由，从社会发展进程的角度对现实问题进行独具特色的解析，发挥了独特的作用和优势。这种以史学为基础的现状研究与即时性的现状研究相互配合、取长补短，加强了我国对拉美地区和国家现实问题分析的准确度和前瞻性。南开大学拉美中心在拉美地区的疫病状况、社会治理、教育等问题上都提出针对性政策和建议并形成咨政报告等类型的研究成果，取得了很好的社会效应。

三　人员情况

目前，该中心共有 32 名专职和兼职研究人员。其中，专职研究人员共有6名。在专职研究人员之中，3人为教授、博士生导师，2人为副教授、硕士生导师，1人为讲师。26名兼职研究人员均是国内外长期从事拉丁美洲研究的著名专家、学者。

四 主办刊物简介

该中心长期承担中国拉丁美洲史研究会刊物《拉美史研究通讯》的组稿、排版、出版等一系列工作。《拉美史研究通讯》每年出版两期，成为学会会员之间学术和信息交流的重要渠道。

五 学术活动

2020年9月5日，中心作为中国拉美史研究会秘书处，牵头举办“拉美史研究前沿问题”研讨会。

2020年10月24—25日，中国拉美史研究会和中国拉美学会共同举办“拉美的发展、治理与变革”研讨会。

2020年11月7—8日，中心举办国际学术会议“独立以来拉美国家的社会转型”。

2020年12月15日，中心举办学术讲座“漫谈现代化与拉美的政治变革”，北京大学董经胜教授应邀作报告。

2021年6月4日，中心举办学术讲座“拉美研究方法论刍议”，上海大学特聘教授江时学应邀作报告。

六 科研成果

该中心承担了拉美研究各类各级多项课题，发表多项高质量的研究成果。从2020年到2021年，中心师生在《世界历史》《华人华侨历史研究》《拉丁美洲研究》等学术期刊上发表30余篇论文。2020年12月，王萍教授参与翻译的《独立以来拉丁美洲的经济史》由浙江大学出版社出版。2021年3月，韩琦教授与其学生合著的《墨西哥文化革新运动与现代化》由社会科学文献出版社出版。

七 教学成果

该中心是国内高校中少数长期持续不断招收拉美史方向研究生的教学机构之一，分别于1987年和1997年开始招收拉美史方向的硕士研究生和博士研究生，2002年以后招收博士后。从2020年1月到2021年6月，该中心共招收5名硕士研究生和4名博士研究生。到2021年6月为止，该中心在拉美史方向已培养88名硕士和47名博士，现有在读硕士生和博士生合计40名。另外，在周恩来政府管理学院、经济学院等其他文科学院系，也培养拉美方向的硕士生和博士生。

该中心研究人员每年都为硕士和博士研究生开设十余门拉美史方向的专题课程，引导研究生走入拉美史研究。在研究生培养中，拉美中心教师坚持通过指导论文帮助研究生逐渐建立独立科研的能力。从2020年1月到2021年6月，在导师的指导下，拉美中心的研究生共发表26篇学术论文。同期，拉美中心的5名博士研究生的学位论文全部以总评为A的优异成绩通过匿名评审进入论文答辩阶段并顺利通过论文答辩获得学位，7名硕士研究生也顺利通过论文答辩获得学位。

该中心研究人员一直坚持为南开大学本科生和研究生开设课程，形成了涵盖本科生、硕士生和博士生的课程体系。目前，本中心为本科生开设的课程有“拉丁美洲史”“拉丁美洲外交史”“拉丁美洲现代化进程”“拉丁美洲文明史”“巴西史”和“世界近现代史”。

该中心为硕士生开设的课程包括“西班牙语基础”“拉丁美洲史专题研究”“拉丁美洲经济史专题研究”“拉丁美洲政治史专题研究”“拉丁美洲外交史专题研究”“拉美社会文化史”“拉丁美洲现代化专题研究”“拉美国别和其他问题专题讲座”和“世界近现代史专题”。

该中心为博士生开设的课程包括“专业西班牙语”“拉丁美洲经济史”“拉美现代化进程研究”“拉丁美洲一体化：理论与实践”“拉

丁美洲对外经济关系史”“拉美发展的比较政治研究”和“拉美国际关系史专题研讨”。

八　承担课题情况

该中心共承担7项课题。其中，在2020—2021年立项3项课题，分别是“阿根廷民粹主义的历史考察”（董国辉主持，2021年度中央专项资金基本科研业务费项目），“拉美结构主义发展理论的历史考察”（董国辉主持，2020年度中央专项资金基本科研业务费项目）和“20世纪30年代的阿根廷社会转型研究”（董国辉主持，2020年度国家社会科学基金一般项目）。

（供稿人：潘　芳）

中国现代国际关系研究院
拉丁美洲研究所

一　历史沿革

中国现代国际关系研究院（CICIR）是中国历史悠久、研究领域广泛、功能齐备的复合型国际战略与安全问题研究及决策咨询机构。其历史可上溯至20世纪40年代，后在1980年正式挂牌为“现代国际关系研究所”。随着研究领域的不断拓宽、研究队伍的不断壮大、研究实力的不断提升，它在2003年更名为“中国现代国际关系研究院”。目前，现代院拥有300余名研究和科辅人员，下设15个研究所、12个研究中心以及国际交流部、国际信息资料中心、研究生部、时事出版社等部门。现代院的研究领域覆盖全球所有国家和地区，涵盖全球重大战略性、综合性问题，以及中国与外国、国际机构或组织的关系等，彰显研究的全面性、综合性、战略性。现代院主办发行三大学术期刊：《现代国际关系》（中文核心期刊）、《现代国际关系》（英文版）和《国际研究参考》，每年推出具有自身特色的年度报告《年度国际战略与安全形势评估》，不定期推出各种白皮书、小册子。其下属的时事出版社每年就国际关系、国际战略与国际安全推出大量学术著作。现代院还着力培养高端人才，是国家学位委员会批准授予博士学位点、硕士学位点的单位，每年培养数十位国际关系专业和国家安全学专业的硕士生、博士生。现代院于2015年入选首批国家高端智库建设试点单位，在2020年美国宾夕法尼亚大学全球智库排行榜中名列中国第一、全球第十八，并在外交政策与国际事务研究分类排名中位列全球第三，是享誉内外的中国特色国家高端智库。

现代院拉美所的历史可追溯至20世纪60年代。现代所在1980年成立后，拉美研究室随即组建起来。2003年“所”改“院”后，研究室相应更名为“现代院拉美所”。目前，拉美所下设三个研究室：墨西哥—中美洲—加勒比研究室、安第斯地区研究室和南共市地区研究室。研究对象涵盖拉美和加勒比地区33国和14个未独立地区，研究领域包括拉美各国和地区问题、中拉关系、拉美对外合作以及全球治理等综合性问题。

二 研究方向

该所坚持区域研究与国别研究、基础研究与动态研究、学术研究与政策研究相结合，现已形成以国别研究为基础、以问题研究为牵引、以战略和政策研究为特色的多层次、复合型研究格局。主要研究领域包括：拉美地区全部33国的国别研究；拉美政治、经济、社会、军事、外交、安全等地区问题研究；中拉关系、美拉关系、欧拉关系、东亚与拉美关系等拉美对外关系研究；南共市、中美洲共同体、加勒比共同市场、拉美共同体、美墨加自由贸易区等一体化组织研究；拉美与联合国、金砖国家、G20、APEC等国际机构或组织的关系及拉美在世界格局中的地位等专题研究。

三 人员情况

该所现有研究人员十余名，具有“老中青”三代结合、以年轻人为主力军的特点，人才梯队布局合理、衔接有序。研究人员多拥有博士或硕士学位，均通晓西英或葡英双语，教育背景涵盖外语、历史、经济、国际关系、国际政治等多学科，严谨治学风气和集体攻关氛围浓厚。

该所学术带头人为吴洪英研究员。她取得历史学博士学位，曾长期担任拉美所所长，现任现代院金砖暨G20研究中心主任，是国务院政府特殊津贴专家、全国社会科学基金重大项目评审专家、博士生导师。她的研究领域包括拉美政治经济、中拉关系、美拉关系、美洲一体化、金砖机制、二十国集团、第三世界地位与作用、世界民族问题、全球治理等。其专著《巴西现代化进程透视——历史与现实》被公认为“中国研究巴西现代化进程的第一部专著”。她参编了《当代第三世界透视》《21 世纪第三世界的地位与作用》等 30 余部书籍，合译了《剑桥拉丁美洲史》（第二卷和第九卷）、《独立以来拉丁美洲经济史》和《民族与国家》等世界名著，在《人民日报》《光明日报》《经济日报》《中国日报》《世界历史》《现代国际关系》《拉丁美洲研究》等重要报纸和学术期刊上发表文章和学术论文 200 余篇。她多次应邀在 CCTV－1、CCTV－4、CGTN、凤凰卫视、中国国际广播电台等媒体上点评拉美时政，多次在“中拉智库论坛”“中拉文明对话”“东亚—拉美对话”等重要场合发表演讲，长期担任中国拉美学会副会长、中国拉美史研究会副会长。

现任所长为杨首国研究员。他取得法学博士学位，现为博士生导师，兼任中国拉美史研究会副会长、中国拉美学会常务理事，长期从事拉美战略性问题研究，研究领域涉及拉美政治、经济、外交、中拉关系及墨西哥、古巴、委内瑞拉等国别研究。他的主要研究成果包括《劳尔时代古巴经济改革研究》《巴西现代化进程中的农业问题》《中国对拉美政策评估》等多篇学术论文；在拉美国家刊物上用西班牙语发表多篇论文，包括主编《中智关系 40 年：经验与启示》（智利发展大学出版）、撰写《中墨关系 40 年回顾与展望》（墨西哥国立自治大学出版）等；在《人民日报》《解放军报》《瞭望》《世界知识》等报纸杂志或网站上发表数十篇评论文章。

现任副所长为孙岩峰研究员。他是中国拉美学会常务理事、中国拉美史研究会常务理事，长期研究拉美政治及经济形势、中拉关系，重点跟踪研究巴西、阿根廷、委内瑞拉等南美国家，多次主持现代院及外交部、中联部课题，曾参与撰写《拉美政治变迁三十年》《巴西跨越中等收入陷阱的经验教训》《新形势下的中国与墨西哥关系》（西文）等学术著作及参与翻译《葡萄牙人的地理大发现》等译著，并在中央广播电视总台、新华社、《人民日报》（海外版）、《光明日报》等媒体发表诸多时政评论。

四 学术活动

作为中国专门的、重要的拉美问题研究机构，该所每年主办多场重大学术活动，并参与国内外大量学术活动，与外交部、中联部、商务部、原环保部、财政部等政府部门，中国社会科学院、中国国际问题研究院、上海国际问题研究院等研究机构，北京大学、南开大学、中国人民大学、北京外国语大学、对外经贸大学、上海大学、湖北大学、西南科技大学等高校，国开行、中石油、中广核等企业长期保持密切交流与合作。

2020年10月16日，该所与古巴驻华使馆共同举办“中古关系60年回顾与展望”研讨会，来自外交部、中联部、对外友协等部门的政府官员，古巴驻华大使等外方官员、外交使节，以及来自中国社科院、中国国际问题研究院、中国政法大学的专家学者，新华社等媒体记者与会，共同回顾中古建交历程和60年的关系发展，展望新时代中古合作的广阔前景，呼吁加强包括公共医疗卫生在内的各个领域合作。现代院院长袁鹏在会议致辞中指出，中古关系60年，是经受国际考验、历久弥坚的60年，无论顺境逆境，中古始终相互理解、相互信任、相互支持；特别是2020年，中古两国在抗击新冠肺炎疫情斗争中，同舟共济，守望相助，谱写了两国人民友谊新篇章；展望未来，双方应继续发扬友好传统，以“一带一路”合作为抓手，拓展经贸合作，扩大人文交流，加强学术合作，尤其要以携手抗疫精神为引领，共同构筑拉美卫生合作“丝绸之路”，努力推动中古“好朋友、好同志、好兄弟”的特殊友好关系更上一层楼。

2021年4月22日，该所主办“古共‘八大’后古巴形势及中古关系”学术研讨会。中国社科院荣誉学部委员徐世澄研究员、中国前驻古巴大使张拓、中联部拉美局金小鹏副局长、中国社科院拉美研究所政治室主任杨建民研究员、中国社科院马克思主义研究院贺钦副研究员等20余位专家学者与会，就4月16日至19日召开的古巴共产党第八次全国代表大会成果以及古巴形势、中古关系等问题展开深入交流。专家学者们认为，当前古巴正进入“苏东剧变”以来又一困难时期，美国对古巴制裁封锁有增无减，古巴经济受新冠肺炎疫情严重冲击，改革亦步入“深水区”。但古巴共产党在以劳尔为首的老一辈革命家领导下，沉稳应对，推动古共“八大”如期召开。会议实现了古共领导层的新老交替，使社会主义事业得到传承和延续；重申了古巴共产党的绝对领导地位，有助于统一思想、凝聚共识；通过了一系列经济社会政策纲领性、指导性文件，为推进经济社会模式增添新动力。吴洪英研究员在总结发言中表示，此次举办古共“八大”专题研讨会，体现了中国学术界对古共“八大”以及世界社会主义运动新发展、新变化的高度关注；古共“八大”是古巴一次承前启后、继往开来的具有里程碑意义的大会，将有力推动古巴未来的发展；现代院相关研究人员将持续加强对古巴共产党“治国理政”、世界社会主义运动发展的动态跟踪和理论探索，以丰硕的学术成果向建党一百周年献礼。

2021年6月8日，该所主办“拉美政治生态变化”研讨会，就近期拉美政治生态变化动向、特点、走向及对中拉关系影响等议题进行了深入探讨。中国社科院荣誉学部委员徐世澄研究员，中国前驻古巴、阿根廷、委内瑞拉、玻利维亚大使张拓，上海大学拉丁美洲研究中心主任江时学教授，中国社科院拉美研究所方旭飞副研究员，中国国际问题研究院拉丁美洲研究所研究实习员章婕妤先后作主题发言。与会专家认为，百年疫情与百年变局叠加，拉美正走向一个历史变化的关键节点，民众普遍反思现有体制不足，呼吁加快治理体系变革和经济结构转型，以尽快走出疫情阴霾和发展困局。在此背景下，中拉发展合作的动力更加强劲，双方可持续深化政治互信，加强治国理政经验交流，创新合作模式，拓展合作领域，中拉互利合作前景可期。

此外，该所还就中拉关系、中拉“一带一路”合作、中拉能源合作、中拉“蓝色伙伴关系”、金砖国家合作、拉美与G20等议题主办多场讨论会、咨询会，邀请院内外专家从不同研究视角分析问题、分享看法，搭建了相互学习交流的良好平台。

该所研究人员积极参与国内政府部门及其他学术机构举办的各类重要学术活动，主要活动如下。

吴洪英研究员在 2020 年 1 月至 2021 年 6 月，参加近 20 次国内学术活动。主要包括：华中科技大学全球治理研究院主办的“新冠肺炎疫情与全球治理”视频国际研讨会（2020 年 4 月 30 日），并以“新冠疫情对拉美的冲击”为题进行发言；北京大学区域与国别研究院主办的“外交官眼中的全球疫情——拉美篇”视频研讨会（2020 年 5 月 11 日），并以“中拉抗疫合作”为题进行发言；中国社科院和智利圣地亚哥大学共同主办的第九届“中拉学术高层论坛”视频国际研讨会（2020 年 10 月 27 日和 30 日），并以“拉美抗击新冠疫情举措及中拉合作”为题进行发言；南开大学拉美研究中心和南开大学世界近现代史研究中心共同主办的“拉美社会转型国际研讨会”（2020 年 11 月 7—8 日），并以“新冠疫情对拉美的影响及拉美应对”为题进行发言；华中科技大学全球治理研究院主办的“第六届东湖论坛——大国关系与全球治理”视频国际研讨会（2020 年 11 月 14 日），并以“新冠疫情与拉美社会治理”为题进行发言；中国社科院民族学与人类学研究所主办的“中墨抗击新冠疫情经验交流”视频研讨会（2020 年 12 月 17 日），并以“新冠疫情对拉美的冲击及中拉合作”为题进行发言；人民日报社主办的“2020 年十大国际新闻”评选会（2020 年 12 月 18 日），并以“我认为的十大国际新闻及其理由”为题进行发言；中联部和古巴驻华使馆联合主办的“中古建交 60 周年研讨会”（2020 年 12 月 22 日），并以“中古关系面临的机遇与挑战”为题进行发言；中联部拉美局主办的“2020 年拉美地区形势研讨会”（2020 年 12 月 24 日），并以“2020 年拉美安全形势与中拉关系”为题进行发言；中国社科院拉美所主办的“全球化与经济民族主义研讨会”（2021 年 1 月 6 日），并以“全球化对拉美民族主义的影响”为题进行发言；商务部主办的“如何加强下阶段金砖国家合作”政策咨询会（2021 年 3 月 24 日），并以“新冠疫情背景下金砖国家合作的机遇与挑战及其思考”为题进行发言；国防大学防务学院主办的“中拉军事合作研讨会”（2021 年 3 月 31 日），并以“当前中拉安全合作的机遇与挑战”为题进行发言；中联部和平与核裁减理事会主办的“第一次中拉学者视频研讨会”（2021 年 5 月 13 日），并以“当前拉美安全形势”为题进行发言；中国社科院拉美所和日本、韩国学术机构共同主办的“东亚—拉美合作伙伴研讨会”（2021 年 5 月 27 日），并以“当前中拉合作面临的机遇与挑战”为题进行发言。

杨首国研究员先后参加大连外国语大学承办的第十届全国拉美研究青年论坛（2020 年 10 月）、察哈尔学会等机构联合主办的“新冠疫情下的 2020 拉美形势”研讨会（2020 年 12 月）、中国社会科学院拉丁美洲研究所举办的“中国共产党与拉美共产党和左翼政党的交往”研讨会（2021 年 5 月）、西南科技大学北京研究院举办的“美国及西方国家对华经济规制影响及应对策略”研讨会（2021 年 5 月）等十余场学术活动，并作主旨发言。

孙岩峰研究员先后参加北京外国语大学主办的国别区域研讨会（2020 年 2 月）、四川外国语大学主办的“新文科背景下的国别和区域研究人才培养”研讨会（2020 年 9 月）、清华大学与中国驻巴西使馆共同举办的“百年变局下政党在中巴关系中的作用”研讨会（2021 年 6 月）等学术活动。

五　科研成果

该所既进行独立研究，也接受国内政府部门委托研究，还同国内外有关机构就共同感兴趣的课题进行合作研究，在学界有较强影响力、号召力。研究成果或提供给有关政府部门、企事业单位，服务于政府、企业拓展对外合作；或通过学术刊物、报纸杂志等公开发表，以扩大学术和社会影响。

近一年多来，该所以集体或个人名义发表学术论文或评论文章数十篇，代表性成果如下：《中拉“一带一路”合作：挑战与深化路径》（《国际问题研究》2020 年第 2 期）、《百年变局中迷茫的拉美》

（《现代国际关系》2020 年第 6 期）、《中国与拉美国家关系中的美国因素》（《和平与发展》2020 年第 1 期）、《特朗普执政以来美国对拉美政策的调整及其影响》（《拉丁美洲研究》2020 年第 2 期）、《古巴医疗外交的特点、动因与意义——兼论新冠肺炎疫情给古巴医疗外交带来的契机》（《拉丁美洲研究》2020 年第 3 期）、《福音派在巴西的扩张及其政治影响》（《拉丁美洲研究》2021 年第 2 期）、《新冠疫情对拉美经济和中拉经贸合作的影响》（《国际研究参考》2020 年第 4 期）、《新冠疫情下拉美的发展困境与变革之路》（《2021 世界发展状况》拉美篇，中国发展出版社）等。

该所研究人员还就拉美地区形势、热点问题，在《人民日报》《光明日报》《经济日报》《中国日报》《大众日报》《工人日报》《瞭望》《世界知识》《环球》等报纸杂志及澎湃新闻等网站上发表多篇文章，内容涉及拉美整体形势、中美拉三边关系、委内瑞拉局势、玻利维亚大选、古共八大、智利修宪等；另就 2020 年中国两会与中拉合作、中国“双循环”新发展格局对中拉关系的影响、拉美疫情与中拉疫苗合作等话题，多次接受 CCTV－1、CCTV－4、CGTN、凤凰卫视、中国国际广播电台等媒体的采访，努力讲好中国故事、传播好中国声音。

六　教学成果

该所在 1981 年开始招收硕士研究生，在 1995 年开始招收博士研究生，旨在培养在国际关系、国家安全研究领域具备一定理论基础和专业知识，能够灵活运用科学研究方法独立从事创新性学术研究，适应新时代相关工作需要的高素质、高层次专门人才。该所现有 2 名博士生导师，1 名硕士生导师，招生方向为国际关系研究、国家安全研究，招生对象主要为党政机关、事业单位、国有企业等在职在编定向委培人员，迄今已为高校以及外交、外贸等战线输送多名高端人才。

七 对外交流情况

该所对外交流广泛、频繁，与拉美各国驻华使领馆、拉美国家在华学者保持着定期沟通，与拉美地区高校及研究机构建立了多种多样的交流合作形式。

目前，该所在拉美 7 国有 9 家固定交流伙伴，包括古巴国际政治研究中心、巴拿马大学、墨西哥国立自治大学、墨西哥维拉克鲁斯大学、巴西亚历山大·古斯芒基金会、巴西中国—亚洲研究所、阿根廷国际关系理事会、智利发展大学、秘鲁太平洋大学。另与联合国拉美经委会、美洲对话、巴西国际关系研究中心等多所智库、高校保持着密切交往，形成了覆盖拉美地区主要国家的交流网络。

2020 年以来，受新冠肺炎疫情影响，中外人员交流受阻。在此背景下，该所重点与拉美国家驻华使馆进行联络，并通过视频会议的形式与拉美地区学术机构保持交流，力保对外交往不中断，力求对外交往更好地服务研究工作。据不完全统计，一年半时间内，该所共与拉美国家驻华使馆官员会面十余次，与拉美地区学术机构举办线上交流会十余场。

吴洪英研究员在 2020 年 4 月 24 日参加墨西哥国立自治大学主办的“新冠肺炎疫情对人类行为、艺术的影响”国际视频研讨会，并就“新冠疫情对拉美的影响”和“中国防疫抗疫主要举措”两个题目举行讲座，在宣介我国抗疫成就、加强抗疫经验共享、驳斥美西方对我不实指责等方面发挥了一定作用。

杨首国研究员在 2021 年 6 月 11 日参加古巴外交部国际政策研究所主办的“庆祝中国共产党成立 100 周年”国际研讨会，阐述了新形势下中拉合作面临的机遇与挑战。

八 承担课题情况

该所主要承接四种类型的课题：现代院专项课题、高端智库课题、国家部委委托课题及企业委托课题。2020 年 1 月至 2021 年 6 月的课题完成情况如下。

该所完成一项关于拉美政治生态演变的现代院专项课题，对 2019 年以来拉美政治生态变化的趋势、原因及影响进行了较为详细、深入的分析。该所研究人员认为，在百年未有之大变局和新冠肺炎疫情的双重影响下，拉美政治生态加速演变，政治不信任危机蔓延，政党碎片化趋势加剧，新兴政治力量加速崛起，地区“左”“右”政治力量呈现拉锯对峙、全面博弈的新态势，拉美各国政府的执政压力空前。拉美政治生态变化背后，既有全球同频“共振”、负面效应传导的外因，更有自身新旧矛盾集中发酵、相互激荡的内因，而突然暴发的新冠肺炎疫情无疑成为冲击地区发展的最大因素，加快了地区“乱”“变”交织的进程。在此背景下，不稳定不确定因素显著增多，地区困难局面短期难以改善，改革迫在眉睫。拉美国家亟须加强民主治理，推动政党良性竞争，增强民众政治参与信心，提升政府治理能力，以创造稳定发展环境，增加内生性发展动力，推动国家重回发展快车道。

该所还承担了多项政府机构、企事业单位委托课题，包括中拉蓝色伙伴关系、中拉能源合作、全球能源合作等议题。在中拉蓝色伙伴关系研究课题中，拉美所研究人员对新时期构建中拉蓝色伙伴关系的战略意义、可行性、路径、风险挑战等进行了全面分析，提出了有针对性的政策建议，填补了国内相关研究空白，获得国家海洋信息中心专家评审会的高度评价。

（供稿人：刘婉儿）

北京大学拉丁美洲研究中心

一　历史沿革

北京大学拉丁美洲研究中心成立于2003年，是一个跨学科、跨院系（所）的学术机构，挂靠北京大学历史学系，在2017年入选教育部国别和区域研究备案中心。

二　研究方向

该中心的主要任务是：1. 协调北京大学拉丁美洲学科的教学和研究工作，对拉美地区开展跨学科的综合性研究，推出高质量的学术成果，培养后备人才；2. 针对拉美形势和中拉关系，与政府部门和企事业单位合作，开展应用性的研究，发挥智库功能；3. 通过学术会议、讲座等形式，开展丰富多彩的国内外学术交流；4. 收藏拉美研究的图书资料。

三　人员情况

董经胜：历史学系，主要研究拉美历史。

郭　洁：国际关系学院，主要研究拉美政治与外交、中拉关系。

胡续东：外国语学院，主要研究巴西文学与文化。

闵雪飞：外国语学院，主要研究巴西文学与文化。

路燕萍：外国语学院，主要研究拉美政治、拉美文学。

樊　星：外国语学院，主要研究巴西文学与文化。

四　学术活动

2020 年 5 月 17 日，郭洁参加华东师范大学政治学系主办的“转型国家的政治发展”学术研讨会，发言题目为“拉美政治观察：历史惯性抑或转型综合症?”

2020 年 8 月 12 日，清华大学第十三届政治学与国际关系学术共同体年会，郭洁应邀参加其中“拉美国家如何应对中美在全球的竞合关系”圆桌会，发言题目为“中美拉‘三角’关系的神话与现实”。

2020 年 8 月 29 日，樊星参加《外国文学》2020 年“情感与文学”全国学术研讨会并作发言：“无力的颠覆：巴西双生子文学背后的母爱隐喻”。

2020 年 9 月 15 日，郭洁参加中国社会科学院拉美所主办的“新冠疫情下的拉美与中拉关系”研讨会，发言题目为“中美拉‘三角’：评估与展望”。

2020 年 10 月 30 日，郭洁参加中国国际问题研究院发展中国家研究所主办的研讨会，发言题目为“两洋铁路可研案例分析”。

2020 年 10 月 31 日，与河北大学历史系世界史学科联合举行“外国近代以来的战争、革命和思想变迁”会议。

2020 年 11 月 26 日，樊星受邀参加“中国高等教育葡语教学六十年线上研讨会——译者之声”论坛，并作主旨发言：“Traduzindo Jorge Amado e Mia Couto：do popular ao erudito”。

2020 年 12 月 11 日，郭洁以“拉丁美洲——中美博弈的新战场?”为题，主讲北京大学国际战略研究院第 46 期“北阁论衡”。

五　科研成果

董经胜：《巴西经典民粹主义的实验（20 世纪初—1964 年）》，

《拉丁美洲研究》2020 年第 1 期。

董经胜:《民粹主义:学术史的考察》,《当代世界与社会主义》2020 年第 5 期。中国人民大学报刊复印资料《政治学》2021 年第 1 期。

董经胜:《中国拉丁美洲研究的回顾与思考》,《区域国别研究学刊》,第 2 辑,商务印书馆 2020 年 12 月版。

董经胜:《厄瓜多尔的贝拉斯科主义述评》,《世界近现代史研究》,第 17 辑,社会科学文献出版社 2020 年 12 月版。

李伯重、董经胜主编:《海上丝绸之路:全球史视野下的考察》,社会科学文献出版社 2021 年 4 月版。

Guo Jie, "Tan Lejos, Tan Cerca: On the Intellectual Implications of Latin American Studies in East Asia", *Asian Journal of Latin American Studies*, Vol. 34, No. 1, 2021.

郭洁:《变化中的中拉经济关系——多元化及其前景》,载李明、邱稔壤主编《地缘政治经济之争夺战》,台北:五南出版社,2020 年。

樊星:《巴西左翼文学》,《外国语言与文化》2020 年第 1 期。

Fan Xing, "Literatura Brasileira Oculta-Tradução e Recepção de Jorge Amado na China", in: EXODUS: Deslocamentos na literatura, no cinema e em outras artes, Editora Relicário, 2020.

樊星:《危机之下,文学何为?——2019 年巴西文坛反思》,《外国文学动态研究》2020 年第 4 期。

Fan Xing, "Brazilian Left-Wing Literature", in: Revista Brasileira de Literatura Comparada, Vol. 22, No. 41, (2020/2).

樊星:《如何理解巴西种族问题》,《读书》2020 年第 11 期。

樊星:《被低估的文学遗产——"十七年"巴西文学在中国的译介》,《文艺理论与批评》2021 年第 1 期。

樊星:《从见证者到亲历者——2020 年巴西文学叙事转向研究》,《外国文学动态研究》2021 年第 3 期。

樊星和巴西学者合译的艾青《南美洲的旅行》葡语版(Viagem

à América do Sul）2020 年获得第 6 届巴西高校出版社协会奖（Prêmio Abeu）最佳翻译图书奖。

六　教学成果

郭洁获 2020 年度北京大学北京银行教师奖。

路燕萍编译教材《西语世界文化教程》修订版，商务印书馆 2020 年版。

樊星完成北京大学本科教学改革项目“《巴西历史和文化》课程创新建设”，2020—2021 年。

七　对外交流情况

2020 年 10 月 29 日，郭洁为秘鲁太平洋大学（UP）《政治学》课程学生授课，讲授中国政治与外交。

2020 年 11 月，路燕萍为《贝内德蒂诞辰一百周年国际研讨会》（Jornadas Benedetti Crítico）作主题报告“Benedetti y la literatura uruguaya en China”。

2020 年 11 月 12 日，郭洁为巴西瓦加斯基金会（FGV）《亚洲国际关系》课程学生授课，讲授中拉关系对拉美的影响。

2020 年 11 月 14 日，郭洁参加日本拉丁美洲研究社会科学协会第 57 届年会，围绕中美拉关系以及东亚拉美研究的路径与贡献等作主题发言和专题评议。

2020 年 12 月 18 日，应秘鲁国立圣马尔克斯大学（UNMSM）亚洲研究中心邀请，郭洁围绕中拉关系现状与未来作视频讲座。

2021 年 4 月 17 日，应巴西“观中国”（Observa China）网络邀请，郭洁围绕中美拉三边关系作了一场视频讲座，五十多位学者和外交官等参加了此次活动。

樊星参与坎皮纳斯州立大学研究项目（获巴西教育部资助）“Exodus：Núcleo de Estudos sobre Produções Culturais Extemporâneas e

Excêntricas na Era dos Extremos: Brasil, América Latina e outras regiões”, 2018 年 12 月起。

樊星参与圣保罗大学研究项目（获巴西国家科学技术发展委员会资助）“Musgo Verde Azulado-Estudos de Poesia Chinesa”, 2021 年 1 月起。

八 承担课题情况

1. 参与主编、撰写、修订《中国大百科全书第三版：拉美历史卷》。

2. 参加北京大学大型专项课题：海上丝绸之路及其沿线国家历史文化研究。

3. 参与教育部人文社科重点研究基地重大项目：拉美国家社会转型研究。

4. 郭洁：国家社科基金一般项目“粮食安全背景下的中国与拉丁美洲农业合作研究”（在研）。

5. 参与主编、撰写、修订《中国大百科全书第三版：外国文学卷巴西文学部分》。

6. 主持国家社科基金青年项目：巴西“30 一代”左翼作家研究。

（供稿人：董经胜）

对外经济贸易大学拉丁美洲研究中心、太平洋联盟国家研究中心

对外经济贸易大学从事拉丁美洲区域国别研究的平台有两个：一是外语学院区域国别研究所拉丁美洲研究中心，二是太平洋联盟国家研究中心。

一　外语学院区域国别研究所拉丁美洲研究中心

为适应我国加入世界贸易组织后对外经济贸易发展的需要，发挥对外经贸大学外语学院语种众多，涵盖国家、地区广泛的优势，2001年9月对外经济贸易大学区域国别研究所成立并挂靠外语学院，下设东亚、俄罗斯与中亚、西亚北非、拉美、欧洲五个研究中心。

从拉美问题的研究角度看，对外经济贸易大学拉美研究中心事实上是延续了对外经贸大学原国际问题研究所拉美区域研究的作用。1982年原北京外贸学院国际问题研究所成立，设有欧洲、美国、西亚北非、苏联、拉美等区域研究方向。2000年，对外经贸大学与金融学院合并，国际问题研究所更名为国际经济研究院，研究部门按照专业方向重新调整，拉美区域研究方向被取消。

2001年以来，该研究中心围绕着中国与拉美国家经贸关系发展这一主题分别于2006年、2008年、2011年和2013年举办过四次国际研讨会，其中的三次在对外经贸大学举办，一次在阿根廷布宜诺斯艾利斯市与阿根廷二月三日国立自治大学共同举办。

二 太平洋联盟国家研究中心

2017 年 6 月，对外经济贸易大学宣布成立区域国别研究院，太平洋联盟国家研究中心位列该院下设十二个研究中心之一，后获教育部区域和国别研究基地备案。

（一）中心定位

区域研究平台：太平洋联盟国家研究中心是针对由智利、哥伦比亚、墨西哥、秘鲁四国所组成的拉丁美洲重要组织太平洋联盟的区域研究平台。太平洋联盟成立于 2011 年 4 月 28 日，是拉美国家在 21 世纪推动经济一体化的新尝试，以自由贸易为核心驱动力，在当前的拉美一体化进程中呈现活跃状态。从 2011 年成立至今，太平洋联盟不断壮大，其观察员国在 7 年内增加了 50 多个，其影响力不可谓不大。与其他拉美地区一体化组织相比，太平洋联盟的一个重要特点便是在关注自身发展的同时对亚太地区经贸一体化同样重视和参与，这也使其获得了其他拉美地区一体化组织所没有的动力。2013 年，中国就成为太平洋联盟观察员国，太平洋联盟近年来更是加强“向东看”，这种契合使得太平洋联盟成为中拉次区域合作“重要抓手”。该研究中心主要以该联盟四成员国及其组织整体为重点研究对象，关注其整体国情以及与我国双边关系发展，同时也注重与该区域其他组织和国家的对比研究，将研究视野辐射整个拉丁美洲和西班牙语世界，以求获得更加全面的研究成果。该中心始终将自己定位为研究该区域的全方位立体平台，在学科上覆盖广泛，包括但不局限于区域政治、经济、产业、法律制度、社会和文化研究等学科领域。

国家服务智库：该中心将自己的职能定位于国家服务智库，为我国关于太平洋联盟国家和拉丁美洲政策制定提供服务。中心始终把握正确导向，深刻认识国别和区域研究工作的重大意义，具有为国家服务的强烈意愿；在学科研究上坚持以国家战略需求为导向，积极鼓励和引导研究人员关注有关太平洋联盟国家的国际热点和我国急需解决的现实问题，强化老师的科研成果，为国家制定对外政策，尤其是对太平洋联盟国家政策的服务意识，借助学校和教师团队现有的资源禀赋优势做出自身特色，在国情研究中及时发现问题，关注问题，解决问题，积极建言献策，在国际政治、经济、文化等社会科学领域为政府相关部门提供决策咨询服务，贡献智力成果。

学术交流纽带：该中心同样将自己定位于联结太平洋联盟国家和有关学者的学术交流纽带，发挥自身跨国研究的天然属性和语言优势，积极拓展交流渠道、深度促进与研究对象国不同学术机构的多方合作，建设学习型研究平台，通过定期交流互访、共建课题、举办讲座等方式加强该中心学者和对象国机构联系，以研究中心为桥梁充分发挥学术纽带作用，加深双方友谊的同时力求更加全面准确地把握目标区域国别研究动态。

区域国别人才培养基地：中心还将自己定位为太平洋联盟国家区域国别人才培养基地。依托对外经济贸易大学整体资源，结合现有研究教师的多元研究和外语学院西语系优势，通过经济、语言和信息技术等学科的交叉渗透，拓宽人才培养口径，给予一流学生以一流的培养，造就出一批一专多能，既精通对象国语言又熟悉太平洋联盟国家国情，并掌握多种科研工具和方法的跨学科高级复合型人才。

（二）建设目标

总体目标：该中心立足太平洋联盟组织，以四成员国为核心研究对象，拉美和西语世界为延伸研究对象，秉持区域研究特色，以国家战略为科研导向，依托对外经济贸易大学的优势科研资源，打造有知名度，有辨识性，能为国家提供前瞻性、建设性政策建议的，多学科多角度的特色区域国别研究中心。

分项目标：

1. 夯实基础性研究，努力打造知名品牌。坚持该研究中心的专业性，突出特色定位是该中心长期规划的重中之重，该中心将继续以太平洋联盟组织及其成员国和观察国为重点研究对象，在夯实基础性研究的同时，还要有前沿性的开拓和碰撞。从国情出发对对象国行动和形势进行前瞻思考，开展科学评估，进行预测预判，对有关双边或多边重大问题提出前瞻性、建设性的意见，在国家相关对外战略、规划、布局和政策等方面积极发挥重要作用。在科研产出上质量并重，大力倡导相关学术研究的规范性和创新性，注重主观研制独立观点，重视相关成果的学术和公众传播，面向不同受众，使用不同方法传递智库观点，力求在该中心研究领域内提高影响力，推出如简报类、专题研究类和基础研究类抑或具有自身特色的分析模型工具等科研产品，努力打造具有该中心特色的知名品牌。

2. 紧密服务国家战略，提升咨政服务能力。坚持以服务国家战略为科研导向，不仅要在国家目前所关切的相关战略问题上下功夫，更需要开展有关太平洋联盟组织的前瞻性研究，并提出前瞻建议。中心将继续要求研究教师具有战略眼光审视大势和大局，认清机遇和挑战，准确分析不利环境和有利条件，从而未雨绸缪，系统谋划。此外，还要始终牢记形成的研究成果和建议对策要切实际，有根基，具有时效性，可行性，细致具体，具有建设性，能切实有利于我国在与相关国家的互动中趋利避害，赢得关系发展的主动权。只有把握相关国家发展大势、辨别发展方向，从具体和实际出发，才能切实发挥该中心咨政建言的作用，提升资政服务的能力。

3. 拓展与高校、科研机构和智库全面合作。该中心所依托的对外经济贸易大学具备科研机构优势，应该充分使用相关科研资源，释放科研活力。在此之上努力拓展合作外延，就北京市而言，高校数量众多，不仅各综合性大学都有较为完备的科研机构层次和布局，具备较好的研究基础、较强的人才队伍、较为集中的问题凝练和一定的决策咨询经验，更有不少学校也拥有拉美国家区域研究中心或平台。该中心将继续探索与更多机构展开合作，强调协同的同时突出特色，集中优势资源攻关重点问题，并在有关方面支持下，尤其与包括拉丁美洲研究所在内的企事业单位、智库合作共建，形成高校、政府、企业等多方面联动的机制。

4. 秉承全球治理人才培养目标，助力学校实现全球治理人才培养目标。全球治理人才培养推送是落实党和国家国际战略的一步先手棋。尤其近年来，该中心所依托的对外经济贸易大学为响应国家对全球治理人才的迫切需求，树立世界格局眼光，立足人才培养，充分发挥国际化办学特色，搭建了广泛、深度、高水平的国际化人才培养交流与合作体系，努力培养具有家国情怀、国际视野、全球竞争力的高层次人才，积极探索全球治理人才培养推送新途径。该中心作为立足太平洋联盟组织的区域国别研究中心，在全球治理人才培养上将发挥自身研究平台和国际科研纽带的优势，坚决助力学校相关人才培养目标，培养熟悉太平洋联盟组织，了解拉美的高层次人才。

（三）人员组成

太平洋联盟国家研究中心目前拥有研究人员三名，其中博士两名，硕士一名，均为区域国别研究方向，其中有：

郑皓瑜，研究中心主任，对外经济贸易大学外语学院副院长，教育部高等学校外国语言文学类专业西班牙语专业教学指导分委会委员，副教授，硕士生导师。专注拉美社会问题研究十余年，目前已出版专著一部，发表学术论文多篇。

王子刚，研究中心副主任，讲师，硕士生导师。主攻西语世界华人华侨研究、跨文化研究和“一带一路”背景下的国际关系研究，目前已出版专著一部，发表学术论文五篇，并承担省部级课题一项。

刘镓，助教，葡萄牙语语言文学硕士，主要研究方向为巴西区域国别研究，目前也已参与论文发表和课题研究。

研究中心成员在研究领域上做到了对研究对象和其所处区域较为全面的覆盖，积累了一定的科研成果和经验，团队整体年轻，富有拼搏精神，团队内部以“老”带“新”的结构保证了科研力量发展的可持续性，从整体上为中心科研提供了保障。

（四）主要科研成果

Zheng, H. (2021), *La comprensión en la interpretación desde la perspectiva de la teoría de sentido*, Ibero-América Studies, 2 (1).

郑皓瑜：《墨西哥贫困人口人力资本投资的经验及对中国的启

示——基于“机会计划”的分析》，《北京社会科学》2015 年第 9 期。

郑皓瑜：《墨西哥贫困儿童教育问题及对策研究——基于联合国千年发展目标的视角》，《全球教育展望》2015 年第 7 期。

郑皓瑜：《论拉丁美洲国家教育扶贫政策在消除贫困代际传递中的作用》，《山东社会科学》2016 年第 4 期。

王子刚：《统计与分析：探寻海外华人社团发展趋势研究的定量方法》，《统计与管理》2021 年第 7 期。

王子刚：《从数据与量化角度浅析西班牙华人社团发展》，《八桂侨刊》2021 年第 1 期。

Wang, Z. (2021), *Breve Análisis del estereotipo de China y chinos en el mundo hispanohablante*, Ibero-América Studies, 2 (1).

王子刚、黄卫平：《西班牙社会的中国形象成因分析——论在西移民活动与中资企业活动对其影响》，《温州大学学报》2020 年第 6 期。

Wang, Z. (2020), *Impactos de OBOR sobre los empresarios chinos en España-un estudio positivista*, Ibero-América Studies, 1 (1).

王子刚：《突破与创新：2008 年经济危机后西班牙华人企业的发展策略》，《华侨华人历史研究》2019 年第 3 期。

（五）学术会议

2021 年 6 月 7 日，由太平洋联盟国家研究中心主办，《伊比利亚美洲研究》（*Ibero-Americas Studies*）杂志社与西班牙中国文化交流协会（Asociación de China España Intercultural）协办的首届西语国家国别研究青年工作坊召开。

该届工作坊旨在为西班牙语世界区域国别研究的青年学者提供相互交流与学习的学术平台，建立国内外研究生间的学术交流机制，为西语世界区域国别研究的发展助力。工作坊活动吸引了众多对西语国家国别研究感兴趣的海内外青年学者参加，太平洋联盟国家研究中心主任郑皓瑜副教授与中心研究员王子刚博士发起并组织了此次活动。

（六）对外交流情况

受新冠肺炎疫情影响，本年度未开展对外交流。

（七）教学成果

2021 年 1 月，郑皓瑜等获得高等教育教学成果奖二等奖。

2021 年 1 月，郑皓瑜获北京市教学创新大赛校内二等奖。

2020 年 11 月，郑皓瑜获“首届全国西班牙语语言文学专业研究生综合性学术论坛”优秀论文指导教师。

王子刚指导的硕士学位论文获得对外经济贸易大学 2020—2021 年度优秀硕士学位论文。

（八）承担研究课题

王子刚（负责人）：

1. 校级课题《“一带一路”背景下西语世界华人现状研究》，2019—2022 年。

2. 中国侨联青年课题《西语世界华侨华人在“一带一路”倡议中的作用研究》，2019—2021 年。

（供稿人：王子刚　郑皓瑜）

商务部国际贸易经济合作研究院
美洲与大洋洲研究所

一 历史沿革

商务部国际贸易经济合作研究院（CAITEC）是商务部直属事业单位，集经贸研究、信息咨询、新闻出版、教育培训、人才培养于一体，是一所综合性、多功能的社会科学研究咨询机构，为党中央、中央决策部门提供经济外交和商务发展领域的咨政报告和决策建议，为党中央、国务院政策出台和实施提供调研评估和分析咨询，为地方决策部门对外开放和创新发展提供战略规划和实施方案。

国际贸易经济合作研究院的前身是1948年8月创建于香港的中国国际经济研究所。该机构后内迁入京，在1997年整合为外经贸部国际贸易经济合作研究院，继而在2003年正式更名为商务部国际贸易经济合作研究院。2015年，它成为中央确立的首批国家高端智库建设单位之一。

研究院现有38个部门、20个研究所、16个研究中心和研究生院，主要从事国际贸易、国际投资、国际经济合作、多双边经贸往来及流通消费等五大领域的研究咨询和研究生教育工作。

美洲与大洋洲研究所（美大所）是研究院下属研究所，设北美研究部、拉美研究部和大洋洲研究部三个研究部以及太平洋研究中心，长期研究北美洲、拉丁美洲、大洋洲主要经济体的经贸问题及中国与各国的双边经贸关系、经济和贸易相关的政策、法律、金融、财税和国际协定等，为各相关政府部门、组织机构和企业开展美大区域经贸活动提供咨询。

二 研究方向

美大所重点关注的国别包括美国、加拿大、澳大利亚、新西兰、墨西哥、巴西、阿根廷、智利、秘鲁、委内瑞拉、古巴、哥伦比亚、哥斯达黎加等；重点关注的相关国际治理机制包括：拉美区域一体化组织、亚太经合组织、二十国集团、经济合作组织以及金砖国家合作组织等；美大所下设的太平洋研究中心聚焦于太平洋地区各国经济发展及其与中国的双边经贸合作、参与太平洋地区国际国内交流与合作，并重点与相关国家讨论区域协同和一体化发展问题。

三 人员情况

美大所现有研究员 3 名，副研究员 3 名，助理研究员 4 名，研究实习员 1 名，以及其他研究助理若干。现在国内任职的正式在编人员均有长期海外工作学习经历，对研究对象地区及国别的国情有深入的了解，其中曾在中国驻美国、拉美等使领馆经商参处担任过相关职务的研究人员 3 名，对于双边经贸合作的实际情况有较为准确的认知，专职从事拉美研究的人员共 4 人，其余人员在主要研究美国、加拿大等国家相关问题时也对拉美地区问题保持密切关注。

美大所现任所长为李伟研究员，曾在中国驻美国使馆经商参处工作多年，对于美国相关国情研究及政策应对具有丰富的经验；副所长为周密研究员，主要研究对外投资合作、服务贸易、国际规则与协定等。

四 学术活动

2020 年 10 月，多名研究人员参加第十届全国拉美研究青年论坛，分别围绕“基于新冠肺炎疫情下中拉公共卫生应急管理合作”“中国与巴拿马经贸关系的变化和未来”和“古巴的石油困境与出路”作发言。

2020 年 12 月，美大所协助国际贸易经济合作研究院举办“中国—巴西贸易关系—服务贸易与自贸协定影响评估”专家研讨会。此次会议是国际贸易经济合作研究院与巴西应用经济研究院的第二次联合研讨会。2019 年 12 月，两机构在巴西首都巴西利亚成功举办双方第一次联合研讨会，巴西副总统莫朗（Hamilton Mourão）、参议院外委会主席特拉德（Nelson Trad）、众议院巴中议员阵线主席皮纳托（Fausto Pinato）等，我驻巴西大使杨万明、经商参处公使衔参赞邵英军应邀出席，研讨会围绕“中国与巴西的国际战略”和“中国与巴西贸易、投资和金融关系”两大主题展开讨论。2020 年，由于新型冠状病毒肺炎疫情影响，双方原计划在北京举办的第二次联合研讨会改为线上举行。此次研讨会分 2 场，第一场主题为“中国与巴西签署 FTA 货物贸易关税评估”，第二场主题为“中国和巴西的服务贸易研究”。中巴双方联合研究团队成员就双方 2020 年度完成的 2 份联合研究报告进行了阐述，并与受邀专家、与会听众进行了深入讨论。中国商务部副部长王受文，巴西经济部外贸副部长卢卡斯·费拉斯（Lucas Ferraz），中国驻巴西大使馆金红军公使，中国商务部研究院副院长曲维玺，巴西应用经济研究院院长多林格先生等出席研讨会并致辞，中国驻巴西大使馆经商参处邵英军公参、部分官员出席了研讨会。

2021 年，国际贸易经济合作研究院将与巴西应用经济研究院就中巴投资合作展开联合研究并举办双方第三次联合研讨会。

五 科研成果

截至 2021 年 3 月，美大所共公开发表文章 420 余篇，主持或参与项目 200 余个。

在国别合作领域，美大所代表性成果包括《中国与哥斯达黎加自由贸易协定可行性研究》和《中国与智利自由贸易协定可行性研究》等；在地方合作领域，美大所代表性成果包括《中美省州合作的重点与难点》《珠海与拉美国家经贸合作研究》《中国（乐亭）拉美产业园战略规划》等；在国际合作领域，美大所代表性成果有《关于贸易便利化行动实施有效性评估的研究》《关于中国实施相关贸易便利化措施的必要性及成本的评估——对 WTO 贸易便利化谈判的影响》等。除了研究地区内经贸问题，美大所广泛参与制定各省市经贸政策规划、自贸区规划，并参与高校学科建设和教材编写。

美大所主要报告类科研成果包括：《中国与哥斯达黎加自由贸易协定可行性研究》《中国与智利自由贸易协定可行性研究》《美洲与大洋洲国家风险报告》《珠海与拉美国家经贸合作研究》《中国（乐亭）拉美产业园战略规划》《拉美环境保护产业需求调查与研究》《中国与拉美国家"一带一路"经贸合作研究》《中国—巴西自由贸易协定货物贸易影响评估》《中国—巴西服务贸易研究》和《中国—巴西农业合作研究》。

美大所研究人员近期发表的研究成果包括：

周密：《美藉〈美墨加协定〉获国际经贸更强主导权》，《世界知识》2020 年 8 月上。

周密、辛灵：《增强国际集成设施合作全产业链高质量发展能力》，《国际工程与劳务》2021 年 4 月。

周密：《新冠疫情对国际工程供应链管理的冲击及应对》，《施工企业管理》2021 年第 5 期。

六　教学成果

美大所是纯科研型研究机构，无日常教学任务。所内研究员每年均接收国际贸易、国际金融、农林经济、工商管理、国际商务等研究方向的硕士研究生若干名。2020—2021 年度，李伟所长招收硕士研究生 4 名，周密副所长招收硕士研究生 8 名。

七 对外交流情况

美大所各研究人员按分工，与相关国家驻华使馆以及中国驻当地使馆保持日常联络与交流。2020 年到 2021 年，相关人员先后与海地驻华代表处、墨西哥驻华使馆、古巴驻华使馆、阿根廷驻华使馆、乌拉圭驻华使馆等相关官员举行会见并探讨双边经贸有关问题，与中国驻巴西使馆及巴西驻华使馆联络筹备中巴联合研究事宜。

2019 年 12 月，国际贸易经济合作研究院和巴西经济部应用经济研究院在巴西首都巴西利亚签署了两机构开展联合研究的合作备忘录。这是习近平主席参加金砖国家领导人峰会的访问成果之一。两机构约定开展为期五年的联合研究。2020 年，两机构的研究主题为“中巴服务贸易与自贸协定影响评估”；2021 年，研究主题为“巴西如何有效参与‘一带一路’建设”。

2020 年，按照相关工作规划，中方与巴西方合作完成 2 份研究报告，分别为《中国—巴西自由贸易协定货物贸易影响评估》和《中国—巴西服务贸易研究》。2021 年，中方和巴西方完成《中国—巴西农业合作研究》报告的修改以及《中国—巴西投资合作研究》报告的撰写工作。

2020 年 12 月，美大所作为主办方举办了“中国—巴西贸易关系—服务贸易与自贸协定影响评估”专家研讨会。商务部副部长王受文、巴西经济部副部长卢卡斯·费拉斯线上出席了该研讨会。

八 承担课题情况

2020—2021 年度，美大所承担的与拉丁美洲地区相关的课题主要为中国—巴西联合研究课题，主要评估中巴自由贸易协定影响，形成报告《中国—巴西自由贸易协定货物贸易影响评估》《中国—巴西服务贸易研究》及《中国—巴西农业合作研究》。在 2021 年度，中国—巴西联合研究课题主要关注巴西如何有效参与“一带一路”建设，将形成报告《中国—巴西投资合作研究》。

（供稿人：唐　洁）

外交学院拉丁美洲研究中心

一　历史沿革

外交学院拉美研究中心成立于 2009 年 12 月。

二　研究方向

中心的主要研究方向为：拉丁美洲政治，美拉关系，中拉关系，拉丁美洲历史、文化，拉丁美洲文学等。

三　人员情况

该研究中心现有 9 名研究人员，从事与拉美研究相关的教学、科研工作。所有研究人员都有海外研修经历，其中 8 人拥有博士学位；1 人为教授，1 人为副教授，7 人为讲师。3 名研究人员为英语与国际问题研究系教师，主要从事拉美国际关系及拉美历史、政治方面的研究；其他研究人员由西班牙语专业的教师构成，主要从事拉美文化、文学领域的研究和西班牙语教学工作。

四　学术活动

由于新冠肺炎疫情，中心在 2020 年没有组织活动，但是参加了一些线上的国际、国内学术交流活动。

五　科研成果

2020 年，该中心研究人员在《拉丁美洲研究》《光明日报》《中国社会科学报》《今日中国》《中国文化报》等期刊、报纸上发表论文及时评近十篇。其中一篇时评被推送到中宣部主办的“学习强国”平台。

六　对外交流情况

中心与美国、巴西、墨西哥、智利、阿根廷等国的学术机构有合作关系，不定期进行学术互访、共同进行学术研究等。

七　承担课题情况

2021 年度参与完成部委委托课题一项，参与完成教育部国别与地区研究中心课题一项。

（供稿人：左晓园）

西南科技大学拉丁美洲研究中心

一　历史沿革

西南科技大学拉丁美洲研究中心成立于2010年，为学校独立专设的正处级智库型学术研究机构。2012年，中心被教育部首批评审认定为全国37个“区域和国别研究培育基地”（教外司专［2012］90号）之一；2013年5月，被四川省教育厅确立为首批12个“四川省国别和区域重点研究基地”（川教函［2013］344号）之一，系其中唯一从事拉美研究的机构；2019年，教育部评估中被认定为全国48个“高校国别和区域研究高水平建设单位”（教外司综［2020］1585号）之一。

二　研究方向

中心积聚校内外资源，形成一支在拉美经济、拉美社会、拉美教育、拉美政治和中拉人文交流等多个领域具有专业优势和学术影响的研究团队，团队成员的专业领域涉及经济学、社会学、法学、外语等多个学科。

三　人员情况

中心立足西南科技大学，引进与自我培养相结合，国际与国内、专职与兼职、自立与合作相结合，逐步构建起一支稳定的、跨学科的具备较高水平的研究队伍。目前，中心专职研究人员 13 人，博士比例 38%，高级职称比例 62%，赴相关国家（区域）研修比例 62%，参加政府咨询会 10 人次；已聘任苏振兴、徐世澄等拉美研究领域的领军人物以及我国前驻拉美地区大使、国外前驻华大使、国内外知名学者、行业领域专家等兼职研究人员 24 人。

四 主办刊物简介

根据《关于加强中国特色新型智库建设的意见》和《国别和区域研究中心建设指引（试行）》等文件精神，创建了专业学术辑刊《中国与拉美》（*China and Latin America*）。该刊依托教育部国别和区域研究基地拉美研究中心的平台优势，着重刊登体现中国在拉美和拉美在中国的相关社会科学与人文科学研究成果，鼓励基于田野调查的精细研究，特别鼓励跨学科的能够开拓新领域和引发新讨论的论文。每辑有相对集中的主题，并设有常规栏目“拉美研究关键词”“访谈”和“书评”等，全面展示拉美研究的新成果。另外，《西南科技大学学报（哲学社会版）》开辟有“拉美研究”专栏。

五 学术活动

中心在近期主办了“后疫情时代中拉共建‘一带一路’的挑战与思路研讨会”“中拉关系研讨会”“第三届全国高校拉美研究中心主任工作交流会”“新冠疫情之下的拉美—加勒比地区形势和中拉合作研讨会”“美国及西方国家对华经济规制影响及其应对策略研讨会”等 7 场学术会议，联合举办了“中国—厄瓜多尔建交 40 周年研讨会暨《厄瓜多尔十二夜谈》新书发布会”“新冠疫情背景下的中拉合作及中国特色外宣体系建构视频研讨会”“东亚—拉美地区研究伙伴对话”国际会议，参与协办了“巴拿马运河移交 20 周年纪念会”；邀请上海大学江时学教授、中国社会科学院拉丁美洲研究所林华副研究员和郭存海副研究员、河北师范大学外语学院乔建珍副教授等国内相关领域专家学者为中心师生作题为“构建中国特色国际关系理论的必要性与可行性”“新冠疫情下的拉美社会”“拉美政治与文化”“中国—巴西友好交流”等学术报告10余场次；校内研究人员参加“第九届中拉学术高层论坛暨新冠疫情后的世界学术研讨会”“东亚—拉美地区研究伙伴对话国际会议”等国际国内学术会议20余人次，并在会议上作“拉美农业发展与环境保护的政策权衡”“新冠疫情对科学技术发展的长期影响”“拉美农业发展与环境保护的政策权衡”等主题发言。

六 科研成果

中心以资政服务为要旨，围绕“中拉命运共同体”的构建和“一带一路”倡议在拉美落地，追踪拉美政治经济动态和中拉关系热点，积极为国家对拉关系发展和中拉经贸合作等发挥智库作用，并取得了突出的成就。中心向教育部国际司、国务院学位办、四川省社科联、四川省科技厅等机构累计提供有关新冠肺炎疫情背景下的拉美形势分析与中拉抗疫合作等主题的资政报告23份；在中国社会科学网、《今日中国》、中国国际电视台（CGTN）、《环球时报》等国内主流媒体发表相关评论文章20余篇；由中国社会科学出版社出版《拉丁美洲和加勒比经济发展分析与展望2019》《墨西哥能源战略与政策研究》两部学术专著。与阿根廷国立拉努斯大学学者合作出版《拉丁美洲和阿根廷——新区域背景下战略关系的挑战与机遇》。该书是两校之间的第二次学术出版合作，由现任阿根廷共和国驻华大使馆公使萨比诺·巴卡·纳瓦哈作序；发表论文十余篇。中心推出的“拉丁美洲和加勒比研究智库丛书”“拉丁美洲和加勒比经济蓝皮书”“国别和区域研究讲堂”逐渐成为声誉良好的学术品牌。

七 教学成果

2017、2018、2019届拉美复合型拔尖创新人才培养班教学和管理运转正常，成效初显：2017 级学生有 9 人被录取为硕士研究生，研究生升学率达到 39%；2 人分别赴智利、西班牙进行交流学习。此外，还有 1 名学生入选国家留学基金委与哥斯达黎加大学联合奖学金项目，于 2021 年 10 月赴哥斯达黎加大学进行本科插班生学习；学生主持或参与各类项目 39 人次，发表论文 14 篇，其中多篇涉及拉美社会、文化、经济以及中拉关系等众多议题。2019 届创新班已正式开班，细化了培养目标。同时采取模块化课程与导师制相结合的培养方式，注重知识的培养和研究能力的提升；依托学校相关学科硕士学位点开展国别和区域研究（拉美方向）硕士研究生培养，当前各方向在读硕士研究生共 6 人；组织校内外跨学科研究团队编写拉美特色教材《拉美社会与文化》，进一步完善了我校拉美复合型拔尖创新人才培养的课程体系建设。

八 对外交流情况

在前期合作和沟通的基础上，中心与布宜诺斯艾利斯大学社会科学学院拉丁美洲和加勒比研究所建立合作关系，决定在学术研究、学术交流及人才培养等方面开展合作，共同推动拉美和加勒比研究，推动中拉合作与发展。1 名研究人员获国家留学基金委资助赴厄瓜多尔访学一年。

九 承担课题情况

中心获教育部高校国别和区域研究 2020 年度规划课题 1 项及 2021 年度委托课题 1 项，获四川省社会科学联合会规划课题 1 项。中心资助专项课题 11 项，委托课题 3 项，招标项目 2 项。

（供稿人：苟淑英）

浙江外国语学院拉丁美洲研究所

一　历史沿革

浙江外国语学院拉丁美洲研究所成立于2011年10月，是浙江外国语学院跨学科、跨学院的开放式研究平台，也是省内唯一一家拉美问题的专业研究机构。拉美所得到了中国社会科学院拉丁美洲研究所、中国拉丁美洲学会的全方位指导和浙江省教育厅、商务厅、社科联的大力支持，聘请中国社会科学院荣誉学部委员、中国社会科学院拉丁美洲研究所原副所长徐世澄担任第一届所长。依托学校外语类专业的独特优势，立足浙江外向型经济，以高起点的国际化视野，聚集国内外有志拉美研究的人才，潜心开展拉美政治、经济、教育、社会等问题的研究，以服务国家外交、地方建设及学校发展的需要。本所重点关注中国与拉美地区经贸合作及文化交流领域的前沿问题，组织科研人员多角度、多层面深入开展拉美领域的基础理论研究和应用对策研究，积极服务浙江经济发展，进而辐射周边省市乃至全国，努力成为国内拉美领域重要的研究智库。2017年6月，该所成为教育部备案的国别和区域研究中心；2020年8月，获批为国家民委“一带一路”国别和区域研究中心。

二　研究方向

经过近10年的努力，拉美所已形成5个方向的研究特色：

1. 拉美政治生态与社会思潮研究

主要研究拉美政治、政党制度、法律制度、政治环境变迁，以及社会思潮等问题。特聘教授徐世澄是这一方向的国内权威领军人物。目前该方向已承担科研项目10多项，产出论文80余篇，著作（译著）8部。由徐世澄研究员承担的国家社科基金课题“拉美左翼与社会主义思潮研究”已经结题并出版专著，获得国家社科基金委高度评价。

2. 拉美经济环境与中拉经贸合作研究

主要研究拉美地区经济发展、贸易、投资环境以及中拉经贸合作等领域的重点问题。拉美所所长宋海英教授的国家自然科学基金项目“质量安全标准对蜂蜜国际竞争力的影响”的绩效评估为优；发表论文《拉美六国人均产出稳态值相对变化及原因分析和启示》。此外，本所研究人员在国内外率先提出“一带一路倡议应延伸到拉美地区”“以增强共生性来超越互补性”等理论创新观点，受到国内相关人员的高度重视。

3. 拉美社会文化与中拉人文交流研究

主要研究拉美地区社会、文化、语言以及中拉人文交流等领域的重点问题。该方向已获得国家级项目多项，并取得较好的研究成果。文化交流上，与拉美国家的多所高校确立了校际合作关系，今后将进一步加强合作，为师生提供更多的留学、交流的机会。

4. 中拉共建“一带一路”研究

主要研究中拉共建“一带一路”的前景、面临的机遇与挑战等。拥有《“一带一路”国家国际产能合作风险预警——以拉美为例》等在研项目，发表论文《科教能否增进“一带一路”国家城市经济联系》等。

5. 拉美教育及国际比较研究

主要研究拉美地区的教育制度、教育行为以及国际教育比较。在政策咨询方面，拉美所积极为浙江省国际化建言献策，例如受教育部委托对智利、阿根廷等国的教育状况和中智文化交流开展研究，为国家领导人出访提供参考素材。拉美所受教育部委托的项目“阿根廷教育情况手册”，研究报告获教育部国际司的高度评价，被列为教育部国别和区域研究重点项目，为国家进一步掌握拉美地区的教育情况提供依据。

三 人员情况

现任所长为宋海英教授，副所长为吕宏芬教授和刘冬博士。同时，该所聘请中国社会科学院荣誉学部委员徐世澄研究员担任顾问、特聘教授。

该所通过人才引进、资源整合等形式，形成了一支专兼职结合的研究队伍。现有 26 名校内专职研究人员和 16 名校外兼职研究人员。专职研究人员来自学校各二级学院和部门，包括浙江省省级重点学科“国际经济贸易与旅游管理”“外国语言文学”和省一流学科“应用经济学”“工商管理”“外国语言文学”的核心骨干成员，研究领域覆盖拉美政治、拉美经济、拉美文化及语言学。

专职人员中含有正高级职称 4 人，副高级职称 7 人，83% 的人员具有博士学位（含博士在读）。同时，拉美所聘请国家相关部委、中国社会科学院、国内外高校和拉美研究机构以及企业人才等专家担任兼职研究员，形成一支实力雄厚的学术研究团队，研究水平稳居全国拉美研究领域前列。

四 学术活动

2020 年 5 月，该所与上海大学拉美中心共同举办“拉美研究方法论”网络研讨会。来自清华大学、《人民日报》国际部、中国社会科学院《拉丁美洲研究》杂志编辑部等单位的 170 余位专家、学者以及古巴大使参会。发言人从自己的专业以及工作领域出发，从政治学、社会学、历史学、经济学等角度对拉美研究方法进行了分享，取得了良好的学术效果。

2020 年 10 月，该所和浙江外国语学院经旅学院共同承办“杭州全球数字贸易中心城市建设及发展战略研讨会”。浙江大学、杭州电子科技大学、杭州师范大学、杭州市发改委等100余位专家学者参会。

该所研究人员在2020—2021年参加了中国社会科学院拉丁美洲研究所举办的第九届中拉学术高层论坛、西南科技大学和上海大学联合主办的第三届全国高校拉美研究中心主任工作会议等活动。参会具体情况见表1。

表1　　2020—2021年学术活动参会情况一览

时间	人员	主办单位	会议主题	发言题目或相关情况
2021.3	陈岚	中国社会科学院拉丁美洲研究所	“真读书”读书会第44期　面具与乌托邦：墨西哥人民及其文化剪影	精读文本《面具与乌托邦：墨西哥人民及其文化剪影》第二部分
2020.12	宋海英	西南科技大学、上海大学	第三届全国高校拉美研究中心主任工作会议	浙江外国语学院拉美研究的概况及未来设想
2020.12	李晨光	中山大学	中山大学国际翻译学院外语与翻译系列讲座第89期	建筑讲述的西班牙历史：从史前到21世纪
2020.11	宋海英	西南大学“一带一路”研究院	“世界与中国互动”形势研讨会	就相关问题交流了看法
2020.11	宋海英	陕西师范大学	“变动世界中的国别与区域研究”学术研讨会	中国大豆需求对拉美的依赖分析
2020.11	陈岚	阿根廷科尔多瓦国立大学	“通向中国之桥：文化与商业”硕士生课程模块建设	参与阿根廷的中国研究专业的硕士生课程建设，向阿根廷硕士生介绍中国的政治、经济，中拉关系等，并制作了关于中国扶贫政策对中拉关系影响的视频课程

续表

时间	人员	主办单位	会议主题	发言题目或相关情况
2020. 11	李晨光	复旦大学	复旦大学外文学科创建 115 周年系列学术讲座	教材 · 知识 · 情报：西班牙菲利普二世国王教育用书里的中国
2020. 11	郑淑菲	大连民族大学	第二届“一带一路”与民族地区发展论坛	就基地建设问题进行探讨
2020. 10	宋海英	中国社会科学院拉丁美洲研究所	第九届中拉学术高层论坛	Digitization Driving up Value Chain：Practice from China's Enterprises
2020. 10	陈岚	大连外国语大学	第十届中国拉美研究青年论坛	亚马孙雨林国际环境合作机制的有效性问题
2020. 9	李晨光	西班牙教育部、西班牙卡斯蒂利亚莱昂自治区政府、西班牙莱昂大学等	IV Congreso internacional El monacato femenino en América y la Península Ibérica	Las primeras beatas chinas instruidas por los dominicos españoles en el siglo XVII

该所通过举办“博达论坛”，定期、不定期邀请校内外从事拉美研究和工作的专家学者来校讲座，讨论拉美政治、经济、文化环境等热点问题，形成特色学术活动。该所在 2020 年 11 月邀请中央民族大学拉丁美洲社会文化研究中心主任张青仁副教授为论坛作题为“新自由主义、社会裂变与墨西哥疫情防控的困境”的讲座，在 2020 年 11 月邀请中国社会科学院荣誉学部委员徐世澄研究员为论坛作题为“新冠疫情与拉美时局”的讲座。2021 年 4 月，宋海英所长为论坛作题为“中国与拉丁美洲农产品贸易竞争力研究”的讲座。

2021 年 1 月 8 日，拉美所教师赴浙江省人民政府外事办公室进行调研并洽谈合作事宜。省外办美大处处长刘晓慰和拉美所教师交流了对当前中拉关系的看法。双方通过交流讨论加深了理解，在某些方面达成了共识，为今后双方进一步开展合作交流奠定了良好的基础。

五　科研成果

自2020年年初新冠肺炎疫情暴发以来，该所关注相关地区疫情进展，根据国外新冠肺炎疫情和事态的发展，进行深入具体的跟踪研究。

该所研究人员在近期发表论文的情况如下。

Haiying Song, "Cómo entender el impacto sobre los países latinoamericanos de la guerra comercial iniciada por Estados Unidos", *Revista de Ciencias Sociales*, segunda época, No. 38, primavera de 2020, p. 185.

陈岚：《2019年拉美：亦魔幻，亦现实》，《进出口经理人》2020年第2期。

陈岚：《疫情将重创拉丁美洲经济增长吗？冲击与希望》，《进出口经理人》2020年第4期。

李晨光：《旅游业、智利铜、巴拿马运河　拉美三大经济指标齐亮红灯》，《北京市高精尖学科国别区域学专报》2020年总第1期。

陈岚：《阿根廷再陷债务危机，中阿贸易影响几何?》，《进出口经理人》2020年第6期。

陈岚：《拉丁美洲科技"独角兽"风起云涌》，《进出口经理人》2020年第9期。

亨利（著），陈岚（译）：《中国—巴西石油贸易20年：演变、特征与趋势（译文）》，《拉丁美洲研究》2020年第6期。

陈岚：《墨西哥魔幻小镇的治理模式及其启示》，《浙江外国语学院学报》2020年第4期。

吕宏芬、王君：《"后疫情时代"我国外贸数字化转型探究：以浙江为例》，《北方经济》2020年第12期。

李晨光：《游记·知识·情报：地理大发现时代西班牙伊莎贝尔女王藏书中的"行在"考》，《中国民族博览》2021年第1期。

陈岚：《中国对拉美西班牙语国家传播模式的传承与变迁——以书刊出版为例》，《对外传播》2021 年第 2 期。

叶健辉：《拉美马克思主义的“科尔多瓦学派”》，《拉丁美洲研究》2021 年第 2 期。

该所研究人员在近期出版专著和译著的情况如下。

宋海英：《中国与拉丁美洲农产品贸易竞争力研究》，中国财经出版传媒集团经济科学出版社 2021 年版。

陈岚：《开启加勒比海的金钥匙——古巴》，浙江工商大学出版社 2021 年版。

陈岚译：《丝路大通道——中欧班列纪行》，外文出版社 2020 年版。

六　教学成果

该所研究人员为浙江外国语学院开设《拉美国家概况》、《拉美商业文化》、《中拉经贸合作》、《拉美经济发展史》、《拉美经济前沿》、二外西语等课程。通过一系列课程的学习，学生对拉美国家的文化和社会生活有个基本的认知，加深了对语言和文化的理解，丰富了学生的人文知识，增强了其对文化差异的敏感性，培养了学生的跨文化交际意识和能力。

七　对外交流情况

2020 年 6 月 28 日，该所和委内瑞拉国家历史研究中心签订国际合作协议。双方就国际学术交流、国际项目合作、共同举办国际会议等事宜达成一致意见。今后希望通过深入合作能够相互借鉴经验，取长补短，实现双方长期的国际化交流。

2020 年 6 月 30 日，该所和阿根廷拉斐拉国立大学签订国际合作协议。根据协议，双方将在平等互利、优势互补、相互协作、共同发展的基础上，进一步深化在教师互访、会议活动、合作科研等领域的合作，并在重点学科领域联合申报科研项目、开展产学研深度合作。

八 承担课题情况

表 2 承担课题情况一览

主持人	课题名称	课题来源	级别
宋海英	中国与拉丁美洲农产品贸易竞争力研究	2021 年浙江省哲学社会科学规划后期资助课题	省部级
宋树理	数字经济国际不平衡发展视域下马克思国际价值规律及其当代价值研究	2020 年国家社会科学基金项目（一般项目）	国家级
吕宏芬	疫情后数字经济驱动我国制造业在全球价值链攀升的机理与路径研究	2020 年国家社会科学基金项目（一般项目）	国家级
陈岚	通过教育合作促进中拉人文交流的实现路径研究	2020 年教育部课题	省部级
吕宏芬	浙江对新兴经济体 OFDI 的贸易效应研究：数字贸易视角	2020 年浙江省软科学研究计划项目	省部级
李晨光	连接大西洋与太平洋的桥梁——巴拿马	2020 年浙江省社科联社科普及立项课题	厅局级
陈岚	开启加勒比海的金钥匙——古巴	2020 年浙江省社科联社科普及立项课题	厅局级
吕宏芬	我国与新兴经济体之间数字贸易的效率和潜力测算：基于随机前沿引力模型	2020 年杭州市哲学社会科学规划常规性课题	厅局级
钱晨	“一带一路”沿线主要国家旅游服务贸易对策研究	2020 年浙江省商务厅对策类课题	厅局级
邵建春	常态化疫情防控下提升浙江产业链供应链竞争力的对策建议	2020 年浙江省商务厅对策类课题	厅局级
刘冬	拉美主流媒体中阿里巴巴媒介形象比较研究	2020 年浙江省教育厅一般科研项目	厅局级

（供稿人：宋海英）

湖北大学巴西研究中心

一　历史沿革

湖北大学巴西研究中心成立于2012年。该中心成立至今，在机构设置、队伍建设、成果产出、对外交流、咨政服务等方面取得了有目共睹的成果，呈现欣欣向荣的发展态势。2017年6月，湖北大学巴西研究中心和拉丁美洲研究中心成功入选“教育部国别和区域研究中心备案名单”。

湖北大学巴西研究起步于20世纪60年代初，至今已努力耕耘、坚持不懈五十余载，在整个中国巴西史及拉美史研究的发展进程中写下了浓墨重彩的一笔，为中国巴西史研究的开创与发展、为中巴两国人文交流的推进做出了有目共睹的贡献。

20世纪60年代初，“在毛泽东、周恩来等老一辈国家领导人的关注和倡导下”，北京大学、南开大学、复旦大学等部分中国高校先后开设了拉美史课程，成立了一批专门性的拉美研究学术机构，中国的拉美史研究由此“逐渐步入正轨”。湖北大学（当时名为“武汉师范学院”）有幸迈进这一行列，于1964年在黄邦和教授的带领下开始涉猎巴西史及拉美史研究，湖北大学也因此成为新中国最早开展巴西史研究的高校。20世纪60年代中期，“文化大革命”的爆发使得起步不久的中国拉美史研究遭受重创，被迫中断长达10年之久。湖北大学巴西史研究也难逃厄运，陷入停滞状态。

20世纪70年代末，中国的拉美史研究得以恢复，湖北大学巴西史研究也迎来了发展的春天。1978年，湖北大学正式挂牌成立了

“巴西史研究室”，成为中国第一个专门研究巴西史的科研机构，开中国巴西史研究之先河。

1984 年，湖北大学巴西史研究室改名为“拉美史研究室”，仍以巴西史为研究重点，并向整个拉美地区辐射。在第一任研究室主任黄邦和教授的率领以及研究室老师们的共同努力下，湖北大学巴西史及拉美史研究在 20 世纪 80 年代中期迎来了发展的黄金时期，科研成果丰硕，硕士生培养卓有成效，对外学术交流活跃，获得了国内外拉美史学界的一致好评，成为当时中国巴西史研究的领头羊。

在科学研究方面，湖北大学巴西史研究室成员先后在《历史研究》《世界历史》《拉丁美洲研究》等重要学术期刊上发表了 30 多篇学术论文，出版了专著《巴西独立运动》（1985 年）、共同主编了论文集《通向现代世界的 500 年：哥伦布以来东西两半球汇合的世界影响》（1994 年）、参与编写了论文集《拉丁美洲史论文集》（1986 年）等。

在开展学术研究的同时，为了深入研究巴西历史的需要，湖北大学巴西史研究室一直以来十分注重资料建设，于 1978 年创立、编写了“供中国拉丁美洲和巴西问题研究者作内部分析和参考之用”的资料性质的刊物——《巴西史资料丛刊》（季刊，共编写 16 期，约 160 万字），同时负责编写供中国拉美研究学者内部交流之用的中国拉丁美洲史研究会的会刊——《拉美史研究通讯》（一共负责编写了 37 期）；先后翻译了葡语、西语、英语、俄语、法语、日语等多个语种的巴西史及其他拉美国家历史资料约 400 万字，包括《巴西从殖民时期到世界强国》《巴西的经济结构》《巴西的国土和人民》《巴西通史》等；编印、出版了《马恩列斯毛主席论拉丁美洲》、《全国图书馆藏拉丁美洲书目》、《巴西史年表》（约 5 万字）等资料。

湖北大学巴西史研究室在研究生培养方面亦卓有成效。1985 年，湖北大学开始招收拉美史硕士研究生。1985 年，湖北大学经国务院学位委员会批准获得拉美史硕士学位授予权，不仅成为湖北大学首批硕士授予点，同时也是“文化大革命”后中国第一个拉美史硕士授予点。1985—1995 年，湖北大学培养 18 名拉美史硕士生，其中很多人至今仍活跃在中国拉美学界，包括“长江学者”、福建师范大学王晓德教授，浙江大学夏立安教授，中国现代国际关系研究院吴洪英研究员、杨首国研究员，中国社会科学院拉美研究所周志伟研究员，浙江师范大学万秀兰教授，上海外国语大学万瑜副研究员等。

湖北大学巴西史研究室在巴西历史研究方面的探索，折射出中国学者对巴西历史问题的思考和认识，获得国内外拉美史学界的肯定和好评。中国拉丁美洲史研究会第一任理事长李春辉教授评价道，湖北大学巴西史研究在某种程度上“填补了中国对巴西史研究的空白”。在国外，1983 年，耶鲁大学拉美研究学者马克·西德尔（Mark Sidel）在发表于美国的拉美研究期刊《拉丁美洲研究评论》（*Latin American Research Review*）的文章《拉美研究在人民中国》（“Latin American Studies in the People's Republic of China”）中，将湖北大学巴西史研究室赞誉为“中国拉美研究四个主要研究中心之一”。

20 世纪 90 年代中期以来，由于老一代学者的退休、世界史学科的调整以及市场经济的冲击，整个中国的拉美史研究“一时出现了青黄不接”的局面，陷入低谷，这种情况一直持续到 21 世纪初。湖北大学巴西史及拉美史研究也面临人员减少、资金不足等多重困境，但是一直努力坚持，在巴西及拉美研究这条道路上砥砺前行，并未像有些高校及机构那样自此中断拉美研究。

为了服务于国家对外战略的需要、增进两国民众之间的相互了解、促进中巴关系的发展，湖北大学审时度势，以过去积累下来的巴西史研究为基础，整合校内资源、提振巴西研究。2008 年，湖北大学与巴西圣保罗州立大学合作共建了巴西第一所孔子学院——圣保罗州立大学孔子学院。这一合作为湖北大学的巴西及拉美研究注入动力。2012 年，巴西研究中心宣告成立，成为重振湖北大学巴西史研究的新平台。2015 年，湖北大学葡萄牙语专业获得教育部批准，湖北大学成为华中地区首家开设葡语专业的高校。

二 研究方向

中心主要研究方向为巴西、葡萄牙等葡语国家研究及拉美区域研究，包括巴西等葡语国家历史与现状，中巴关系，巴西文化、法律、环境等。

三 人员情况

中心现有校内研究人员 23 人，学科背景涵盖历史、政治、经济、法律、体育、葡语等不同领域，掌握的语言涉及葡语、西语、英语、日语等。中心还聘请了国内外巴西及拉美研究领域的知名学者担任客座教授和顾问，其中包括中国拉美学会会长王晓德教授、中国拉丁美洲史研究会会长韩琦教授、中国驻巴西前大使陈笃庆、巴西圣保罗州立大学 Luis Antonio Paulino 教授。王晓德教授同时担任湖北大学拉美研究院名誉院长。

四 主办刊物简介

为及时跟踪和发布巴西年度发展的最新动态、服务国家的战略需求、推进中国的巴西研究，中心组织中巴两国学者共同撰写巴西年度发展报告，由社会科学文献出版社以黄皮书的形式出版。

中心主编的《巴西黄皮书：巴西发展报告（2016）》为国内出版的第一部巴西国别年度发展报告，在中国和巴西学术界产生了积极影响。2018 年 8 月，中心推出《巴西黄皮书：巴西发展报告（2017—2018）》。2020 年 1 月和 9 月，中心分别推出《巴西黄皮书：巴西发展报告（2019）》和《巴西黄皮书：巴西发展报告（2020）》。

《巴西发展报告》是湖北大学巴西研究中心不懈努力的成果，也是该中心与国内其他单位及巴西学者合作的结晶。该书发挥湖北大学在巴西研究方面的传统和优势，结合湖北大学巴西孔子学院、湖北大学世界史专业、湖北大学葡语专业的资源，将巴西年度热点、焦点和难点问题相结合，力图全面深刻展现巴西年度发展和中巴关系现状，为相关部门和人员提供参考。

五 学术活动

中心自 2012 年揭牌成立以来，先后邀请了 20 多名国内外知名学者前来讲学、交流，包括：中国驻巴西前大使陈笃庆，中国社会科学院拉美所研究员徐世澄、张森根、张宝宇、周志伟，福建师范大学教授王晓德，北京大学拉美研究中心主任董经胜，中国现代国际关系研究院拉美所研究员吴洪英、杨首国，南开大学拉美研究中心教授韩琦，上海大学拉美研究中心主任江时学，澳门城市大学葡语国家研究院院长叶桂平，巴西伯南布哥联邦大学教授 Marcos、Alexandre，巴西圣保罗州立大学孔子学院巴方院长 Paulino、教授 Marcos，美国加利福尼亚大学教授 David，美国迈阿密大学教授 Rechard 等。

2020 年 9 月 20 日，中心接待来访的重庆市政府国际交流处人员。双方围绕巴西对华政策、巴西与中国贸易合作、新冠肺炎疫情背景下巴西对于金砖机制的态度和政策等问题进行了交流。

2020 年 10 月 20 日，中心邀请中国社会科学院拉美所研究员徐世澄举办“独立后拉美社会转型的阶段及其特点”的线上讲座。

2020 年 10 月 20 日，中心接待重庆社会问题研究所江泓所长一行四人。双方就重庆企业出口拉美、中国企业开拓巴西及拉美市场、中拉经贸合作、巴西法律、巴西环境等问题进行了交流。

2020 年 11 月 17 日，中心邀请巴西学者 Alexandre Pereira da Silva 举办“拉美区域一体化的历史、现状及与中国的交往”讲座。

2020 年 11 月 20 日，中心接待中国现代国际关系研究院院办主任张焱宇一行三人。双方围绕巴西及拉美研究、智库咨询报告撰写等问题进行了交流。

2020 年 12 月 15 日，中心邀请中国社会科学院拉丁美洲研究所研究员周志伟举办“拉美的不确定性与中拉合作”的线上讲座。

中心研究人员在2020年7月参加中国科学技术发展战略研究院举办的“国家创新体系发展趋势与国际经验”研讨会；在同年8月参加中国社会科学院拉丁美洲研究所巴西研究中心举办的“疫情局面下的巴西政经、外交形势”研讨会和上海大学全球问题研究院拉美研究中心举办的“中国与拉美国家人文交流的回顾与展望”研讨会；在同年11月参加南开大学拉美研究中心举办的“拉美国家独立以来的社会转型”研讨会；2021年7月参加中国拉丁美洲学会会员大会暨“疫情冲击背景下拉美国家发展的新挑战及中拉关系新趋势”研讨会。

六　科研成果

2014年以来，中心围绕巴西及拉美研究先后出版了多部学术著作。其中，中心组织编写的《巴西黄皮书：巴西发展报告（2016）》（社会科学文献出版社，2017年）为国内出版的第一部巴西国别年度发展报告，在中国和巴西学术界产生了积极影响。2018年8月，中心推出第二部《巴西黄皮书：巴西发展报告（2017—2018）》。2020年1月和9月，中心分别推出《巴西黄皮书：巴西发展报告（2019）》和《巴西黄皮书：巴西发展报告（2020）》，均由社会科学文献出版社出版发行。

中心研究人员围绕巴西对华关系、中国企业在拉美的投资与贸易等问题，先后完成多篇咨询报告。

2020—2021年，中心研究人员公开发表研究成果的情况如下。

“BRICS Students Education in China from 2010 to 2018”, Revista Conjuntura Austral, 2020.

程晶：《从“欢迎污染”到“改善环境”：军人政权时期巴西城市环境治理的兴起与发展》，《上海师范大学学报（哲学社会科学版）》2020年第1期。

朱小梅、汪天倩：《中国与“一带一路”沿线国家货币合作的实证研究——基于最优货币区（OCA）指数的聚类分析》，《金融经济学研究》2020年第5期。

程晶：《近代历史上巴西城市水卫生的变迁》，《光明日报（理论版）》2021年4月19日。

孙怡、宋灏岩、姚京明：《从国家间互动关系看中国内地与澳门高校葡语教育演变：对多元化路径的探讨》，《外语教学与研究》2021年第3期。

七 教学成果

中心研究人员为湖北大学历史专业本科生和研究生开设课程《拉美史专题研究》，为本科生开设课程《“一带一路”国际经贸法律导论》，为葡语本科专业开设葡萄牙语相关课程。

中心重点培育巴西历史、国际关系、民族问题研究以及相关课程，同时继续加强《拉美史专题研究》等课程在本科生和研究生当中的讲授，已经有近十名本科生和研究生选取巴西问题作为毕业论文和学年论文的写作主题。

在湖北大学世界史专业2021年应届硕士毕业生中，2名研究生撰写的硕士毕业论文有关拉美史研究。它们分别是《试析卡特人权外交的实质——以莱特利尔案为中心的分析》和《阿根廷对不结盟运动的态度与政策分析（1973—1991）》。

八 对外交流情况

中心与国内主要拉美研究机构保持紧密的交流与合作。例如，2016年11月，湖北大学科研处领导带队、中心研究人员一起赴福建师范大学美洲史研究院、南开大学拉丁美洲研究中心、中国社会科学院拉美研究所、中国现代国际关系研究院拉美研究所、西南科技大学拉美研究中心等国内主要拉美研究机构进行调研与学术交流。

中心积极“请进来”，先后邀请了中国社会科学院拉美所研究员徐世澄、张森根、周志伟，福建师范大学教授王晓德，南开大学拉美研究中心教授韩琦，中国现代国际关系研究院拉美研究所研究员吴洪英、杨首国等国内多位拉美研究著名学者前来访问、讲学等。

中心与巴西、墨西哥、美国等大学的拉美研究机构和研究人员保持交流与合作，包括举行研讨活动、开展人员互访、合作编撰论著、合作翻译著作等。其中，湖北大学巴西研究中心与巴西圣保罗州立大学、巴西伯南布哥联邦大学亚洲研究院建立了密切的合作关系。例如，湖北大学与巴西圣保罗州立大学合作共建了巴西第一所孔子学院——巴西圣保罗州立大学孔子学院。以此为平台，双方开展了频繁的科研人员互访；共同举行了“中拉关系国际学术研讨会”等会议；合作编写多部《巴西黄皮书》，完成《巴西发展与拉美现代化研究》《巴西及拉美历史与发展研究》等著作。

2020 年 9 月，湖北大学葡语本科专业 2018 级 2 名学生赴澳门理工大学留学 1 年，1 名学生赴葡萄牙科英布拉大学留学 1 年，4 名学生赴葡萄牙米尼奥大学留学 1 年。

九　承担课题情况

围绕巴西等问题研究，中心研究人员先后获得国家级、省部级、厅局级和校级等课题 30 多项，同时参与了国家级、省部级重点课题多项。2020—2021 年，中心研究人员一共承担十余项课题。2020—2021 年度代表性课题情况见表 1。

表 1　　2020—2021 年度代表性课题一览

序号	级别	来源	名称	时间	状态
1	国家级项目	国家社科基金项目	《巴西现代化进程中环境治理的历史考察》	2018—2022 年	在研
2	国家级项目	国家社科基金重大项目子课题	《不结盟运动发展历程研究》	2018—2022 年	在研

续表

序号	级别	来源	名称	时间	状态
3	国家级项目	国家社科基金项目	《南美主要国家南极政策史研究》	2020—2023 年	在研
4	国家级项目	国家社科基金项目	《战略文化视角下大国安全战略研究》	2020—2023 年	在研
5	国家级项目	国家社科基金项目	《中国参与东亚非传统安全治理中的区域公共产品供给研究》	2020—2023 年	在研
6	部级项目	中宣部四个一批人才自主选题项目	《国家治理体系现代化视野下的土地征收权、税收权和警察权配置优化研究》	2020 年	在研
7	省级项目	广东省哲学社会科学规划项目	《葡语粤侨史料收集、整理与翻译》	2017—2020 年	结题
8	部级项目	国家民委项目	《巴西民族政策史研究》	2019—2021 年	在研
9	厅级项目	中华文化发展湖北省协同创新中心项目	《巴西环保思想史研究》	2018—2022 年	在研
10	横向项目	武汉市横向项目	《巴西博索纳罗政府外交政策研究》	2020—2022 年	在研
11	厅级项目	湖北省外办	《中国企业走进拉美》	2021 年	在研

（供稿人：程　晶　缴　洁）

中央民族大学拉丁美洲社会文化研究中心

一　历史沿革

中央民族大学在2012年设立世界民族学人类学研究中心，拉丁美洲研究被确定为世界民族学人类学研究中心重点发展方向。9年来，世界民族学人类学研究中心先后派出7名博士研究生、硕士研究生完成对墨西哥、阿根廷、巴西、秘鲁和古巴的田野调查，与国内外拉美研究重要基地建立了密切的合作关系，组建了国内从事拉美社会文化研究的高水平团队。“一带一路”倡议提出之后，中央民族大学始终致力于以“一带一路”建设为中心培养国际化人才，突出本校的民族学人类学研究优势，试图将1950年以来的民族学对国家建设的知识贡献和研究经验扩展到对拉美研究中来，填补当前国内拉美研究的知识空白。2018年12月，在世界民族学人类学研究中心拉美研究团队的基础上，成立了中央民族大学“拉丁美洲社会文化研究中心”，并获批“国家民委区域国别研究基地”。

二　研究方向

该中心的拉美研究目前主要集中在民族问题、拉美华人、文化遗产和中国企业在拉美四个研究方向，主张采用规范的人类学研究方法，即立足于一年周期的实地田野，使用当地语言对拉美社会进行研究。其中，拉丁美洲民族问题主要关注拉美主要国家的民族问题的历史与现状，以及民族问题的治理模式进行研究。拉美华人研究主要对拉美国家华人的分布状况，从事行业与发展现状进行研究。文化遗产分析主要关注拉美国家在文化遗产尤其是非物质文化遗产保护方面的情况进行实地研究。中国企业在拉美主要是立足于国家“一带一路”倡议，从文化层面上对中国企业在拉美的经营状况进行研究。

三　人员情况

目前，中央民族大学拉丁美洲社会文化研究中心以张青仁副教授为团队负责人，成员包括庄晨燕教授（从事拉丁美洲民族问题研究）和王伟副教授（从事拉丁美洲社会与文化研究），同时拥有在读硕士4名。

四　学术活动

2015年10月9日，美国德州大学奥斯汀分校陈禹博士主讲“21世纪的墨西哥城市化进程与社会住房项目——以瓜达拉哈都市区为例”。

2016年6月2—10日，墨西哥社会人类学高等教育研究中心玛利亚·爱莲娜教授在中央民族大学举办了五次讲座，题目分别为：全球乡村社会运动：以国际农民运动“农民路线”为个案、巴西与墨西哥小规模农户生态食品生产的变迁、墨西哥恰帕斯州辛那坎坦的自治教育、研究生院层次的交流网络：恰帕斯州圣克里斯托瓦德拉斯卡萨斯研究生专业的网络体系和墨西哥人类学研究的43年：墨西哥社会人类学高等研究院介绍。

2017年3月26日，秘鲁天主教大学社会科学学院院长亚历汉德罗在中央民族大学开展学术讲座，题目是“秘鲁人类学的历史、形成与发展”。

2017年4月18日，阿根廷的知名媒体人、记者Gustavo N. G.（中文名伍志伟）作了题为“阿根廷人眼中的中国形象”的讲座。

2018年5月16日，多米尼加驻中国贸易发展办事处代表吴玫瑰女士在中央民族大学作了题为“多米尼加共和国的中国移民及其对国家发展的贡献”的学术讲座。

2020 年 11 月 19 日，该中心与秘鲁天主教大学联合举办中国少数民族概览大型在线讲座。

2021 年 3 月至 4 月，该中心与南京大学社会学院合办“拉丁美洲人类学”系列讲座。

召开的重要会议有：

1. 2013 年 6 月，第二届海外民族志工作坊。

2. 2014 年 7 月，第三届海外民族志工作坊。

3. 2018 年 6 月 23—26 日，中央民族大学世界民族学人类学研究中心举办“全球相遇：跨国流动视野下的中国与世界”大型国际学术研讨会，来自西班牙马德里自治大学的格拉蒂丝·涅托教授、古巴哈瓦那大学的玛丽雅·特蕾莎教授、巴西利亚大学的克里斯蒂娜教授、阿根廷布宜诺斯艾利斯大学的卡罗丽娜·梅拉教授与中心张青仁副教授共同组织“历史与现实视域下的拉美华人”专场。

五　科研成果

1. 专著

张青仁：《末世太阳：一个墨西哥印第安城镇的变迁、动荡与抗争》，商务印书馆 2021 年版。

2. 论文

张青仁副教授近年发表多篇论文：《墨西哥恰帕斯印第安社会田野研究的省思》，《广西民族大学学报（哲学社会科学版）》2020 年第 2 期；《民众主义与世界民俗学的浮沉》，《开放时代》2020 年第 4 期；《人类学参与区域研究的历史逻辑》，《中央民族大学学报》2021 年第 2 期；《新自由主义秩序下墨西哥土著居民的发展困境评析——以索盖人抗争格里哈尔瓦河水电开发事件为例》，《世界民族》2019 年第 4 期；《社会动员、民族志方法与全球社会的重建——墨西哥非物质文化遗产保护的经验与启示》，《民族文学研究》2018 年第 3 期；

《殖民主义遗迹与墨西哥恰帕斯州印第安人的反遗产化运动》，《文化遗产》2018 年第 5 期；《宗教与现代性的自反性建构——一项对墨西哥天主教历史变迁的人类学研究》，《世界宗教研究》2017 年第 1 期；《墨西哥恰帕斯州印第安问题及其治理失效的原因》，《世界民族》2017 年第 2 期；《墨西哥恰帕斯州华人移民的历史与现状——兼论海外华人研究的他者化》，《北方民族大学学报》2016 年第 6 期；《从周岁仪式透视墨西哥社会》，《民族艺术》2016 年第 3 期；《圣物的流转：墨西哥印第安琥珀的现代化历程》，《民族艺术》2015 年第 4 期；《墨西哥印第安萨帕塔自治区的教育实践》，《民族教育研究》2015 年第 4 期；《墨西哥印第安人教育政策的变迁》，《拉丁美洲研究》2014 年第 5 期。

六　教学成果

中心承担中央民族大学本科生必修课“世界民族研究专题”拉美部分课程，民族学研究生必修课“中外民族志”拉美部分课程，人类学硕士研究生专业选修课“拉丁美洲人类学”课程。

七　对外交流

（一）协议签署

2016 年，中央民族大学与巴西利亚大学校际合作交流协议。

2017 年，中央民族大学世界民族学人类学研究中心与秘鲁天主教大学社会科学学院院系级合作协议。

2019 年，中央民族大学与阿根廷布宜诺斯艾利斯大学校际合作协议。

2021 年，中央民族大学与墨西哥蒙特雷科技大学校际合作协议。

（二）专家来访

2016 年 3 月 25 日，秘鲁天主教大学社会科学学院院长亚历汉德罗·迭斯教授访问中心。

2016年6月1—10日，墨西哥社会人类学高等教育研究中心玛利亚·爱莲娜教授访问中心。

2016年7—12月，巴西利亚大学人类学系克里斯蒂娜教授访问中心。

2018年5月2日，阿根廷布宜诺斯艾利斯大学卡罗丽娜·梅拉教授访问中心。

2018年5月26日，多米尼加驻中国贸易发展办事处代表吴玫瑰女士访问中心。

2018年6月20日，西班牙马德里自治大学的格拉蒂丝·涅托教授、古巴哈瓦那大学的玛丽雅·特蕾莎教授、巴西利亚大学的克里斯蒂娜教授、阿根廷布宜诺斯艾利斯大学的卡罗丽娜·梅拉教授访问中心。

2019年4月8日，古巴国务委员会主席兼部长会议主席夫人莉斯·奎斯塔女士率团访问学校与中心。

2019年4月9日，墨西哥蒙特雷科技大学副校长荷西·帕艾兹博士一行3人访问中心。

2019年5月13日，秘鲁大使馆参赞塞萨尔访问中心。

2020年9月10日，墨西哥国立自治大学北京研究中心访问中心。

（三）外出访学

2014年3月至2015年4月，张青仁副教授以墨西哥社会人类学高等研究院访问研究员的身份，与外方合作专家 María Elena Martinez Torres 教授在墨西哥恰帕斯州圣克里斯托瓦德拉斯卡萨斯印第安自治村社对墨西哥新自由主义改革与恰帕斯印第安社会的发展状况进行为期一年的田野调查。

2016年12月，张青仁副教授以西班牙马德里自治大学访问学者的身份，参与马德里自治大学海外华人研究工作坊并提交墨西哥恰帕斯州华人移民的历史与现状报告。

2017 年 7 月，张青仁副教授以墨西哥国立历史学与人类学学院访问研究员的身份，在墨西哥恰帕斯州调研印第安族群发展问题。

2018 年 7—8 月，张青仁副教授以墨西哥国立自治大学人类学研究所访问研究员的身份，在墨西哥恰帕斯州调研新自由主义改革与印第安族群发展问题。

2019 年 7—8 月，张青仁副教授以墨西哥社会人类学高等研究院访问研究员的身份，在墨西哥与危地马拉边境塔帕丘拉、伊达尔哥城和圣克里斯托瓦德拉斯卡萨斯等地调研全球格局变动下的中美洲难民问题。

2019 年 11 月 27 日至 2019 年 12 月 5 日，中央民族大学校长黄泰岩教授、张青仁副教授出访巴西圣保罗大学、巴西利亚大学、秘鲁天主教大学和秘鲁皮乌拉大学。

八 承担课题

主持课题：

国家社科基金青年项目：墨西哥新自由主义民族政策及其实践困境研究，2018—2022 年。

国家民委民族问题研究项目：拉丁美洲的民族政策与民族问题——以墨西哥为例，2018—2019 年。

中国文化走出去协同创新中心课题：中国企业在拉美的文化遭遇与融合路径——以墨西哥的中国企业为个案，2017 年。

参加统战部课题《世界主要国家民族政策与经验教训研究》，2021 年。

（供稿人：张青仁）

河北师范大学秘鲁研究中心

一　历史沿革

河北师范大学秘鲁研究中心成立于2013年4月8日。2017年7月，中心入选“教育部国别与区域研究中心备案”名单。河北省将中心列入省级“双一流”发展规划。

中心的成立源自河北师范大学与秘鲁的广泛联系。2008年3月，秘鲁派遣弗拉若·赛西莉亚·拉扎诺（Flora Cecilia Lozano）和安娜·赛西莉亚·泰罗（Ana Cecilia Tello）等两名教师赴该校任教。同年6月，河北师范大学西语本科专业开始招生，每届30人。2010年11月18日，河北师范大学里卡多·帕尔玛大学（URP）孔子学院挂牌，这是国家汉办批准在秘鲁设立的第4所孔子学院，也是设在利马的第2所孔子学院。里卡多·帕尔玛大学拥有悠久的历史，在秘鲁教育界享有盛誉。

2012年，河北师范大学正式筹备设立“秘鲁研究中心”。2013年，秘鲁里卡多·帕尔玛大学校长伊万·罗德里奎兹博士和河北师范大学校长蒋春澜博士共同签署了两校合作建设秘鲁研究中心的协议。

2013年4月8日上午，由秘鲁驻华使馆主办的河北师范大学秘鲁研究中心成立仪式在北京公共外交文化交流中心正式举行。河北师范大学蒋春澜校长在致辞中表示，河北师范大学致力于为教师和学生“搭建”三座“桥梁”——与世界科学家学术交流的桥梁、与世界政治家思想对话的桥梁、与企业家之间相互支持的桥梁，最终目的是把大学办成一所世界性大学。秘鲁外交部长拉斐尔·龙卡利奥洛在致辞中表示，河北师范大学秘鲁研究中心的创建意义重大，是两国加强文化交流的重要举措。由秘鲁外交部赠予河北师范大学秘鲁研究中心的图书来自秘鲁的各个机构，其内容涵盖了秘鲁语言、文化、经济和历史的方方面面，希望有助于把秘鲁研究中心建设成为一个使更多中国人了解秘鲁的重要平台。在秘鲁总统奥扬塔·乌马拉先生的见证下，蒋春澜校长和龙卡利奥洛部长共同签署了“河北师范大学秘鲁研究中心创建纪念证书”。乌马拉总统在致辞中指出，河北师范大学秘鲁研究中心是秘鲁政府在海外支持建立的第一所秘鲁研究中心，希望该中心能够成为中秘文化交流的桥梁。

2013 年 10 月 25 日下午，中心揭牌仪式在河北师范大学会议中心隆重举行，时任秘鲁共和国驻华大使贡萨洛·古铁雷斯博士和河北师范大学党委书记李建强教授为中心揭牌。古铁雷斯大使还应邀为河北师范大学师生作了题为“中国与秘鲁”的学术讲座。

2018 年 1 月 29 日，由秘鲁华侨、中国商会总经理、拉美加勒比中国人民友好总会理事、第十二届河北省政协会议海外列席代表何莲香女士带领的秘中商会代表团一行 2 人应邀访问我校，秘鲁研究中心聘任“中秘建交使者”何莲香女士为终身荣誉主任。

中心依托河北师范大学教育部人文社科重点研究基地，发挥学校学科齐全的优势，已整合外国语学院、马克思主义学院、法政与公共管理学院、历史学院、商学院等研究团队，与本校承办的秘鲁孔子学院形成互相支撑发展的机制，从整体上构建了境外“孔子学院 + 中国/汉学研究中心 + 合作院校学科团队”与境内“研究中心 + 对接二级学院 + 智库相关学科团队”的合作模式，开展了全方位多领域的与秘鲁相关的研究工作。

2017 年下半年，中心整合学校各人文社科类学院的优势资源，与我校马克思主义学院、历史学院、法政与公共管理学院、商学院面向社会联合招收国别和区域研究方向的硕士研究生，尝试开展跨学科领域的复合型国际人才培养。从 2018 年以来，国别和区域研究中心在国外社会思潮、国际政治、世界史、世界经济四个专业共招收 30 名硕士研究生。

二 研究方向

中心致力于推动中秘文化交流，并对秘鲁及拉美地区文化、语言、政治、经济、社会等开展全方位的研究；为促进中秘友好，促进中国与南美西语地区建设全方位的国际联系搭建平台，提供信息和咨询服务；为中国企业和南美国家建立联系、到南美投资，融入南美地区新一轮的经济发展提供咨询报告和解决方案；培养拉美研究人才，服务国家发展，开展国别与区域研究。

中心自入选教育部国别和区域研究中心备案名单以来，在教育部和河北省的关怀指导下，汇聚河北师范大学学科人才优势，整合国内外学术资源和人脉，广泛开展以秘鲁研究为核心的跨学科研究，努力创建一流“冷门小国”国别研究智库，取得了显著成效，形成了独有特色。

三 人员情况

中心目前有专职研究人员 2 名，分别为宋晓丽和傅一晨（Felipe Camargo Gaiotto）。

宋晓丽现为河北师范大学秘鲁研究中心讲师，曾于南开大学周恩来政府管理学院国际关系系取得硕士和博士学位，曾在中国社会科学院美国研究所任博士后、助理研究员。他以对外政策分析、美拉关系和中拉关系为主要研究方向，曾在《外交评论》《拉丁美洲研究》等期刊发表多篇学术论文。

傅一晨（巴西籍），河北师范大学秘鲁研究中心副研究员，在巴西圣卡塔琳娜联邦大学取得国际关系学硕士学位，在巴西南大河州联邦大学取得国际战略研究博士学位。他以美拉关系、中拉关系、巴西对外政策研究为主要研究方向，曾在《拉丁美洲研究》等期刊发表多篇学术论文。

为了打破学科壁垒、整合学科优势，中心联合校内其他人文社科类学院开展学科建设和学术研究，打造跨学科、多方向的研究团队。2018 年年初，中心正式聘请来自外国语学院、马克思主义学院、商学院、历史学院、国际文化交流学院的 17 名老师作为兼职研究人员，为全方位的秘鲁政治、经济、文化、历史、社会研究的开展奠定团队基础。

此外，中心聘请来自政府、企业、其他高校的专家以及秘鲁华侨华人高层次人才为中心特聘研究员。中心聘请中国社会科学院学部委员苏振兴研究员、荣誉学部委员徐世澄研究员，上海大学拉美研究中心主任江时学教授，中国前驻拉美大使及外交官等 9 位为中心特聘研究员。其中，苏振兴研究员、徐世澄研究员作为中心首席特聘专家参加了中心学科建设和发展规划的制定。同时，中心聘请了秘鲁华人华侨、“中秘建交使者”何莲香女士为中心的终身荣誉主任。

四 学术活动

2020 年 3 月 19 日，中心特聘研究员、中国社会科学院研究员、上海大学拉美研究中心主任江时学教授做客腾讯网络会议室，为我校国别与区域研究中心及关注中国外交研究的师生作题为“对中国与拉美国家关系的认识”的学术讲座。本次讲座共有来自国别和区域研究中心、外国语学院、历史文化学院、法政与公共管理学院等 120 多名师生参与。

2020 年 4 月 23 日，北京语言大学国别和区域研究院院长罗林教授做客腾讯网络会议室，为我校师生作题为“中国特色大国外交视角下的国别和区域研究”的报告。

2020 年 4 月 24 日，中国社会科学院拉美研究所荣誉学部委员徐世澄研究员做客腾讯网络会议室，为我校师生作题为“新冠病毒疫情下的中拉关系”的报告。

2020 年 4 月 27 日，中国社会科学院美国研究所所长兼党委书记倪峰研究员做客腾讯网络会议室，为我校师生作题为“新冠病毒疫情下的中美关系”的报告。

2020 年 11 月 27 日，中国社会科学院拉美研究所马克思主义理论与拉美政治研究室主任杨建民研究员做客腾讯网络会议室，为我校师生作题为“拉美政治研究的主要议题与方法”的报告。

2021 年 4 月 25 日，中心举办“当前拉美政治形势与前景”研讨会。会议特别邀请了中国社会科学院拉美研究所政治研究室主任、研究员杨建民，副研究员方旭飞、谭道明以及助理研究员李菡作学术报告。会议由国际文化交流学院康振国书记及秘鲁研究中心宋晓丽老师主持。杨建民主任和方旭飞副研究员分别对 2020—2021 年拉美政治形势的现状做分析，并对拉美政治的未来发展趋势进行了展望。副研究员谭道明作题为“如何理解拉美地区的民粹主义?”的主题发言，助理研究员李菡作“拉美左翼和参与式民主”的主题发言。我校国别和区域研究中心研究生张成宇、陈雅美两位同学分别作了关于基什内尔主义、秃鹰计划的发言。

中心科研人员在近期参加会议和接受采访情况如下。

2020 年 4 月 14 日，宋晓丽博士参加上海大学拉美研究中心举办的“新冠病毒疫情背景下如何进一步推动中国与拉美国家关系”网络研讨会，并作主题发言。

2020 年 12 月 13 日，宋晓丽博士参加西南科技大学拉美研究中心主办、上海大学拉美研究中心协办的“第三届全国高校拉美研究中心主任工作交流会”，并作主题发言。

2020 年 3 月 1 日，傅一晨博士接受河北广播电视台采访。

2020 年 3 月 10 日，傅一晨博士接受中新社采访。

2020 年 6 月 11 日，傅一晨博士就“两会”专题接受《中国社会科学报》采访。

2020 年 12 月 11 日，傅一晨博士就“马拉多纳”专题接受《中国社会科学报》采访。

五　科研成果

宋晓丽：《新冠疫情呼唤全球卫生治理合作》，《秘华商报》（秘鲁）2020 年 3 月 11 日第一版。

潘灯、王映粲译，宋晓丽编：《秘鲁企业一般法》（中文版），河北人民出版社 2020 年版。

宋晓丽：《中秘协力促“一带一路”行稳致远》，《中国社会科学报》2020 年 6 月 11 日第 3 版。

宋晓丽：《新冠疫情呼唤全球卫生治理合作》，农村教育服务联盟网站，2020 年 5 月 20 日。

Song Xiaoli，Comunicaciones y aprendizaje mutuo de civilizaciones entre China y Latinoamerica para juntos enfrentar a la crisis internacional，Extra，Lunes 20，Julio de 2020，especial 11.

傅一晨（巴西籍）：《开发金融公司：扎根巴西的美国新开发银行》，《西柏坡报告》2020 年第 1 期。

傅一晨（巴西籍）：《巴西航空工业公司和波音公司》，《西柏坡报告》2020 年第 1 期。

傅一晨（巴西籍）：《巴西智能手机市场》，《西柏坡报告》2020 年第 1 期。

傅一晨（巴西籍）：《巴西对金砖国家新开发银行的立场》，《西柏坡报告》2020 年第 1 期。

傅一晨（巴西籍）：《巴西三家主流报纸当中的新冠病毒与中国形象：2020. 1. 13—2020. 3. 5》，《西柏坡报告》2020 年第 1 期。

傅一晨（巴西籍）：《巴西三家主流报纸当中的新冠病毒与中国形象：2020. 3. 3—2020. 4. 2》，《西柏坡报告》2020 年第 1 期。

傅一晨（巴西籍）：《论巴西联邦众议员爱德华多·博索纳罗与巴西教育部长亚伯拉罕·温特劳布》，《西柏坡报告》2020 年第 2 期。

傅一晨（巴西籍）：《美中冲突及其对巴西外交政策的影响》，《西柏坡报告》2020 年第 2 期。

傅一晨（巴西籍）：《巴西与中国电力公司，或中国电力公司对巴西的影响力》，《西柏坡报告》2020 年第 3 期。

傅一晨（巴西籍）：《在现有国际货币金融体系下，中国如何运用手中的美债对中国更有利》，《西柏坡报告》2020 年第 3 期。

傅一晨（巴西籍）：《澳大利亚、巴西对中国原料的供给制约力有多强?》，《西柏坡报告》2020 年第 3 期。

六　教学成果

2020 年 2 月 22 日，中心举办线上学术论文工作坊，就中心 2018 级硕士研究生提交的论文展开讨论，并提出修改建议。

2020 年 10 月，中心组织和举办国别和区域研究中心第一届研究生文献综述大赛。本次大赛共收到参赛文章 20 篇。经过两轮选拔，共评出一等奖 1 名、二等奖 2 名和三等奖 3 名。

宋晓丽博士参加历史学院和秘鲁研究中心共建“外国语言和外国历史”本科生专业，并讲授《西班牙语国家概况》课程。

宋晓丽博士在法政与公共管理学院分别为 2019 级、2020 级国际政治专业硕士研究生讲授《现代国际关系》课程，为 2020 级政治学、国际政治专业硕士研究生讲授《国际政治学专题研究》课程，为 2020 级政治学与行政学本科生讲授《当代世界经济与政治》课程。

七　承担课题情况

中心目前承担 2018 年教育部美大处重点研究项目 2 项，河北省社科基金项目 2 项。顺利完成 2017 年教育部国别和区域研究委托项目 2 项；完成教育部国别和区域研究年度报告“秘鲁教育情况手册”1 项。中心在秘鲁进行调研、交流和访谈的基础上，向教育部提交《“一带一路”倡议在拉美：传播与对接》的课题结项报告。

（供稿人：宋晓丽）

安徽大学拉丁美洲研究所

一　历史沿革

安徽大学拉丁美洲研究所在 2013 年 8 月正式挂牌成立，是安徽大学为建设“国际知名，国内一流”大学而设立的国别和区域研究机构，致力于打造“科学研究、文化交流、人才培养、学科发展和政府智库”五位一体的创新平台，承担安徽大学“双一流”项目“中拉命运共同体构建研究”建设任务。研究所由苏里南共和国驻华大使馆和安徽大学合作共建，在 2015 年成为安徽大学国别和区域研究院重点研究机构，在 2017 年入选教育部国别和区域研究备案中心，在 2018 年进入安徽大学创新发展战略研究院科研平台，在 2020 年获评安徽省唯一的教育部高校国别和区域研究高水平建设单位（备案中心Ⅰ类），被中宣部外宣网列为中国十大拉美研究机构。

二　研究方向

该所的主要研究方向包括以下四个方面。

第一，国际政治社会学。该所主要依托安徽大学社会学一级学科博士点、新闻学一级学科博士点和政治学一级学科硕士点，致力于推动国际政治社会学研究纵深发展。

第二，拉美未建交国家国情研究。该所聚焦危地马拉和尼加拉瓜，开展对两国的国情研究，以便服务国家外交大政方针。

第三，中拉关系。该所注重研究中拉关系发展面临的挑战及参与

“一带一路”建设的可行路径，特别注重中美拉、中欧拉、中俄拉等三边、多边关系研究。

第四，拉美政治、经济和文化研究。该所充分利用政治学、社会学（人类学）、经济学等学科理论知识和研究方法，对拉美政治、经济和文化进行全方位研究。

三 人员情况

该所现有专职研究人员 21 人，其中包含 8 名教授和 7 名副教授；兼职研究人员 21 人，其中包含 3 名外籍专家。范和生教授为现任所长。具体见表 1。

表 1　专职研究人员情况一览

序号	姓名	学历学位	专业技术职务	单位
1	范和生	研究生	教授	安徽大学
2	唐惠敏	博士	讲师	安徽大学
3	吴理财	博士	教授	安徽大学
4	陈峻峰	博士	教授	安徽大学
5	周典恩	博士	教授	安徽大学
6	孙语圣	博士	教授	安徽大学
7	吴宗友	研究生	教授	安徽大学
8	杨雪云	博士	教授	安徽大学
9	王云飞	博士	副教授	安徽大学
10	王中华	博士	副教授	安徽大学
11	张军	博士	教授	安徽大学
12	魏华飞	博士	副教授	安徽大学
13	夏当英	博士	副教授	安徽大学
14	姚德薇	博士	副教授	安徽大学
15	耿言虎	博士	讲师	安徽大学
16	陈婷婷	博士	副教授	安徽大学
17	崔清夏	研究生	讲师	安徽大学
18	陈以定	博士	副教授	安徽大学
19	陈光	博士	讲师	安徽大学

四 学术活动

2020 年 4 月 22 日，该所举办教育部国别和区域研究备案中心校内评审会。校党委常委、副校长、创新发展战略研究院院长程雁雷出席会议。专家评审组成员、北京语言大学国别和区域研究院院长罗林教授在致辞中指出，安徽大学是首个组织教育部国别和区域研究备案中心校内评审的高校，对国内其他备案中心具有示范和借鉴意义，也充分说明了安徽大学对国别和区域研究工作的高度重视。拉丁美洲研究所所长范和生教授和安徽大学欧盟研究中心主任尹建龙教授分别就拉丁美洲研究所和欧盟研究中心建设成效作了汇报。评审专家充分肯定了两个备案中心取得的成绩，并就评估报告文本和评估注意事项提出了许多建设性意见。专家组高度评价两个备案中心建设成就，一致认为两个备案中心实体化建设成效显著，形势喜人。

2020 年 8 月 13 日，该所和上海大学拉丁美洲研究中心联合主办第 13 届政治学与国际关系学术共同体“中拉关系研究”分论坛。论坛以“拉美国家应对社会问题的经验教训”为主题，国内外约 150 名拉美研究者在线参会。10 位发言者分别从政治学、社会学、经济学、历史学等多学科视角，就拉美地区的低质民主化问题、过度城市化问题、贫富差距问题、中产阶级衰落问题、社会阶层固化问题、种族歧视问题、生态恶化问题、社会治安问题、贩毒犯罪问题以及新冠肺炎疫情影响下拉美地区贫困化加深问题等进行分析，并总结由此带来的经验教训。

2020 年 9 月 9 日，该所举办“中国—阿根廷关系”研讨会。出席会议的阿根廷专家和学者主要来自莫雷诺国立大学、萨米恩托大学、国立奎尔姆斯大学、拉普拉达国立大学、圣马丁国立大学、布宜诺斯艾利斯大学以及阿根廷国家科学和技术研究理事会；中方专家和学者主要来自安徽大学拉美所、研究生院、经济学院、创新发展战略研究院、外语学院、商学院以及安徽拉美联盟成员单位。会议主要讨论分析了中国和阿根廷的经贸关系现状，中阿外交关系存在的问题和面临的挑战，以及中阿开展进一步合作的指导原则和重点领域。此外，与会者还就中国在拉美的投资、美国对中阿/中拉关系的影响、中阿应对疫情的合作等诸多问题进行了交流。

2020年9月24日，该所协办“双循环相互促进新发展格局中地方外事和智库作用”调研座谈会。此次座谈会由中国国际问题研究基金会理事长，前驻加拿大、印度尼西亚、瑞典大使兰立俊一行发起举行。安徽省外办主任雍成瀚主持座谈会，参加者包括上海国际问题研究院前院长、学术委员会主任杨洁勉，外交部亚洲事务特使，前驻越南、土耳其、斯里兰卡大使孙国祥，前驻赞比亚、特立尼达和多巴哥大使杨优明，中国国际问题研究基金会副理事长兼欧洲中心主任、前驻中非大使孙海潮，前驻乌克兰、哈萨克斯坦、阿塞拜疆大使张喜云，前驻非盟使团长、塞拉利昂大使旷伟霖，前驻孟买总领事（大使衔）刘友法，安徽大学党委书记蔡敬民，合肥市政府外事办公室主任陈启亮。拉丁美洲研究所所长范和生汇报了安徽大学国别和区域研究院建设和智库作用发挥情况。

该所还邀请社会科学文献出版社社长谢寿光、上海大学拉丁美洲研究中心主任江时学、杜克大学教授吴敏作国别研究学术成果出版、拉美研究的方法论、美国大选和中美关系等多场报告。

该所研究人员广泛参与国内学界活动。2020年11月6—9日，范和生教授参加2020年中国社会发展高层论坛；同年11月22日，范和生教授参加安徽省社科界学术年会，并作主题报告；同年12月13日，范和生教授应邀参加第三届全国高校拉美研究中心主任工作交流会；同年12月5日，范和生教授参加在上海外国语大学举办的世界文明互鉴研讨会暨国际政治社会学专家论坛；2021年4月23日至24日，陶德强博士生参加在广东外语外贸大学举行的国际治理与国际法论坛“人类命运共同体与联合国可持续发展目标”；同年5月15日，范和生教授应邀参加“百年中国社会发展与社会变迁暨学习习近平总书记‘5·17’重要讲话五周年”学术研讨会。

五 科研成果

孙语圣、胡婷婷：《中国与拉美地区的科技合作研究》，《山东科技大学学报（社会科学版）》2020 年第 1 期。

范和生、陶德强：《论中拉命运共同体的构建》，《国际观察》2020 年第 2 期。

袁月：《中国对拉美地区科技援助模式探究》，《西部学刊》2020 年第 13 期。

张军：《疫情背景下国际社会治理特征及启示》，《国家治理》2020 年第 21 期。

陶德强、范和生：《从国际社会团结看逆全球化产生及应对——基于国际政治社会学视角》，《太平洋学报》2021 年第 3 期。

安徽大学拉丁美洲研究所族群与宗教研究室主任周典恩教授的《台湾的族群关系与族群政治（上、下册）》获得 2020 年第八届高校科学研究优秀成果奖（人文社会科学）著作类二等奖。

六 教学成果

该所结合交叉学科的人才培养目标，创新研究生培养模式，在研究生教学与培养方式中建立课堂教学、社会实践和对外交流“三位一体”以及“大师 + 团队”的培养模式。2021 年 6 月份，该所举办第三届“大使进校园、学长进课堂”活动。

该所为博士生开设以下课程：“政治社会学专题”“社会发展理论研究”“社会学研究前沿”“社会学理论专题”；为硕士生开设以下课程：“全球化与全球治理专题”“国别和区域研究专题”“国际关系理论前沿”“国际关系研究方法专题”“国际组织与国际法专题”“比较政治学专题”；为本科生开设以下课程：“中国外交决策机制研究”“大国政治”“美国政治”“经济与文化”“认识拉丁美洲”“全球治理”“政治社会学”。

七 对外交流情况

2020 年 1 月 13 日，该所接待阿根廷萨尔塔天主教大学尼古拉斯·达明教授一行。双方围绕学科建设、访问学者及留学生互派等方面的交流合作表达了意愿，促进双方建立切实的合作关系，以拉近两地人的距离，推进学科及其他领域的合作。

2021 年 5 月 26—27 日，范和生教授应邀参加“东亚—拉美地区研究伙伴对话”国际研讨会。此次会议由中国社会科学院拉丁美洲研究所主办，澳门城市大学和西南科技大学协办。

八 承担课题情况

表 2 承担课题情况一览

课题名称	项目类别	项目编号	立项时间	经费（万元）	负责人
全球公共卫生治理中的中拉命运共同体研究	教育部高校国别和区域研究 2020 年规划课题		2020－11－20	10（自筹）	范和生
委托调研报告	教育部高校国别和区域研究 2021 年委托课题	GBQY2021WT－33	2021－04－28	2.2	唐惠敏
新冠肺炎疫情下增进团结的公民责任研究	国家社科基金青年项目	20CZZ013	2020－09－15	20	黄梦晓
资本下乡背景下村企合作治理模式研究	国家社科基金青年项目	20CSH039	2020－09－15	20	唐惠敏
加快推进安徽市域社会治理现代化问题研究	安徽省领导圈定课题	SQKT20－10	2020－06－04	2	姚德薇

续表

课题名称	项目类别	项目编号	立项时间	经费（万元）	负责人
安徽省城市低收入群体人口健康生活质量研究	安徽省人口健康基金会委托课题		2020－10－30	9	范和生
我省社会组织参与国际交流合作路径研究	2021 年安徽对外交流研究培训综合项目涉外课题		2021－05－21	6	张军
推进安徽与长三角地区对外开放协同发展研究	2021 年安徽对外交流研究培训综合项目涉外课题		2021－05－21	6	陈光

（供稿人：唐惠敏　范和生）

上海外国语大学巴西研究中心

一　历史沿革

上海外国语大学巴西研究中心成立于2014年。在筹建之初，中心属于校级区域国别研究中心成员；2017年，正式成为教育部国别和区域研究备案中心。

中心历史可分为三个阶段：2014年前的筹备阶段，2014—2017年的初始阶段，2017年至今的发展阶段。

在筹备阶段，上海外国语大学西方语系葡萄牙语专业开展大量有关巴西、葡萄牙以及非洲葡语国家国情文化等方面的教学和科研活动。该专业始建于20世纪70年代，是国内最早开设的葡萄牙语专业之一，在同类专业中始终位列前茅。在国别与区域研究中，该专业不仅关注葡萄牙及非洲葡语国家，更高度关注巴西这个世界最大的葡语国家和拉美区域核心国家，围绕巴西开展一系列教学和科研工作。在教学活动方面，葡萄牙语专业特别为本科生开设“巴西概况”“巴西文学史”“拉丁美洲文化”等课程。2009年以来，该专业还为上外国际教育学院的研究生开设区域与国别研究课程。2000—2014年巴西研究中心正式成立前，该专业教师陆续发表与巴西研究相关的论文7篇（5篇刊载于CSSCI期刊、扩展或境外期刊）、专著1本（参与编写）、辞典1本（参与编写）、译著4本以及政府咨询报告1篇。该专业教师注重与国内外巴西研究的专家学者进行交流，踊跃参加各类国内国际研讨会，其中包括上海拉丁美洲研讨会（2004年复旦大学）、中国拉丁美洲研讨会（2006年复旦大学）、第十三届国际拉美及加勒比研究联盟大会（2008 年澳门）、语言政策及语言规划研讨会（2012 年北京）、上海拉丁美洲研讨会（2012 年上海外国语大学）等。在 2012 年上海拉丁美洲研讨会上，4 位与会教师分别宣读自己有关巴西研究的最新成果：《巴西印第安学校教育现状剖析》《民族大熔炉——巴西社会人种构成探讨》《后卢拉时代巴西经济社会发展趋势》和《全球化背景下的巴西国内语言政策浅析》。

2014 年，上海外国语大学积极对接我国发展国家和区域研究的重大战略，正式建立一批校级区域国别研究中心，巴西研究中心便是其中一员。中心积极响应国家、政府要求，依托本校多语种、多学科、国际化优势，秉承拉丁美洲与葡语国家研究传统，与国内外多所高等院校、研究机构保持畅通联系，对巴西及其他葡语国家开展更为具体、深入的研究；同时，不断提升自身科研水平，强化决策咨询能力，为国家的外交战略服务。

二　研究方向

根据《上海外国语大学教育事业改革和发展第十三个五年规划纲要》提出的总体目标，中心以建设“以外语为特色的多学科领域知识创新的平台、国家经济社会发展的思想库”为指导思想，以成为国家经济社会发展的思想库为努力方向，以上外的外国语言文学专业为基础，以学校的国际化为依托，致力于学术研究和政策咨询，不断为区域国别研究提供新素材和新观点。具体而言，中心注重研究巴西国内政治、经济和文化，以及巴西与其他葡语国家、区域组织、国际组织的关系，推动“区域国别 + 领域”研究，力争打造以巴西研究为重点、不断向其他葡语国家拓展的研究创新平台体系、项目体系和研究队伍，密切跟踪和分析巴西及其他葡语国家社情动态的发展，为中拉人文交流、民心相通做出积极贡献。

三 人员情况

中心以上海外国语大学葡萄牙语专业教师团队为基础，通过上海外国语大学外国专家项目等项目平台邀请国内外巴西研究领域知名专家加入，努力打造一支以国内需求为导向、以巴西研究为重点的创新研究团队。

中心现有10名专职研究人员和6名兼职研究人员。专职研究人员包括9名中国教师和1名外国专家，均于上外任教。在专职研究人员之中，1人具有正高职称，4人具有副高职称，4人具有中级职称；兼职研究人员包括2名中国专家和4名外国专家，分别来自国内外著名高校和企业等。此外，中心发掘利用上外葡萄牙语专业研究生资源，培养其从事国别与区域研究工作的兴趣和能力。

四 学术活动

为了构建葡语国家国别研究的分享交流平台，推动葡语国家区域国别的教学与研究，中心坚持“引进来”和“走出去”双向发力，一方面通过主办全国性学术研讨会和邀请国内外相关领域专家学者开展学术交流两种途径将重大科研成果和学术前沿动态“引进来”，另一方面着重支持中心成员“走出去”，赴其他高等教育机构和研究机构开展学术讲座、参与国内外学术会议并宣读论文。

中心自正式成立以来，多次邀请国内外巴西研究专家作学术讲座。2015年，中心邀请中国前驻巴西大使陈笃庆作题为“世界上最大的葡语国家——巴西面面观”的讲座，介绍巴西政治、经济、历史、文化等方面概况，阐述中巴双边关系的重要性、互补性，并对巴西及中巴关系的未来提出展望。2018年，中心邀请商务部援外司原副司长、中国—葡萄牙语国家经贸合作论坛前秘书长、现对外经济贸易大学客座教授王成安作题为“葡语国家教学与研究”的讲座，介绍我国的葡语教学事业和葡语国家研究的发展历程以及当前所处的重要历史时期。2019 年，中心邀请上海大学拉美研究中心主任、特聘教授江时学作题为“对拉美研究领域中若干问题的看法”的讲座，从拉美研究的理论、如何评价拉美的民众主义、拉美改革的成败得失、拉美研究中的“钟摆”现象、如何进一步提升中拉关系、如何认识百年未有大变局中的拉美发展前景六个角度进行解析。2020 年，中心邀请现对外经济贸易大学客座教授王成安作题为“全面提高学习能力，未来服务国家开放”的讲座。

中心研究人员在近期参加的学术会议包括：葡萄牙阿威罗大学和大连外国语大学共同举办的“通往东方之路系列”研讨会（2020—2021）和四川外国语大学举办的“全国外语非通用语‘一带一路’与中外人文交流”学术研讨会（2021）。

五　科研成果

身处百年未有之大变局的时代，中心的研究人员始终保有强烈的使命感和责任感，坚持以重大现实问题导向为主，积极主动对接国家战略和上海市发展需求，立足教学、科研和智库建设，努力发挥高校智库咨政建言与社会服务等作用。

近 4 年来，中心研究人员共主持 5 项省部级课题，发表 32 篇学术论文（含 3 篇 CSSCI 论文），2 人获国家级科研奖励一等奖，2 人获国家级二等奖，出版专著 1 部，译著 2 部。中心成员还在国内各大主流报刊媒体上发表多篇与巴西国情和文化相关的评论文章。

六　教学成果

中心努力完善人才培养体系，提高人才培养质量，推动面向整个松江大学城的本科公共课教学和面向上外汉语国际教育硕士研究生的区域与国别研究课程，致力于让更多的本科生和研究生了解巴西和拉丁美洲；同时，努力激发学生对巴西研究的兴趣，指导学生从事上海全球治理与区域国别研究院巴西动态新闻专报和与巴西研究相关论文的写作。

2019 年 4 月 27 日，中心与上外葡萄牙语专业联合主办“第一届全国高校葡语演讲比赛”，首创以葡语演讲和思辨能力为核心标准的全国性重大学科赛事。两名上外葡语本科生分别获得高年级组一等奖和低年级组二等奖。

2020 年 10 月，葡萄牙语专业《基础葡萄牙语 I》被认定为首批国家级一流本科线下课程；与此同时，中心成员参与的《区域与国别研究导论》被认定为国家级一流本科线下课程，并于 2021 年获批教育部课程思政示范项目；2021 年 3 月，上外葡萄牙语专业入选 2020 年度国家级一流本科专业建设点。

近年来，葡语专业本科生在各类全国学科竞赛中屡获奖项，包括第一届中国高校中葡笔译大赛中译葡组第一名、全国最佳葡语学生“徐日昇”奖各组别第一名、全国葡语辩论赛亚军和 2019 年首届全国大学生国别区域演讲比赛优秀奖。硕士研究生在专业教师的指导下参与 4 项省部级课题、1 项校级课题，2 人赴葡语国家进行短期交流，7 人次参加国内外会议并宣读论文，8 人次在国内外学术期刊和报刊媒体发表文章。这些硕士研究生发表的文章包括：在 2018 年 10 月 29 日发表的《巴西大选如何靠电子选举提升效率》（澎湃新闻网），在 2020 年 3 月 23 日发表的《巴西新冠疫情及政府措施动态简报》（上海全球治理与区域国别研究院微信公众号），在 2020 年 4 月 4 日发表的《拉丁美洲疫情评述》（上海全球治理与区域国别研究院微信公众号），在 2020 年 4 月 4 日发表的《我们热爱自由也尊重生命》（葡语国家媒体），在 2020 年 8 月发表的研究报告《安哥拉高等教育的历史发展与现状》。

七　对外交流情况

2020 年，面对突如其来的新冠肺炎疫情，中心重点围绕国内外的疫情发展情况以及政府采取的各项措施开展研究、完成相应研究报告，其中包括《巴西新冠疫情及政府措施动态简报》《巴西新冠疫情报告》和《葡萄牙新冠疫情报告》《巴西不可抗力制度研究报告》。

面对国外媒体的不实报道和国外社会排华反华辱华的言论行为，葡语专业的两名硕士研究生在葡语国家媒体发表4篇评论文章，对疫情暴发期间个别排华言论进行有力反驳。它们分别是：在2020年3月20日发表于葡语国家媒体的《疫情反映出的中国政府能力》，从组织能力、宣传能力和纠错能力三方面向国外民众展示中国共产党领导下的人民政府在抗疫中表现出的强大领导力和凝聚力；在2020年4月4日发表于葡语国家媒体的《我们热爱自由也尊重生命》，介绍了中国如何团结抗疫并通过封城和强制隔离为世界各国创造防控疫情的黄金时间；在2020年5月4日发表于葡语国家媒体的《当国旗降落》，讲述中国人民面对疫情众志成城、万众一心、团结互助、无私奉献的斗争过程；在2020年5月21日发表于葡语国家媒体的《新冠之役，我们疏漏了什么？大众同理心的缺失》，抨击葡萄牙社会存在的歧视排外现象，呼吁尊重中国和中国人民为抗疫做出的努力和牺牲。

八　承担课题情况

中心致力于服务治国理政，服务社会经济发展，基础研究进展显著，重大项目有所突破。近4年来，中心成员共主持13项课题，其中包括6项省部级课题（如《上海市人大与巴西友好城市地方议会交流机制研究》）和2项横向课题（如《圣保罗提升城市品质的政策与举措》）。2017年，中心成员参与了上海外国语大学议会（政党）研究中心项目《地方立法民意汇集方法中外比较》，获上海市人大研究会优秀课题奖。

（供稿人：傅菡钰　张维琪）

北京第二外国语学院秘鲁研究中心

一　历史沿革

北京第二外国语学院秘鲁研究中心创立于 2014 年 10 月，是北京第二外国语学院与秘鲁圣伊格纳西奥罗约拉大学合作共建的教学科研机构。

二　研究方向

中心致力于成为一所以秘鲁国情为研究方向，以社会经济为重点，涵盖政治、文化和国际关系等研究领域的拉美研究智库。中心的愿景是在 2018 年前后成为中国众多拉美研究智库中第一梯队成员，在 2020 年前后成为全国一流国别和区域研究智库，为学校成为中国一流、世界上有重要影响的外国语大学这一愿景积极做出自身贡献。

中心采取的重点建设措施包括：第一，积极为包括中联部在内的国家部委和北京市教委提供咨政服务；第二，依托北京市西班牙语葡萄牙语学科群的资源和力量，大力提升秘鲁中心青年研究人员的科研能力；第三，与中国社会科学院拉丁美洲研究所墨西哥研究中心结成合作伙伴关系，联合举办国际学术研讨会，以提升中心知名度和学术影响力；第四，发挥专职研究人员的自身学科实力和优势，在促进中国本土学术对外传播上聚焦发力，取得一系列重要成果。

中心已完成 2 项中华学术外译项目立项，系国家级科研成果。

三 人员情况

中心有专职人员 11 人，兼职专家 5 人。其中，既有中国社会科学院拉丁美洲研究所的资深研究员，又有来自本校欧洲学院的西班牙语教授和讲师。

四 学术活动

2020 年 11 月 12—15 日，张珂教授参加北京第二外国语学院主办的“‘一带一路’——第三届小语种早期培养研讨会”。

2020 年 9 月 15 日，刘鹏代表秘鲁研究中心在中国社会科学院拉丁美洲研究所举办的“新冠疫情背景下的拉美与中拉关系”学术研讨会上作“秘鲁主流媒体关于中国新冠疫情报道分析”的主题发言。

2020 年 11 月，刘鹏以秘鲁研究中心主任的身份，参与长江电力公司和国务院国资委联合举办的“中秘文化异同及对企业运营的影响”文化论坛。

五 科研成果

截至 2021 年 6 月，中心总共承担 2 项国家级社科基金项目、6 项省部级社科基金项目。高源副教授主持完成的“‘当代中国’丛书”中华学术外译项目，黄乐平副教授和刘鹏讲师分别成功申请了教育部国别和区域研究课题“智利经济增长与收入分配关系研究”和“秘鲁原住民社区对‘两洋铁路’的影响和启示研究”，研究成果已完成。丁波文副教授申请北京社科基金青年项目“墨西哥城城市化中的问题、经验及对北京的启示研究”，现已结项。朱晓金讲师和董杨副教授成功申请 2019 年度教育部国别和区域研究中心（基地）美大地区重点研究项目，成果分别为《秘鲁国情教育报告》和《牙买加国情教育报告》。

丁波文在核心期刊发表3篇关于国外共产主义政党研究的论文；刘鹏撰写的《东亚和拉美公共冲突治理体系的比较与启示》专题论文发表于教育部国别与区域基地专属刊物《国别与区域研究》2020年第1期，并得到教育部国别与区域基地公众号的专门推送；朱晓金在社会科学文献出版社出版专著《1994—2014年墨西哥财政政策选择与效应》；温大琳撰写的两篇资政报告《2020年5月以来拉美六国主流媒体涉华报道研判》和《近五年西班牙主流媒体及智库对“一带一路”倡议的立场分析》被当代中国与世界研究院采用；中心负责组稿出版的“第一届中拉关系国际研讨会”论文集在2020年5月出版，其中收录近30篇来自全国多所院校、科研机构学者的拉美研究论文。

六　教学成果

中心主任刘鹏承担并完成了2020年度北京第二外国语学院研究生优质在线课程建设教学项目中的“秘鲁研究概论”，并完成视频录制。

中心大力鼓励本科生开展与西语国家国情主题相关的国家级或省部级科研创新活动。2015年以来，中心研究员指导了多达14项大学生创新创业科研项目，其中国家级3项，省部级8项，校级3项。

中心大力鼓励西语专业学生赴西语国家开展短期学习交流。2015年以来，共有41名本科或研究生同学赴西班牙、墨西哥、阿根廷、秘鲁、哥伦比亚等西语国家留学。通过重点培养学生的科研能力和鼓励他们赴西语国家了解国情，大大促进了西语国家国情研究这一学科建设，为后续的国别研究学科体系建设和相关课程建设打下了良好的基础。

七　承担课题情况

贾静副教授现承担北京市社科基金青年项目“北京传统艺术在

拉美传播策略研究”。

2020 年，丁波文副教授的“会通中西：近代中国知识转型的基调及其变奏”获立中华学术外译项目；张岑讲师的“西班牙语国家媒体中关于中国抗击新冠肺炎疫情的分析”获立 2020 年度教育部国别和区域研究课题。

（供稿人：刘　鹏）

中国人民大学拉丁美洲研究中心

一　历史沿革

中国人民大学是新中国最早开设拉丁美洲通史课程的高校之一，清史研究所李春辉教授长期从事拉美史研究工作，曾担任中国拉丁美洲史研究会第一届至第三届理事长、名誉理事长，其撰写的《拉丁美洲史稿》是我国第一部介绍拉丁美洲通史的学术专著。

2015年，中国人民大学依托国际关系学院建立拉丁美洲研究中心。同年，时任哥斯达黎加总统路易斯·吉列尔莫·索利斯·里维拉到访中国人民大学，获授名誉博士学位，并受聘拉美研究中心名誉顾问。2017年，时任巴拿马总统胡安·卡洛斯·巴雷拉·罗德里格斯到访中国人民大学，获授名誉博士学位，并受聘拉美研究中心名誉顾问。

目前，中心成员主要来自中国人民大学国际关系学院和外国语学院，主任为国际关系学院崔守军教授。中心成立后，先后开展了国际学术会议、大使讲坛等一系列活动，并指导本、硕、博中国学生和留学生就拉丁美洲问题开展学习研究，在有关拉丁美洲的教学与科研方面做出了一定探索。

二　研究方向

中心成员的主要研究方向为拉美政治与外交、拉美社会与文化和拉美经济。目前，中心成员在中拉关系、中拉能源合作、拉美民粹主义、拉美中小企业发展、拉美土地制度、拉美移民等方面发表了相关研究成果，并获得国家社科基金、北京市社科基金、中国人民大学科学研究基金等科研项目的支持。

三　人员情况

中心目前核心成员共有 5 名，均为中青年教师，分别是：

崔守军：中国人民大学国际关系学院教授，拉丁美洲研究中心主任。

金晓文：中国人民大学国际关系学院讲师，拉丁美洲研究中心研究员。

许嫣然：中国人民大学国际关系学院讲师，拉丁美洲研究中心研究员。

李彦：中国人民大学外国语学院讲师，拉丁美洲研究中心研究员。

周楠：中国人民大学外国语学院讲师，拉丁美洲研究中心研究员。

四　学术活动

自 2020 年 1 月至 2021 年 5 月，尽管受到新冠肺炎疫情的影响，中心成员依然通过线上和线下的方式参与同拉美相关的学术活动，并在媒体及各学术平台上讲好中拉合作的故事。具体活动包括：

2020 年 1 月，崔守军教授接受《美洲季刊》（*America Quarterly*）杂志的采访，该杂志随后引述其相关观点，刊发题为“How China Is Courting New Latin American Partners”的文章。

2020 年 3 月 19 日，金晓文博士参加由中国人民大学国际关系学院主办的学术会议“新冠疫情对地缘政治和世界经济的影响”，并以拉美为背景作题为“新冠疫情下对‘一带一路’建设的一点思考”的发言。

2020 年 4 月，金晓文博士接受阿根廷拉普拉塔大学杂志《科学、技术与政治》（*Ciencia, tecnología y política*）的采访，该杂志引述其相关观点，并刊发题为“Tres miradas sobre la pandemia”的文章。

2020 年 6 月 5 日，许嫣然博士参加巴西利亚大学和圣保罗大学共同举办的中巴专家学术研讨会，并就中巴合作等问题进行发言。

2020 年 6 月，崔守军教授接受《南华早报》（*South China Morning Post*）的采访，该媒体随后引述其相关观点，并刊发题为“As US Turns Inward, Coronavirus Gives China ‘Opportunity of the Century’ in Latin America”的文章。

2020 年 7 月，金晓文博士接受《欧洲时报》的采访，该媒体随后引述其相关观点，并刊发题为《疫情加剧，拉美经济何去何从?》的文章。

2020 年 8 月 9 日，崔守军教授在钝角网主办的“共识国际论坛”上作题为“中拉关系发展转型中的问题与挑战”的讲座，主要观点为：中拉关系的发展从顺势而为转向主动筹划，如果说之前是被形势推着走的话，当前更多的是中国的决策和中国的理念在引导中拉关系的发展。同时，中拉关系的发展很大程度上受制于中美关系的发展。

2020 年 9 月 8 日，许嫣然博士参加中国社会科学院拉丁美洲研究所主办的会议“新冠疫情背景下的拉美与中拉关系”，并就相关话题进行发言。

2020 年 10 月 23 日，许嫣然博士参加中国驻圣保罗总领馆与坎皮纳斯州立大学共同举办的“新冠疫情后的多边主义：捍卫多边主义的重要性及中国与巴西的角色”研讨会，并就相关话题进行发言。

2020 年 10 月 31 日，金晓文博士参加中国高等教育学会国际政治研究专业委员会主办、上海外国语大学承办的学术研讨会“新冠肺炎疫情背景下的国际关系与世界秩序”，并作题为“新冠疫情下的拉美政治变局”的发言。

2021 年 1 月 30 日，崔守军教授应英国广播公司 BBC 邀请参加“The Real Story”栏目专题对话，主题为“China’s Advance into Latin America”，参加人包括墨西哥前驻华大使 Jorge Guajardo、美洲对话中拉项目主任 Margaret Myers、美军战争学院教授 Evan Ellis 等。崔守军在主题发言中认为，中拉是互相尊重的合作伙伴，新冠肺炎疫情暴发以来中国对拉美的“医疗外交”促进了中拉关系的发展，深化了中拉之间的友谊。

2021 年 3 月 16 日，金晓文博士参加中国社会科学院拉丁美洲研究所社会文化研究室主办的“新时期中拉科技创新合作对话”研讨会，并作题为“拓展新时期中拉科技创新合作”的发言。

2021 年 4 月 12 日，崔守军教授参加中国人民大学 *Economic and Political Review* 杂志举办的国际学术研讨会“US-China-Latin America Interaction and the Emerging World Order”，并提出在共建“一带一路”倡议的引领下，中拉之间的政治互信日益加深，经贸合作规模与水平持续攀升，民意基础不断夯实，中拉关系始终保持高水平发展。从拉美角度而言，拉中关系的发展也受制于美拉关系的发展，保持美拉关系的稳定是拉丁美洲各国的核心利益，中拉之间应该相互尊重。

五　科研成果

中心成员在 2020 年 1 月至 2021 年 5 月的主要科研成果包括：

1. 专著

李彦：《哥斯达黎加中小微企业融资困境与对策研究》，世界知识出版社 2020 年版。

2. 学术论文

崔守军、焦玉平：《中国对拉美开发性金融合作研究》，《中国人民大学学报》2020 年第 3 期。

崔守军等：《重大技术变革与能源地缘政治转型》，《自然资源学报》2020 年第 11 期。

Li Yan（李彦）：“Reflexiones acerca del impacto de la crisis del coronavirus sobre las Mipymes mexicanas”, *Orientando*, Año 10, Número 21, Octubre 2020 – Marzo 2021。

金晓文：《移民、租佃制与阿根廷早期民众主义的兴起》，《拉丁美洲研究》2021 年第 1 期。

3. 媒体文章

金晓文：《智利：变局之后寻出路》，《工人日报》2020 年 1 月 10 日。

金晓文："Latin America in the Time of COVID－19"，*China Daily*，April 2，2020。

金晓文：《"美国行长"：强势的美国与分化的拉美》，《工人日报》2020 年 9 月 18 日。

Jin Xiaowen，"Cooperación agrícola en medio de la pandamia"，*China Hoy*，Vol. LXII，Núm. 3，2021.

许嫣然：《总统参加反隔离抗议游行，巴西是怎么了?》，《新京报》2020 年 4 月 20 日。

六 教学成果

中心成员分属国际关系学院和外国语学院两个学院，授课对象分别为国际关系学院本、硕、博学生，以及外国语学院西班牙语系本科生。同时，中心成员还面向全校学生开设跨专业选修课，其中与拉美相关的课程是：

1. 本科生教学

崔守军：发展学与发展中国家（国际关系学院专业必修课）

金晓文：拉美政治与经济（国际关系学院专业选修课）

金晓文：拉丁美洲的现代化：理论与专题（全校跨专业选修课）

周 楠：拉丁美洲国家概况（外国语学院专业必修课）

周 楠：西班牙语国家经济（外国语学院专业选修课）

周 楠：西班牙语国家政治（外国语学院专业选修课）

2. 研究生教学

崔守军：世界体系与发展问题研究（国际关系学院专业必修课）

金晓文：拉丁美洲研究（国际关系学院专业选修课）

许嫣然：美国霸权与中拉关系（国际关系学院专业选修课）

3. 博士生教学

崔守军等：区域国别专题研究（国际关系学院专业必修课）

七 对外交流情况

中心目前已同美国匹兹堡大学、巴西南大河州联邦大学、巴西坎皮纳斯州立大学、巴西里约热内卢联邦大学、墨西哥学院、墨西哥国立自治大学、墨西哥维拉克鲁斯大学、秘鲁太平洋大学、智利大学、哥斯达黎加大学、巴拿马大学等高校建立了学术联系。

八 承担课题情况

中心成员作为课题负责人承担的国家级和省部级在研课题包括：

崔守军：“拉美政治格局变化与中拉转型发展研究”，国家社科基金一般项目（项目号19BGJ061）。

周楠：“拉美民粹主义对构建中拉命运共同体的影响及应对”，国家社科基金青年项目（项目号19CGJ026）。

金晓文：“拉美民粹主义的发展趋势及其对中拉关系的影响研究”，北京市社科基金青年项目（项目号19ZGC013）。

（供稿人：金晓文）

上海大学拉丁美洲研究中心

一　历史沿革

上海大学拉丁美洲研究中心在2016年正式挂牌成立。经过近十年的发展，上海大学拉丁美洲研究中心于2019—2021年连续三年入选南京大学“中国智库索引”（CTTI）。

中心的前身为成立于2009年的上海大学全球学研究中心。中心创始人郭长刚教授自2007年起，就开始规划以广大亚非拉地区为研究对象的区域国别研究。全球学研究中心成立后，研究人员以历史学与政治学的学科思想为指导，以在对象国的田野调查为基础，大力推进对土耳其、阿根廷与印度等国研究。

在此基础上，全球学研究中心开始逐步建立和发展对拉美合作。2012年，中心博士生张琨在国家留学基金委的资助下前往乌拉圭拉丁美洲人文经济研究所（CLAEH）接受为期两年的联合博士培养。以此为开端，中心开始大力拓展与拉丁美洲各国高校和智库之间的合作。2014年5月，郭长刚教授与张琨博士访问阿根廷国家科学技术研究委员会（CONICET）下属的劳工运动研究中心（CEIL），与其就人员交流和项目合作方面达成了初步的合作意向；同年6月，张琨博士访问智利大学，就两机构之间的合作达成初步意向；2015年5月，张琨代表全球学研究中心，与中国社会科学院考古所一起前往洪都拉斯科潘遗址，参与相关的遗迹修复工作，进一步拓展了全球学研究中心在拉美方向的相关研究。

全球学研究中心在2015年正式拆分为上海大学拉丁美洲研究中

心、上海大学土耳其研究中心与上海大学南亚研究中心。中国社会科学院拉丁美洲研究所原副所长江时学教授受聘为上海大学拉丁美洲研究中心主任。2017 年 2 月至 5 月，张琨博士前往秘鲁天主教大学进行为期 3 个月的访学。同年，郭长刚教授与张琨前往阿根廷，代表上海大学与阿根廷国家科学技术委员会正式签署合作协议。2018 年，中心聘用秘鲁天主教大学知名学者安东尼奥·萨帕塔（Antonio Zapata）为全职教授，进一步增强了中心的相关研究力量。2019 年，中心以研究机构的身份加入了美国拉丁美洲研究协会（LASA）。

拉丁美洲研究中心一直积极参与和举办各类学术活动。2015 年 7 月，全球学研究中心举行上海大学拉丁美洲研究国际学术会议“全球化进程中的拉丁美洲研究”；2016 年 11 月，中心与阿根廷国家科学技术委员会、美国纽约州立大学石溪分校和乌拉圭国立大学一起举办“冷战与拉丁美洲”的国际学术研讨会。中心研究人员参加了美国拉丁美洲研究协会 2018 年、2019 年与 2020 年年会。

全球学研究中心在 2015 年举办了第一届上海大学“拉丁美洲研究暑期学校”；在 2019 年举行第二届暑期学校，招收来自全国各高校的学员 100 多名。为加强国内高校拉美研究中心之间的学术交流，中心在 2017 年举行首届全国高校拉美研究中心主任工作会议。2017 年 10 月，中心举办“‘一带一路’倡议与中拉关系国际研讨会”；2018 年，中心举办第二届上海大学拉丁美洲国际会议“一带一路视域下的拉丁美洲”；同年 9 月，中心举办《拉美与“一带一路”》新书发布会和“人类命运共同体与中国拉美国家关系”国际研讨会；2019 年 8 月，中心举办“中国与拉美在全球治理中的合作”国际研讨会。

二 研究方向

中心现有的研究领域包括以下四个方面。

第一，当代拉美政治与社会政策研究。中心重点关注拉美重要国家（如阿根廷、智利与秘鲁等国）的当代政治发展状况、政党组成、社会思潮以及政府的社会管理政策等。

第二，拉美国际关系研究。中心一方面研究拉美各国之间的关系与区域合作情况，如南美洲国家联盟、安第斯山国家共同体、南方共同市场等；另一方面研究拉美国家与其他地区尤其是与美国以及中国的关系、金砖国家与全球秩序等。

第三，拉美历史、文化与宗教等综合研究。中心重点研究拉美主要国家的历史发展、文化传承、宗教信仰（天主教）与社会生活等，关注焦点在拉丁美洲的宗教、政治与社会之间的互动，拉丁美洲的左派以及拉丁美洲的中国移民这三个方面，试图从更深层次上理解和掌握拉美国家的发展特点和发展趋势。

第四，中拉关系研究。中心重点研究中国与拉美国家的经济贸易、文化往来、国际关系，以及中国在拉美的国家形象、拉美的中国移民等。

三　人员情况

中心现有全职研究人员 6 人。其中，江时学教授为中心主任，张琨博士为执行主任，安东尼奥·萨帕塔（Antonio Zapata）教授、夏婷婷博士、于开贺博士与奥古斯蒂娜·萨罗斯（Agostina Zaros）博士为中心研究成员。江时学教授为国内知名拉丁美洲研究专家，国务院特殊津贴获得者，研究的主要范围包括拉丁美洲的经济、金砖国家与国际关系；安东尼奥教授毕业于美国哥伦比亚大学拉丁美洲史专业，研究特长为安第斯国家历史与拉丁美洲左派运动；张琨与夏婷婷博士均毕业于上海大学文学院历史系，研究特长为拉丁美洲的宗教，阿根廷、智利与秘鲁国别史，拉丁美洲的左派，以及中拉关系史；于开贺博士毕业于澳门城市大学，研究特长为巴西与金砖国家；奥古斯蒂娜博士毕业于意大利帕多瓦大学，研究特长为拉丁美洲的宗教与社会。2020 年，中心招收奥古斯蒂娜·萨罗斯博士与于开贺博士为博士后，夏婷婷博士成为中心全职研究员。

中心还常年聘请多名客座研究员，为中心的对外联系及研究发展出谋划策。外方名单包括阿根廷国家科学技术委员会高级研究员福图纳多·马里马奇（Fortunato Mallimaci）、秘鲁天主教大学副校长阿尔多·庞飞奇（Aldo Panfichi）、秘鲁研究院现任主席娜塔莉亚·卡拉斯科（Natalia Carrasco）、乌拉圭国立大学教授阿尔多·马切西（Aldo Marchesi）与乌拉圭天主教大学宗教研究中心主任内斯特·达·科斯塔（Nestor Da Costa）。中方名单则包括中国驻拉美国家的前任大使张拓、王珍、陈笃庆、徐贻聪、吴长胜、王华等人。

四　主办刊物简介

中心作为全球问题研究院的下属机构，与土耳其研究中心合作出版《全球学评论》（已出版两期），并负责文学院《医疗社会史》（CSSCI 集刊）拉美方面的审稿工作。

五　学术活动

2020 年 3 月 22 日，中心举办“巴西应对寨卡病毒疫情的经验教训”研讨会。

2020 年 4 月 8 日，中心举办“‘美洲增长’倡议能否与‘一带一路’倡议对接”研讨会。

2020 年 4 月 17 日，中心举办“新冠疫情后的全球卫生治理与全球政治”研讨会。

2020 年 4 月 18 日，中心举办“新冠疫情背景下如何进一步推动中国与拉美国家关系”研讨会。

2020 年 5 月 6 日，中心举办“拉美研究方法论”研讨会。

2020 年 8 月 13 日，中心举办“拉美国家应对社会问题的经验教训”研讨会。

2020 年 8 月 13 日，中心举办“中国与拉美国家的人文交流”研讨会。

2020 年 10 月 2 日，中心举办“中国与拉美国家关系中的‘美国因素’”国际研讨会。

2020 年 11 月 28 日，中心举办“如何认识拉美发展模式”研讨会。

2020 年全年，中心多次举办“大使论坛”，邀请多位前驻拉美国家大使进行线上交流。

2021 年 5 月 20 日，中心举办“‘后疫情’时期中国与拉美国家关系发展趋势”研讨会暨江时学著《认识拉丁美洲》新书发布会。

六　科研成果

2020—2021 年，中心成员在国内国外重要期刊上发表多篇论文，出版多部专著和译著。与此同时，中心成员在国内外多种报纸媒体上发表文章。

1. 学术专著、章节与译著

江时学:《认识拉丁美洲》，中国社会科学出版社 2021 年版。

Antonio Zapata, *La Caida de Velasco*, Penguin Random House, 2020.

江时学:《如何进一步推动金砖国家合作》，载沈逸主编《全球治理的新动力与新机制》，上海人民出版社 2020 年版。

江时学:《“一带一路”倡议下中国与巴西的经贸关系》，《中国与葡语国家经贸合作发展报告（2018—2019)》，社会科学文献出版社 2020 年版。

Jiang Shixue, “Relações Económicas Sino-brasileiras no Âmbito da Iniciativa Faixa e Rota”, Gu Xueming, Lin Guangzhi, *Relatório De Evolução Da Cooperação Económica E Comercial Entre A China E Os Países De Língua Portuguesa* (*2018 –2019*), Social Sciences Academic Press, 2020.

江时学:《中国拉丁美洲研究的现状与未来发展》，载王逸舟等主编《区域国别研究：历史、理论与方法》，上海人民出版社 2020 年版。

Kun Zhang, “Las Relaciones Triangulas antes del establecimiento de relaciones diplomáticas Entre China y Chile”, en Las Relaciones entre

China y Chile, Edicion Universidad de Chile, 2021.

Zaros, A. (2021),“Redes intrafamiliares y socioreligiosas: pensar los vínculos en familias pertenecientes a diferentes credos en Padua y en Buenos Aires”, En Forni, P. Enfoques Relacionales en las Ciencias Sociales Contemporáneas, Ediciones de la Universidad del Salvador: Buenos Aires (on press).

［美］马克·亚当斯著，范文豪译：《到马丘比丘右转：一步一步重新发现失落之城》，商务印书馆 2021 年版。

［美］休·汤姆森著，范文豪译：《龙舌兰油：迷失墨西哥》，商务印书馆 2021 年版。

［阿根廷］罗伯特·阿尔特著，夏婷婷译：《愤怒的玩偶》，四川文艺出版社 2021 年版。

2. 学术论文

江时学：《美国与拉美国家关系中的移民问题》，《世界政治研究》2020 年第 2 期。

江时学：《博索纳罗执政后巴西外交战略的新变化》，《当代世界》2020 年第 9 期。

江时学：《如何驳斥污蔑中拉关系的三种错误论调》，《人民论坛》2020 年第 21 期。

Jiang Shixue y Fortunato Mallimaci, “Cómo comprender el efecto de la guerra comercial entre Estados Unidos y China en América Latina”, *Revista de Ciencias Sociales*, No. 38 (Sepdiembre de 2020), p. 179.

江时学、来源：《论拉丁美洲国家的“国家风险”》，《国际论坛》2021 年第 2 期。

江时学：《构建人类命运共同体的中国贡献》，《红旗文稿》2021 年第 9 期。

张琨：《上帝和祖国——试论阿根廷天主教在民族构建中的作用》，《世界宗教研究》2020 年第 1 期。

张琨：《阿连德政府时期天主教社会运动——为了社会主义的基督徒评析》，《基督宗教研究》（第 27 辑），2020 年 11 月。

张琨、周青：《秘鲁华人移民的形象改善与社会融入——以中医为视角（1868—1930）》，《世界近现代史研究》（第十七辑），2020年12月。

Zaros, A., Bilbao, S., Funes, M. (2020), "Trayectorias familiares sobre creencias y actitudes religiosas en Argentina", *Sociedad y Religión* Vol. 30, No. 55, pp. 1 – 28.

Tingting Xia, Salvador Marinaro, "Las representaciones de China posrevolucionaria en los escritos de los viajeros argentinos (1949 – 1966)", *Historia y Comunicación Social*, Vol. 26, No. 1, 2021, pp. 121 – 130. (A&HCI)

于开贺：《外围现实主义对阿根廷外交的影响》，《世界知识》2021年第5期。

于开贺：《阿根廷前总统梅内姆的政治遗产》，《世界知识》2021年第6期。

3. 其他成果

江时学：《何谓参与"一带一路"》，《新闻报》（澳门）2020年1月1日。

江时学：《委内瑞拉政治危机的启示》，《环球时报》2020年1月14日。

江时学：《如何推动国别和区域研究》，《新闻报》（澳门）2020年2月18日。

江时学：《从突发事件到公共危机：基于阿根廷停电事故的考察》，中国社会科学网2020年3月4日。

江时学：《不要高估新冠病毒疫情的影响》，《新闻报》（澳门）2020年5月19日。

江时学：《南财快评之全球疫情观察：巴西的新冠疫情为什么会恶化》，《21财经》2020年6月12日。

江时学：《瑞典为什么如此对待孔子学院》，《新闻报》（澳门）2020年6月24日。

江时学：《"脱钩"概念在被滥用》，《环球时报》2020年6月

28日。

江时学:《“全球新政”直面人类困境》,《环球时报》2020年7月27日。

江时学:《国际话语力比国际话语权更重要》,《新闻报》(澳门)2020年7月29日。

江时学:《美国外交政策的历史渊源》,《新闻报》(澳门)2020年9月2日。

江时学:《全球新冠肺炎病亡逾百万的原因是什么》,光明网—时评频道2020年9月29日。

江时学:《中国开放的大门只会越开越大(思想纵横)》,《人民日报》2020年12月22日。

江时学:《“战狼外交”是个伪命题》,《环球时报》2021年1月6日。

江时学:《在百年未有之大变局中继续推进新兴大国合作》,《中国社会科学报》2021年1月14日。

江时学:《全球治理需要有力、有益的学术支撑》,光明网—学术频道2021年2月4日。

江时学:《准确判断新冠疫情的影响》,《环球时报》2021年2月10日。

江时学:《全球智库报告排名的潜在伤害不容低估》,中国社会科学网2021年3月29日。

江时学:《精心呵护与发展中国家关系》,《环球时报》2021年4月7日。

江时学:《深入认识全球治理的动力》,中国社会科学网2021年4月15日。

江时学:《“中国缺乏适应全球化能力”的说法实属谬误》,《中国社会科学报》2021年5月19日。

江时学:《国际舆论斗争,学者媒体缺阵?》,《环球时报》2021年5月27日。

4. 外文报刊

Jiang Shixue, "China's Kindness Should Not Be Misunderstood", *CGTN*, April 1, 2020.

Jiang Shixue, "Three Myths about Post-COVID - 19 Era", *CGTN*, April 23, 2020.

Jiang Shixue, "Global Health Governance in the Post-COVID - 19 Era", China. org. cn, May 1, 2020.

Jiang Shixue, "Gobernanza sanitaria mundialen la era post-Covid - 19", *Noticias Ser*, Mayo 19, 2020.

Jiang Shixue, "What Can Brazil Learn from China in the Anti-Pandemic War?", *CGTN*, June 14, 2020.

Jiang Shixue, "Cómo será la post-pandemia: GEOPOLÍTICA", *Dangdai*, Julio 2, 2020.

Jiang Shixue, "¿Qué puede aprender América latina de China en la guerra anti-pandemia?", *Pagina* 12, Julio 11, 2020.

Jiang Shixue, "Decoupling, a pseudo-proposition", *China Daily*, July 15, 2020.

Jiang Shixue, "Latin America Debt Trap Myth", *China Daily*, September 8, 2020.

Jiang Shixue, "Para aclarar el mito de la 'trampa de la deuda' de China", *Listin Diario*, Septiembre 11, 2020.

Jiang Shixue, "La llamada 'desindustrialización' de AL no tiene que ver con China", *Listin Diario*, Septiembre 18, 2020.

Jiang Shixue, "Helper Not Hinderer", *China Daily*, September 22, 2020.

Jiang Shixue, "Boost to Latin American Economies", *China Daily*, September 25, 2020.

Jiang Shixue, "El mito de la llamada 'trampa de deuda'", *Diario Uno*, Octubre 14, 2020.

Jiang Shixue, "Brazil Politicizes Vaccines, May Hurt Ties with Bei-

jing", *Global Times*, October 25, 2020.

Jiang Shixue, "How Emerging Economies Should Weather the Post-Pandemic Era", China. org. cn, November 23, 2020.

Jiang Shixue, "Challenges for the G20 in Overcoming the Pandemic", China. org. cn, November 25, 2020.

Jiang Shixue, "The Unlikelihood of a US-China Decoupling", China. org. cn, December 9, 2020.

Jiang Shixue, "Gobernanza sanitaria mundial en la era post-Covid – 19", *Noticias Ser*, Mayo 7, 2020.

Jiang Shixue, "¿Qué puede aprender América latina de China en la guerra anti pandemia?", *Página* 12, Julio 11, 2020.

Jiang Shixue, "Para aclarar el mito de la 'trampa de la deuda' de China", *Listin Diario*, Septiembre 11, 2020.

Jiang Shixue, "La llamada 'desindustrialización' de AL no tiene que ver con China", *Listin Diario*, Septiembre 18, 2020.

Jiang Shixue, "Cómo entender la economía de mercado de China", *Listin Diario*, Noviembre 25, 2020.

Jiang Shixue, "Hacia dónde deben ir las economías emergentes", *Diario UNO*, Noviembre 29, 2020.

Kun Zhang, "La Vida Cotidiana en China en la pandemia", *Pagina* 12, Feb. 23, 2020.

Kun Zhang, "Los Desafíos en China en la post pandemia", *Pagina* 12, Mar. 2, 2021.

Tintin Xia, "Durante la crisis, surgen contradicciones, como la discrminacion", *La Republica*, Mar. 3, 2020.

Jiang Shixue, "La imposibilidad del desacoplamiento entre Estados Unidos y China", Spanish. China. org. cn, Febrero 7, 2021.

Jiang Shixue, "Rebalancing the Global Order", *China Daily*, March 31, 2021.

Jiang Shixue, "Addressing the Global Governance Deficit", *China*

Daily, May 10, 2021.

七 教学成果

中心招收来自中外各国的拉丁美洲研究方向的硕士生与博士生，并设有博士后流动站。迄今为止，拉丁美洲研究方向已毕业博士 5 名和硕士 11 名；拉美方向在读博士 8 名，硕士 12 名。中心利用国内外资源，基本上保证所有拉丁美洲研究方向的硕、博士都有机会前往研究对象国进行半年以上的交流，以便其学习语言、搜集资料或是进行田野调查。2020 年，中心成功申请到国家留学基金委创新项目，每年固定有 4 个名额派送学生与研究人员前往拉丁美洲各国进行博士生联合培养与学者访学。

2020—2021 年，中心成员面向上海大学师生开设多门精品课程，课程涉及拉丁美洲研究、全球学研究以及国际关系研究等多个方面。已开设课程包括：

江时学：拉丁美洲研究导论，研究生课程。

江时学：国际关系入门，本科生课程。

江时学：International Relations，留学生课程。

Antonio Zapata, Los Inmigrantes Chinos en América Latina, for graduate students.

Antonio Zapata, La Izquierda en América Latina, for graduate students.

张琨：拉丁美洲的文化与政治，本科生课程。

张琨：全球冷战史，本科生课程。

张琨：西方思想史，本科生课程。

张琨：拉丁美洲近现代史，研究生课程。

张琨：拉丁美洲原著选读，研究生课程。

夏婷婷：西语国家文化概况，本科生课程。

八　对外交流情况

2020 年，中心青年教师张琨和博士生田楚子、王迪被国家留学基金委“创新人才国际合作培养”项目录取，将以访问学者以及联合培养博士生的身份于 2021 年分别前往智利大学、秘鲁天主教大学访学。

2020 年 11 月，上海大学全球问题研究院特聘研究员，上海大学“中国—阿根廷联合研究中心”（CIMI）阿方主任福图纳多·马里马奇（Fortunato Mallimaci）教授被阿根廷科技创新部部长罗贝托·萨瓦雷斯（Roberto Salvarezza）任命为“中国—阿根廷社科线上中心”阿方主任。该中心是由中国国家主席习近平于 2018 年访问阿根廷时成立，由中国社科院与阿根廷科技创新部签订协议和落实，目的是通过各类合作项目推动中国与阿根廷人文社科方面的合作交流。

九　承担课题情况

1. 张琨，国家社科基金青年项目：“阿根廷与智利政教关系比较研究（1973—1989）”，2017 年，项目编号：17CZJ001，项目经费 20 万元。（在研）

2. 江时学，上海市哲学社会科学研究课题十九大专项：“构建人类命运共同体研究（A）”，2017 年，项目编号：2018XAA028，项目经费 10 万元。（已完成）

3. 江时学，国家社会科学基金重大项目：“‘人类命运共同体’思想的历史学研究”，2018 年，项目编号：18ZDA170，项目经费 80 万元。（在研）

（供稿人：张　琨）

河北大学拉丁美洲研究中心

一　历史沿革

2016年1月，闫屹教授牵头组建河北大学拉丁美洲研究中心。中心由河北大学直接领导，是集区域国别研究、咨政服务和人才培养于一体的研究机构。2017年6月，中心成为教育部备案的国别和区域研究中心。

河北大学的拉美研究始于乔明顺先生。乔先生是我国著名历史学家、中国拉丁美洲史研究会创始人之一、中国拉美史研究会原副会长、河北省历史学会原副会长；早年毕业于北京辅仁大学，后在美国诺垂达姆大学获得美洲史博士学位。1980年，河北大学为历史系77级学生开设拉丁美洲史课程，乔先生是主讲此课程的第一人。当时，仅有5所国内高校能够开设拉丁美洲史课程。1985年，河北大学开始招收世界近现代史专业拉丁美洲史方向的研究生。

乔明顺先生之后，其弟子张家唐教授接班讲授拉丁美洲史课程。张家唐曾任中国拉丁美洲史研究会常务理事、中国拉丁美洲学会常务理事、中国拉丁美洲史学会顾问。2005年，由张家唐教授牵头，河北大学取得了世界史一级学科硕士学位授予权，并培养了14位拉丁美洲史方向的硕士研究生。张家唐教授主要从事有关拉丁美洲历史与拉丁美洲现代化等问题的研究。出版的著作有《拉丁美洲简史》（人民出版社2009年版）、《全球视野下的拉丁美洲历史研究》（人民出版社2016年版）。发表的论文有《简述拉美现代化及问题》，被《新华文摘》（2000年第6期）全文转载。

2010 年，河北大学在巴西里约热内卢天主教大学设立孔子学院，并以此为平台，不断加强与巴西各界的联系。2015 年，两校开展“中巴问题研究”“金砖国家合作研究”等校际合作项目。

2020 年 6 月，中心参加了由教育部组织的高校国别和区域研究备案中心评估，从中心保障力、成果生产力、社会影响力三个方面接受了全面评估。

二 研究方向

中心主要依托河北大学经济学和历史学两大学科现有的拉美研究基础，以河北大学在巴西里约热内卢天主教大学设立的孔子学院为交流平台，从经济、历史、政治、社会、文化、教育等多角度入手，对拉美地区开展综合性研究。

在长期积累的基础上，中心逐渐形成拉美经济和拉美国家现代化进程两个特色的研究方向，以及巴西、阿根廷、安提瓜和巴布达、巴哈马四个重点研究国别。

中心通过多学科协同合作，打破了各学科间的壁垒，创新研究模式，在校内建立起跨学科研究团队，与河北大学提出的建设“特色鲜明、国际知名”高水平综合性大学的战略目标保持高度一致，为促进河北省与拉美各国合作提供咨政服务。

三 人员情况

拉美中心现有专职教师 7 名。其中，6 人具有博士学位，1 人博士在读；教授 1 名，副教授 3 名，讲师 3 名；1 名教师年龄在 45 岁以上，6 名教师年龄在 45 岁以下。校内兼职教师 7 名，包括 1 名外籍教师，分别来自经济学院、管理学院、历史学院、国际交流与教育学院和外国语学院；校外兼职教师 19 名，分别来自中国社会科学院、南开大学、新华社、人民日报社、商务部国际贸易经济合作研究院、中国—拉丁美洲和加勒比友好协会等单位。

中心主任为闫屹教授，现为中国拉美学会常务理事、中国拉美史研究会理事、中国国际经济关系学会常务理事、中国国际金融学会理事，研究领域主要为金融市场、国际金融、世界经济、拉美经济。

四　主办刊物简介

《拉丁美洲研究简报》由中心制作发行，为校内发行刊物，未公开出版。该《简报》以中心的研究团队为依托，发挥河北大学综合类院校多学科发展的独特优势，紧密围绕近期拉美地区发展和研究的相关进展，跟踪梳理拉美地区的经济与社会发展的最新动态和热点问题，及时发布中心的研究成果，为河北省和国家相关部门提供决策咨询的信息服务。

五　学术活动

2020 年 6 月 23 日，中心举办主题为“如何开展拉美研究和教学”的学术研讨会。会议由中心主任闫屹教授主持，上海大学特聘教授江时学作主题发言，校内外师生共 100 余人参加。

2020 年 10 月 20 日，中心举办主题为“你所不知道的安提瓜和巴布达”的学术研讨会。会议由中心主任闫屹教授主持，安提瓜和巴布达孔子学院陶国霞院长作了主题发言，校内外师生共 80 余人参加。

2020 年 11 月 3 日，中心举办主题为“神秘而热情的巴西欢迎您”的研讨会，会议由中心主任闫屹教授主持，巴西塞阿拉联邦大学孔子学院苏建华院长作了主题发言，校内外师生共 80 余人参加。

2021 年 4 月 28 日，中心举办以“拉美政治”为主题的学术报告会。中国社会科学院拉丁美洲研究所杨建民研究员作题为“疫情以来拉美形势分析与展望”的报告，方旭飞副研究员作题为“拉美政治发展现状与前景”的报告，谭道明副研究员作题为“理解民粹主义”的报告，李菡助理研究员作题为“拉美左翼参与式民主”的报告。

六　科研成果

中心研究人员现已完成河北省社科基金项目 2 项、教育部国别与区域研究课题项目 2 项、保定市文化艺术课题 1 项，为教育部编写了《圭亚那教育情况手册》和《海地教育情况手册》。中心教师发表论文 14 篇，包括 1 篇英文论文和 1 篇西班牙语论文；获得河北省社科成果二等奖 1 项。张家唐教授主编的《乔明顺文集》一书，拟于 2021 年出版，以纪念乔明顺先生对中国拉美研究做出的开创性贡献。

七　教学成果

中心主要依托经济学一级学科下面的世界经济和金融学两个二级学科开展拉美研究方向的学生培养，在 2020 年度招收硕士研究生 5 名。徐永利教授开设的“区域经济一体化与金砖国家合作专题”课程，被批准成为 2020 年河北省研究生示范课程立项建设项目。

八　参加学术会议情况

2020 年 5 月 6 日，闫屹教授参加浙江外国语学院拉美研究中心和上海大学拉美研究中心联合主办的“拉美研究方法论”网络研讨会，以“拉美经济研究方法论”为题发表了会议报告；陈杰珍副教授 2020 年 9 月 5 日参加中国社会科学院世界历史研究所主办的“拉美史研究前沿问题”学术研讨会，以“古巴与以色列比较研究”为题发表了会议报告；孙艳萍研究员 2020 年 9 月 15 日参加里约热内卢天主教大学主办的八十年校庆系列活动，以“China and Greece in the Axial Age”为题发表了会议报告；张家唐教授 2020 年 10 月 31 日参加北京大学人文学部和河北大学历史学院联合主办的“多样视角与多元语境下的民族国家构建”学术研讨会，作了大会总结发言；闫屹教授2020年10月31日参加上海大学拉美研究中心主办的“如何认识拉美发展模式”研讨会，以“拉美金融自由化是否存在统一标准”为题发表了会议报告；闫屹教授2020年12月12日参加西南科技大学拉美研究中心主办的第三届全国高校拉美中心主任工作交流会暨当前中拉关系研讨会，以“河北大学拉丁美洲研究中心发展介绍”为题发表了会议发言。

九 承担课题情况

2020年，闫屹教授主持的“新形势下拉丁美洲金融开放效应及金融监管研究”和邢慧斌教授主持的“‘一带一路’视域下一国世界旅游联盟构建中拉旅游扶贫国际合作机制研究”获批成为教育部国别和区域课题；中心兼职研究员陶国霞主持的“Wadadli，‘属于我们的’安提瓜和巴布达”获批为浙江省社会科学界联合会社科普及课题。

（供稿人：杨 茜 闫 屹）

北京外国语大学拉丁美洲研究中心

一　历史沿革

北京外国语大学拉丁美洲研究中心成立于2016年，成立之初即为教育部区域国别研究备案中心。中心依托北外的西班牙语、葡萄牙语专业人才培养基地进行建设。北外的西班牙语和葡萄牙语专业是全国历史最悠久的西班牙语和葡萄牙语专业，均为首批国家级一流专业建设点和首批国家级一流本科，为拉美和加勒比研究提供了强有力的语言和人文支持。

北外与我国最权威的拉美研究智库——中国社科院拉美研究所签署共建协议，强强联手、优势互补，共建北外拉美研究中心，极大地提升了该中心学术水平和人才培养质量。在国际上，该中心与墨西哥国立自治大学建立合作，双方均派出研究人员常驻对方大学，每年联合举办1次研讨会。

二　研究方向

北京外国语大学拉丁美洲研究中心按照学校“双一流”建设总体规划和发展目标，充分发挥西班牙语、葡萄牙语国家级一流专业的学科强项及与研究对象国长期友好交往的传统优势，不断加强拉美研究学科建设和复合型人才培养；致力于拉丁美洲和加勒比政治、经济、文化、社会等领域的研究，持续提高研究水平，努力成为重要智库，为“一带一路”倡议的推进与落实提供理论和思想支持。中心成立六年来受到教育部、北京市教委及学校的高度重视与大力支持，在人才培养、学科建设、科学研究、对外交流、社会服务等方面取得了显著成绩，受到社会各方面认可。

三 人员情况

目前，中心有专职研究员 15 人，聘有客座教授 3 人。在本科阶段即开设拉美研究方向课程，并且选拔优秀学生设立“战略班”，着力培养这一方向的人才；与墨西哥国立自治大学、巴西圣保罗大学、南大河州联邦大学等知名高校学分互认，联合培养“拉美研究”方向硕士研究生，实质性学术交流与学生交流项目数量和质量居全国前列。

四 主办刊物简介

1.《中拉互鉴》(*Interacción Sino-Iberoamericana*)

由北京外国语大学主办，主编为常福良（北京外国语大学）。该刊由外语教学与研究出版社（中国，FLTRP）与德古意特出版社（德国，De Gruyter）联合出版，其国际刊号为：ISSN 2747 - 7479。采用在线出版和印刷出版两种形式，刊登西班牙语或者葡萄牙语论文，是中外学者关于中国和西班牙语、葡萄牙语国家互动关系研究的重要平台，是目前世界上唯一一份由中国机构主办的用西班牙语和葡萄牙语刊发的学术期刊。每年出版两期，发刊时间为 6 月和 12 月。

2.《西班牙语论丛》(集刊)

北京外国语大学西班牙语葡萄牙语学院在 2011 年创办了本学科的学术平台——《西班牙语论丛》，系年刊形式的学术丛书，每年出版一辑。主编为常福良（北京外国语大学）。该《论丛》确立前沿理论探索、高新应用交流、引领学科发展为宗旨，栏目包括：西班牙语语言研究与教学，西班牙语文学，西班牙语翻译，西班牙语国家历史、文化及国情研究。

五 学术活动

2020年7月1日，墨西哥驻华使馆、墨西哥国立自治大学和墨西哥—中国研究中心共同举办“《箧中文字》线上新书发布会”。《箧中文字》为2019年首届全国大学生西语故事大赛获奖作品集。西葡语学院院长常福良、刘建教授、徐蕾副教授受邀参加活动。其他与会者有墨西哥驻华大使Jose Luis Bernal、墨西哥国立自治大学学者Rosa Beltran、Hernan Lara、Adrian Curiel和墨西哥—中国研究中心主任Guillermo Pulido。

2020年9月24日，西葡语学院院长常福良教授、西葡语学院刘建教授和西葡语学院副院长李紫莹教授参加“《中国和墨西哥：建交与文化交流45周年》新书云发布会”。

2020年10月至2021年2月，中心举办“墨西哥与拉丁美洲全貌”（CURSO：UNA MIRADA A MÉXICO Y LATINOAMÉRICA）十场讲座。2020年11月7日，Clave de los estudios latinoamericanos hoy；2020年11月14日，Una visión de internacionalización en el mundo contemporáneo；2020年11月21日，Contexto histórico actual；2020年11月29日，Relaciones México-China hoy；2020年12月6日，México y América Latina：regímenes políticos y otros poderes legales e ilegales；2021年1月19日，México：su población y sus ciudades；2021年1月22日，Religiones y religiosidad en el México de hoy；2021年1月26日，Literatura mexicana contemporánea；2021年1月29日，La enseñanza del español a estudiantes chinos；2021年2月2日，La evaluación del español。

2020年11月21日，中心举办“北京外国语大学外国语言文学学科研究生高端学术论坛西班牙语语言文学分论坛——暨首届全国西班牙语语言文学专业研究生综合性学术论坛”。论坛旨在发现“德才兼备、守正创新”的学术新秀，为西班牙语语言文学专业研究生和青年学者提供学术交流的平台，提高研究生独立思考、分析批判、敢于创新的学术素养。

2020 年 11 月 27 日，中心举办“走进联合国，走近可持续发展”专题讲座。葡语系 1994 级校友、现任联合国开发计划署助理驻华代表张薇女士回母校作讲座。

2020 年 12 月 3 日，李紫莹教授应邀参加“企业社会责任报告国际研讨会”，并作题为“跨文化视域下中企拉美投资的社会责任沟通与信息披露”的主旨发言，与来自政府相关部门、国内外优秀企业、高校、专业研究机构等嘉宾从跨文化视角，共同探讨企业在海外经营中的责任沟通观点与实践。

2020 年 12 月 10 日，为了促进中秘两国商业、教育、文化间合作与交流，加深中秘两国文化互通互融，李紫莹教授应三峡集团邀请参加“中秘文化异同及其对企业运营的影响——跨文化管理线上论坛”，与中秘专家学者通过网络会议的形式开展线上论坛研讨。

2021 年 1 月 14 日，中心举办“拉美政党当前格局及拉美地区安全热点”学术报告会。史艳老师的报告从拉美政党、政党政治、政治变化和安全热点四方面入手，以政党的概念、拉美政党的起源类型等理论知识为基础介绍了拉美政党的基本情况，结合实际探讨了拉美地区安全形势的热点议题及中拉合作的相关话题。

2021 年 4 月 23 日，中心举办“1580—1600 年马尼拉大帆船体系中的葡萄牙非官方商贸网络”线上讲座。乌特莫克 · 维拉马尔（Cuauhtémoc Villamar）博士应邀为与会者介绍了十六世纪后二十五年澳门—马尼拉的商贸网络走廊，并简要分析马尼拉大帆船体系的形成。

2021 年 4 月 28 日，中心举办“影视跨文化传播视角下的中拉文化交往历程与研究”学术讲座。中国传媒大学杨宾博士为与会者分析了中拉影视交流的历史脉络、拉美影视研究方向和中拉影视文化研究现状。

2021 年 4 月 30 日，中心举办“西葡文学之夜”学术讲座。晏博副教授介绍拉美文学各个主义出现的时期，以及拉美文学大爆炸时期的历史背景、文学特点、代表作家和作品。

2021年5月7日，中心举办“民族英雄阿蒂加斯：伟大的拉美解放者”讲座。乌拉圭历史老师潘慧敏（Georgina Pagola）和张哲海（Liber Di Paulo）为北外西葡语学院西班牙语专业高年级学生作讲座。

2021年5月19日，中心举办“外语学科区域国别研究与大数据手段的结合——以美国大选政治人物研究为例”学术讲座。北外区域与全球治理高研院陈征老师在讲座中分析了语言、文本材料分析，以及文化社会背景等外语学科背景做区域国别研究的种种优势；指出了国际关系领域对大数据和人工智能的关注；举例讲解了上述研究手段相结合所取得的成果。

六 科研成果

目前该中心研究人员主持国家级课题3项、省部级课题2项、校级课题6项，横向委托课题1项。2020年度出版专著2部、编著1部、译著1部、发表学术论文8篇（其中SSCI论文1篇）。在《光明日报》《中国教育报》刊发文章2篇。

七 教学成果

2020年，葡萄牙语专业叶志良教授和张方方副教授分别斩获校级本科教学成果奖一等奖和本科优秀教学奖二等奖。2021年1月“全国西葡语教师发展中心”在北外成立。1月13日，拉丁美洲研究中心成功举办“中国西班牙语葡萄牙语教师发展论坛”暨“全国西葡语教师发展中心”揭牌仪式。全国西葡语教师发展中心的成立开创了西葡语教育发展和人才培养的新局面，具有重大的现实意义。近些年，受新时代教育理念的指引，在中国出现了西班牙语、葡萄牙语学习热潮，但目前全国高校西葡语专业师资培养模式与制度不够完善、亟待优化；而正是为了使全国西葡语专业教学能够更好地应对新时代的新要求，北京外国语大学西葡语学院依托自己的学科建设优势，汇聚优质资源，成立全国西葡语教师发展中心。今后，拉丁美洲研究中心将利用好全国西葡语教师发展中心这一平台，组织全国西葡语专业广大师生群策群力，强化学科交叉融合，开阔西葡语学科的视野，丰富西葡语学人的人文思想，增加西葡语教育的人文科学含量，使西葡语师生的科学研究拥有更多的路径和发展机遇。

2021 年 6 月，李紫莹教授主编教材《国际经贸教程（西班牙语）》（新经典系列）由外语教学与研究出版社出版发行。

八 对外交流情况

常福良教授、史青副教授等为 2020 年拉美记者班授课，讲授“中国的生态文明建设与可持续发展”“互联网现象与中国当代流行文化”“‘一带一路’建设与拉美地区经济发展”“中国的经济发展与中拉经贸合作”“中拉整体合作——全球变革中的发展共享”五个主题方面的内容。

2020 年 10 月 7 日，北京外国语大学与澳门大学召开线上工作会议，就深化教学科研合作进行会谈。西葡语学院院长常福良、葡语系主任张方方以及葡语系叶志良教授等参加会议。

2020 年 10 月 27—29 日，李紫莹教授参加第九届中拉高层论坛（线上会议），并作“拉美主流媒体对中国抗疫报道和后疫情时代中拉媒体合作”的学术报告。

2020 年 12 月 4 日和 11 日，中心、北京外国语大学区域与全球治理高等研究院、阿根廷生产发展部企业家和中小企业司、中国工商银行阿根廷基金会、阿根廷国立圣马丁大学共同举办中阿贸易促进线上系列培训研讨会。此次培训项目由阿根廷生产发展部企业家和中小企业司发起，旨在帮助有潜力同中国开展贸易合作的阿根廷中小企业，为其介绍与中国开展贸易合作所需要的信息和条件，提供有助于安排其贸易战略的必要手段，并展示成功的地区和国际案例，以支持上述企业发展同中国的贸易。

在中国和阿根廷建交 49 周年之际，当地时间 2021 年 2 月 22 日，该中心李紫莹教授作为阿根廷执政党正义党及其纲领“正义主义”

唯一一部中文版专著的作者，就中国的阿根廷政党研究、中阿政党交往、中阿双边关系发展的前景与“一带一路”合作等问题接受了专访。

2021 年 2 月 19 日是中阿建交 49 周年纪念日，《十二页报》是阿根廷第三大报，为此组织了中阿交往与合作的系列专访，此前的相关报道是在 2 月 8 日，该报刊登了对中国驻阿根廷大使邹肖力的专访。

2021 年 5 月 5 日，李紫莹教授应邀参加拉美地区著名的学术联合体——拉美社科理事会举办的线上论坛，作中拉后疫情合作的主题报告。

（供稿人：李紫莹）

大连外国语大学拉丁美洲安第斯国家研究中心

一　历史沿革

大连外国语大学拉丁美洲安第斯国家研究中心成立于2017年。在中拉合作全面深入发展的背景下，中心将依托学校西班牙语学科优势，服务国家“一带一路”建设需求，多层次、多角度开展对拉美国家语言文化、风俗习惯、投资政策、法律法规等方面的广泛深入研究，以高起点、国际化的视野，建设集学术研究、政策咨询、国际交流于一体的学术机构和新型智库。中心自成立以来，每年坚持举办各类学术活动，为培养更多的国际型、复合型、应用型西语人才，深化中拉合作，促进中拉之间的互惠共赢做出贡献。

二　研究方向

中心主要针对安第斯国家及其周边拉美地区（包括巴西）开展政治、经济、文化、社会、文学及语用方面的研究。

1. 安第斯地区及其周边国家国情研究

2017年10月以来，中心教师指导安第斯国家小组学生开展了对玻利维亚、委内瑞拉、哥伦比亚、厄瓜多尔、秘鲁、智利、阿根廷七国的前期研究，通过新闻翻译、特色课程、知识竞赛等路径完成了包括七国历史沿革、地理区划、地形地貌、政治体制、社会结构及特色、产业结构及重点产业体系、经济体制特征等基本概况的初步研究。与企业合作，完成了对拉丁美洲西葡语人才需求的问卷调查和数据搜集工作。

2. 安第斯地区及其周边国家现状解读

中心先后邀请前驻外外交官、高校学者、研究机构专家等多次前来大连外国语大学为学生及教师举办包括政治、历史、文化、翻译等主题的讲座，为学校师生深入解读拉美安第斯地区及其周边国家的现状。

为了充分融入国际拉美安第斯地区及其周边国家的研究，中心有计划地组织和派遣教师参加包括中国拉丁美洲学会、中国拉丁美洲史研究会、中国外国文学学会西葡拉美文学研究分会、中国跨文化交际学会等研究机构组织的学术会议，扩展学术视野，积累研究经验。

3. 中—西社会科学作品互译及其研究

中心积极组织青年教师和研究生翻译拉美安第斯地区的文学、中拉关系及历史等著作，并致力于开展中华文化作品外译、中华文化对外推广和翻译西班牙语国家当代作品。

三　人员情况

研究中心暂无专门研究人员，相关学术活动及教学工作由大连外国语大学欧洲语言学院西班牙语专业教师承担。他们的主要研究领域包括西班牙语语言哲学、世界经济、当代历史、西班牙语国家文学、当代拉美研究、翻译理论与实践等。

四　学术活动

2020 年 10 月 24—25 日，中心协助大连外国语大学欧洲语言学院成功举办“第十届全国拉美研究青年论坛”。此次论坛的主题为“拉美的发展、治理与变革”，由中国拉丁美洲学会、中国拉丁美洲史研究会、大连外国语大学主办，大连外国语大学欧洲语言学院承办。10 月 24 日上午，大连外国语大学副校长丛明才、中国社会科学院拉丁美洲研究所副所长袁东振分别为开幕式致辞。开幕式后，中国拉丁美洲学会会长、教育部长江学者、博士生导师王晓德教授作了题为“关于提升中国拉美研究的若干思考”的主旨报告；中国拉丁美洲史研究会理事长、南开大学博士生导师韩琦教授作了题为“马尼拉大帆船贸易垄断体制的建立及其评价”的主旨报告。来自中国社会科学院拉丁美洲研究所、商务部研究所、北京大学、南开大学、上海外国语大学、上海大学、大连外国语大学、澳门城市大学以及西班牙、秘鲁、哥伦比亚等国高校的56名学者参加此次论坛，分别从政治政策、经济发展、社会人文、治理应急四个主题分享了个人最新研究成果。分论坛分别邀请到中国拉丁美洲学会常务理事、大连外国语大学欧洲语言学院赵雪梅教授作了题为“新冠疫情对拉美就业市场的影响及前景展望”的主旨报告；中国现代国际关系研究院拉丁美洲研究所所长杨首国研究员作了题为“新冠疫情下的拉美政治生态及其走向”的主旨报告；百通思达国际管理咨询有限公司总裁鞠成涛译审作了题为“‘双循环’新格局下中国与拉美经贸发展的机遇与对策”的主旨报告。25日，论坛圆满落幕，我国前驻古巴大使张拓应邀为闭幕式致辞。该届论坛为国内拉美研究的学者们搭建了交流与学习的平台，前辈们无私地分享了研究心得和经验，参会青年学者纷纷表示受益匪浅。

2020年11月6日，大连外国语大学举行“百通思达杯”实训项目竞赛总结会暨颁奖典礼。百通思达国际管理咨询有限公司、大连外国语大学欧洲语言学院和高级翻译学院共同组织“百通思达杯”国际工程语言服务人才订单式培养实训项目竞赛。此次竞赛寻求进一步加强大连外国语大学学生对“一带一路”相关国家国别信息的了解，提升跨文化交际能力、应急能力及运用和处理信息的能力，增强安全意识，培养国际化视野，为日后实际工作打下良好基础。竞赛要求100名同学对“一带一路”100个国家进行国别信息调研，大赛组委会随机为每名参赛同学分配1个国家，每4名同学组成1个工作组，并选出组长，由组长组织协调，共同完成所分配国家的信息调研及资料整合工作，并在企业专家和本院教师的指导下，完成调研报告。

在中心的协助和推动之下，安第斯国家研究小组28名学生参与此次竞赛。经多次培训、线上讲座学习以及反复的修改和完善，同学们完成了紧张的四阶段赛程，取得了喜人的成绩。大家完成的调研报告，思路清晰、内容翔实、信息来源可靠、撰写细致全面。最终，经过大赛组委会评审，安第斯国家研究小组全部参赛选手均获奖。参赛学生表示，通过此次竞赛，不仅学习到了“一带一路”相关国家的人文地理、国情等相关知识，也学习到了国别信息调研方法和如何撰写国别信息调研报告，增强了运用和处理信息的能力，也对“一带一路”下的跨文化交际有了更深的理解和感悟。

五 科研成果

2020—2021 年，中心教师发表论文 10 余篇，为政府提供资政报告 1 篇。

中心组织青年教师和西班牙语语言文学专业研究生翻译拉美安第斯地区的文学、中拉关系等作品。现已完成翻译《匆匆半生路》《十个女人》《我们如此相爱》《三段不光彩的时光》等多部文学作品，并由中央编译出版社出版；翻译完成拉美历史作品《战败者见闻录》，并由商务印书馆出版；翻译完成《三重奏》，并由深圳海天出版社出版；翻译完成《努尔系列》（13 册），并由辽宁省少年儿童出版社出版。其中的多部译著入选“十三五”国家图书出版项目“西班牙语文学译丛”。中心还与海外麦德林孔子学院合作，翻译完成并由哥伦比亚伊菲特大学出版社出版《新事掠影：五个中国诗人》；尹承东教授带领青年教师翻译完成大中华文库作品《老残游记》，并由大连理工大学出版社出版。

2020—2021 年，中心成员完成的《中国—阿根廷关系史》由中国社会科学出版社出版；由外文局朝华出版社出版的《中国“一带一路”倡议及其对地缘政治空间的影响》（待出版）入选国家出版基金“‘一带一路’拉美看中国”项目。

六 教学成果

1. “拉丁美洲研究与翻译”特色系列课程建设

中心注重国际化办学，同西班牙赫罗纳大学（Universitat de Girona）合作开发“拉丁美洲研究与翻译”特色系列课程。课程由大连外国语大学欧洲语言学院院长黎妮副教授和赫罗纳法学院前院长 José María Pérez Collados 教授协同建设，双方教员合作完成教学任务。赫罗纳方教学团队由西班牙和拉美国家的教员组成，主要负责西语国家国情（政治、经济、法律等）相关课程，大连外国语大学教师负责中西翻译、中西文化对比等相关课程。赫罗纳大学为参与项目的中方青年教师设立博士奖学金，培养拉美研究领域的教员。

2. 西班牙语国家概况课程建设

西班牙语国家概况课通过对西班牙和拉丁美洲政治、经济、文化以及国际关系现状的介绍和分析，要求学生通过对西班牙语国家历史、社会、政治以及经济现状的学习，初步了解西班牙语国家的政治、经贸和社会状况，从而理解中西、中拉关系在中国经济发展中的重要性。2020 年，中心已完成“西班牙语国家概况”线上课程录制工作，今后将采取线上线下混合式教学模式，更加充分地利用好课堂时间开展教学实践，以师生交际、生生交际的方式提高学生的综合思辨能力和语言应用能力。

3. 拉丁美洲历史、拉丁美洲现状课程建设

在中心成立伊始，大连外国语大学欧洲语言学院便成立拉美安第斯研究小组，其成员为西班牙语专业在校本科生和研究生，每学期面对研究小组同学开设拉丁美洲历史、拉丁美洲现状等课程；同时，中心定期邀请国内外拉美问题专家为研究小组同学作专题讲座，帮助他们深入解读拉美安第斯地区各国情况。在西班牙语专业教师指导下，每名安第斯小组成员提交一篇规范的专题研究报告作为结业成果。

七 对外交流情况

中心参与大连外国语大学欧洲语言学院与西班牙赫罗纳大学（Universitat de Girona）的合作，共同开发“拉丁美洲研究与翻译”特色系列课程（10—12门）。该特色课程面向国内西班牙语专业大四学生开设，培养中国学生从事法律、政治与经济等领域翻译的语言能力；完善中国西班牙语专业学生在西班牙及拉丁美洲社会文化方面的知识结构。学生在完成课程学习，并通过大连外国语大学毕业资格审查之后，可继续在赫罗纳大学教学团队的指导下，进行3个月的科研实践；如能完成答辩，即可获得赫罗纳大学的“拉丁美洲法律、政治与经济文化：文化解读与翻译”校级硕士学位。获得校级硕士学位的学生可以继续攻读赫罗纳大学推荐的欧盟官方硕士项目。

八 承担课题情况

中心成员先后获批并主持省级社会科学规划基金项目、省级科研课题、省级教改项目多项，并获得省级教学成果奖三等奖。同时，研究中心教师获批各类校级科研项目、校级教改项目及高教研究课题多项。

（供稿人：谭 博）

广东外语外贸大学拉丁美洲研究中心

一　历史沿革

广东外语外贸大学拉丁美洲研究中心于2017年经教育部备案为国别与区域研究中心。中心的前身是成立于2011年的中智研究中心。该中心最初由广东外语外贸大学与智利圣托马斯大学（中国孔子学院拉美总部所在地）联合成立，每年定期举办中拉经济管理高层论坛，会后编写并印刷中国—拉丁美洲研究通讯。自成立起，中心鼓励广外商学院与智利圣托马斯大学商学院每年相互派遣老师到对方学校讲授课程，同时开展学生互换等国际交流活动。

中心的主要成果体现：一是出版年度拉丁美洲蓝皮书；二是举办年度中拉学术论坛；三是开展中拉学者合作项目研究；四是实施学生互换和教授互访教学计划；五是提供中拉企业家交流平台；六是撰写并提交有关咨政报告、中拉经贸案例报告以及国别动态信息资源报告等。主要服务对象为政府决策机构、中拉企业家、高校学者与学生等。

中心的建设定位和目标是发挥广东外语外贸大学管理学科、葡萄牙语与西班牙语师资队伍和研究人员的优势，构建跨院合作的国别与区域研究中心，发挥广外与拉美高校合作伙伴，如智利圣托马斯大学商学院中智研究中心和墨西哥国立自治大学中国研究中心等国际合作平台优势，努力打造一个高端、国际化的拉美智库平台，通过提交政策咨询报告和承接相关研究项目为广东省外向型经济发展、粤港澳大湾区建设以及国家“一带一路”倡议实施做出贡献，同时努力建设成为一个特色鲜明的国别与区域研究重要基地。

二　研究方向

中心组织开展的基础性研究方向包括：中拉企业管理文化研究、中拉经济合作与挑战研究、拉丁美洲国别社会文化与价值观研究、拉丁美洲国别法律与政策研究、中国企业拉丁美洲投资案例研究、拉美国别政情商情研究等。拟解决的关键问题是响应国家“一带一路”倡议，集中开展拉丁美洲相关区域与国别投资环境问题研究，产出一批创新性实用研究成果。

三　人员情况

中心聚集广东外语外贸大学管理学科、西方语言文化学院葡萄牙语系与西班牙语系及拉美高校的师资队伍和研究人员，共有 15 名兼职教师和研究员。其中博士比例 94%，教授比例 74%。

四　学术活动

2020 年 12 月 12 日，中心、广东外语外贸大学商学院、智利圣托马斯大学商学院和中国—智利研究中心联合举办 2020 年中拉论坛“疫情背景下中拉人文交流与合作发展”暨第五届 21 世纪海上丝绸之路国际智库论坛（2020）平行论坛。来自广东外语外贸大学和智利圣托马斯大学商学院 50 余名专家学者和师生代表齐聚云端，围绕疫情下中国和拉美地区的热点问题展开深入探讨。

在主题报告环节，智利圣托马斯大学商学院 Alejandro Puente 通过客观数据分析了中国经济增长及其对智利的重要性；广外商学院院长、中心主任朱文忠从企业社会责任发展历程、中国文化价值观对现代企业社会责任的影响、现代企业社会责任的渊源等方面论述了疫情下中国企业的社会责任担当。智利圣托马斯大学商学院 Jorge Sepulveda 分析了新冠肺炎疫情下检测隔离期和股票市场表现，认为政府干预对市场回报具有双重影响效应，且政府干预会加剧新冠引发的金融危机。中心副主任李永宁分享了后疫情时代国际经济合作的新机遇，在回顾新冠肺炎疫情对全球经济运行产生影响的基础上，他表示要抓住后疫情时代国际经济合作新机遇，如 RCEP 协定、CPTPP 协定、中智自由贸易区等。

广外国际商务英语学院教授、中心研究员吴易明分析了滴滴出行在巴西的国际化扩张中面临的问题和挑战，提出要从当地政府、金融机构合作、提升品牌影响力和忠诚度、公司业务多样化等方面优化滴滴出行在拉美国家的国际化扩张策略。智利圣托马斯大学商学院 Susana Chacon 以"疫情下做家务会影响薪酬吗？论性别与婚姻状态在其中的作用"为主题作了主旨发言，研究结论为家务会对工资产生负面效应。与男性相比，这种负面效应对已婚女性的影响更大。广外商学院副教授、中心研究员黄磊围绕"一带一路背景下拉美国际工程承包市场对中国企业的挑战和对策"进行了深度分析和讲解。智利圣托马斯大学商学院 Luis Chanci 以"经济稳定性：资源、出口多样化和生产力"为主题阐释了其专业观点，研究发现出口集中度与经济效益呈现负相关关系、智利对华出口仍集中在传统行业、中智两国合作可以增加贸易收益等。

广外商学院副教授、中心研究员马飞雄及研究生胡越芊就"食品市场监管与违规的博弈分析：以中国大陆为例"话题作主题报告。他们认为在信息不对称的情况下，市场监管机构对违规行为的调查结果具有示范作用。智利圣托马斯大学中智研究中心主任、商学院 Sergio Alvare 运用文献计量学的方法统计新冠肺炎病毒的相关研究，他发现新冠相关研究重点集中在医学领域，其中 Covid－19、Coronavirus、Sars-Cov－2、Pneumonia、Sars 等关键词尤为突出。广外西方语言文化学院讲师 Mariana Ramos 和杨菁就"疫情下巴西教育的挑战"相关问题作了深刻剖析，她们表示新冠肺炎疫情下挑战与机遇共存，新冠肺炎疫情会给巴西教育带来积极效应，如：教学方式的更新、学习自由度及灵活性等。

五 科研成果

《2019年拉丁美洲蓝皮书》在2020年9月出版，为中心连续出版的第4本系列蓝皮书（每部蓝皮书收录约20篇文章）。作者以该中心研究团队为主，并包含了国内外相关智库以及拉丁美洲高校的专家学者。该部蓝皮书收录19篇文章，全书共分为总论、区域与领域合作趋势、拉丁美洲国别研究、中国—拉丁美洲经济与文化研究案例等四个部分。一方面，重点关注了拉丁美洲总体动荡环境、中拉经贸发展态势与区域合作展望；另一方面，该书集中探索了委内瑞拉、墨西哥、哥伦比亚、巴西等国别特殊问题，以及中拉经济与文化合作实证问题。内容丰富，涵盖政治、外交、文化、经济、管理等多个维度或层面的具有原创性、前沿性和时效性的观点呈现和深度分析。

中心教师和研究人员组织学生编译团队，关注拉美国情，追踪时事热点，在公众号平台上定期发表区域动态文章，并就热门议题进行分析，发表深度观察文章。目前共发布6期《区域动态追踪》，主题涉及阿根廷堕胎合法化、新冠肺炎疫情大流行下的性别缺口、新冠肺炎疫情“免疫鸿沟”、环境保护、拉美土著走出困局和拜登时代的拉美关系等；发布3期《深度观察》，对疫情期间西班牙的经济态势、墨西哥仇恨女性犯罪和疫情下墨西哥的毒品问题等进行剖析。此外，编撰的关于拜登上台后美拉关系走向的文章被广东国际战略研究院内部刊物录用。

中心主任朱文忠编译的《当代拉美管理教育发展路径》于2020年8月由经济管理出版社出版。全书分为5章，第一章为拉丁美洲不同国家面对的不同现实问题，第二章为拉丁美洲管理教育的演进，第三章为拉丁美洲管理教育过去十年的评价，第四章为拉丁美洲管理教育的现状，第五章为拉丁美洲管理教育未来的革命。

2021年2月25日，中心研究员陈星和杨菁在《环球时报》发表《中国疫苗“落地拉美”意义重大》。文章通过跟踪拉美国家主流媒体关于中国疫苗的报道，总结其中隐藏的一些偏见和问题，并从三方面提出建议：一是从战略性提升中拉关系的角度重视中国疫苗向拉美的供应，二是多渠道、多维度保证疫苗研发和试验信息数据的公开和透明，三是采取“请进来”“送出去”的方式加强与拉美本土研究所进行技术合作，力争经由本土化辐射拉美广大区域。

六　对外交流情况

中心与智利圣托马斯大学商学院中智研究中心、墨西哥国立自治大学中国研究中心等拉美研究机构开展较为紧密的合作研究。年度蓝皮书的发布会通常邀请智利、秘鲁、墨西哥、委内瑞拉等国驻广州总领事馆总领事或者相关代表出席，并就中拉热点问题联席举办座谈会。此外，中心与秘鲁圣玛利亚天主教大学孔子学院建立并保持友好合作关系。

2017 年至今，中心依托的西方语言文化学院等培养单位已派出 48 名学生到拉美国家和地区的孔子学院做汉语志愿者。

中心与智利圣托马斯大学利用轮流举办中拉论坛的契机进行互访。智利圣托马斯大学先后委派商学院院长 Carlos Maquieira Villanueva 教授、经济学院 Susana Katherine Chacón Espejo 教授、Marcelo Taito Jara 教授、Alejandro Puente 教授等人访问广外，为商学院 MBA 学生开展专题系列讲座，并与学生进行交流讨论，让学生对当前拉美的经济发展状况有了较全面的认识和了解。中心先后派了朱文忠、黄磊、马飞雄、吴易明等教授到智利圣托马斯大学开设《中国商务发展与展望》《China's Foreign Trade：Opportunities and Challenges》《Sino-Chile Trade and Investment》和《China's FDI and Its Implications to Chile》等专题系列讲座。

近年来，中心广泛邀请中拉企业家参加拉丁美洲蓝皮书发布会，并在发布会后举办了“拉美发展与中拉合作”座谈会，为中拉企业家、拉美驻广州领馆代表、拉美中心研究人员搭建了交流平台。随着中心影响力的不断扩大，拉美地区的考察团加强与本中心的联络。2019 年年底，牙买加及特立尼达和多巴哥干部考察团来访，就广东经济社会发展情况以及对拉美地区国家合作情况等议题举行座谈。

七　承担课题情况

中心主任朱文忠教授和副主任陈宁教授的科研课题“中资企业海外社会责任行为动因与影响机制研究”和“博尔赫斯作品中的西方话语研究”分别在 2019 年和 2018 年获批为国家社会科学基金项目，目前在研，已取得一定阶段性成果。

2020 年，朱文忠教授申报项目“2020 年[illegible]背景下中国与巴西经贸合作研究”入选教育部高校国别和区域研究 2020 年度立项规划课题。主笔撰写多篇研究报告。

（供稿人：朱文忠）

中山大学拉丁美洲研究中心

一　历史沿革

中山大学拉丁美洲研究中心成立于2017年，是教育部国别与区域研究备案中心。中心坐落于珠海校区，与港澳毗连。中心自成立以来，充分发挥地域优势，积极参与推动粤港澳大湾区与拉丁美洲政治、经济、文化合作事宜，为地方经济发展和政策制定服务，服务于“一带一路”大背景下的国家战略需求和社会需求。

中心已初具规模，有专兼职研究人员30余人，分别来自中国、西班牙、墨西哥、阿根廷等国。凭借人员国际化的特点，中心科研成果大多发表于国家拉美研究领域重要期刊，具有广泛的国际影响力。

二　研究方向

中心的学术研究高度契合国家战略发展的需要。随着国家“一带一路”倡议的推进，以及《粤港澳大湾区发展规划纲要》的正式发布，中心对拉美各国进行了多方面、多视角深入研究，以便满足国家和地区社会经济发展需要。

具体而言，中心致力于整合语言、文化、历史、宗教、国际政治、国际关系等领域的学术资源和研究力量，为拉美学界及地方政府提供关于拉美地区的基础性认识，关注拉美对中国崛起的回应、认知和接受，探讨“一带一路”下中拉移民的跨文化生存困境，强调人文交往与相互认知。

三 人员情况

拉美研究中心自成立以来便十分重视人才队伍配备和建设，在大力引进国内人才的同时，也十分重视从西班牙及拉美国家引进拉美研究英才。截至2021年6月，中心引入来自西班牙、墨西哥和阿根廷等知名大学的多名科研人员。目前，中心有3位全职教授、3位副教授、5位研究员及副研究员和3位博士后研究员。其中，博士学位教师占比88.88%，外籍正式编制研究员教师占比17%。此外，中心聘请了多位在国内外拉美学界具有较高知名度的专家担任学术顾问，为中心发展献言献策。

四 学术活动

2020年，中心成员参加了多场国内和国际的线上学术研讨会，包括“第十届全国拉美研究青年论坛”“第三届‘战争、文学、文化’学术研讨会”“碳中和前景下的未来能源：选择与路”“2021 Virtual Conferencia de la Western Social Science Association”“la Mesa de Conferencias sobre Capacidades Nacionales”“ISSA World Congress of Sociology of Sport”“2020 Sport Economics and Sport Management Conference”“XXIII Simposio de La Sociedad Española de Literatura General y Comparada”等。

2020年11月28日，中心成员参与组织了高校国别和区域研究人才培养院系联盟2020年年会。此次年会由中山大学国际翻译学院和中山大学“一带一路”研究院共同主办，来自中国社会科学院、清华大学、中国人民大学、南京大学、中山大学、武汉大学、四川大学、兰州大学、澳门城市大学等50余所大学和研究机构的130余位嘉宾出席了年会。当日，高校国别和区域研究人才培养院系联盟、中山大学国际翻译学院和中山大学“一带一路”研究院联合主办的第二届全国大学生国别区域演讲比赛也同步举行。中心成员参与该活动的组织工作。

中心常年不间断开展拉美研究系列讲座，主讲者皆为国内外知名的拉丁美洲研究学者。讲座不仅面向校内学生，还吸引了不少对拉美有兴趣的校外人士的参与。在上一年度，中心先后举办9场线上学术讲座，讲座发言人包括北京外国语大学西葡语学院院长常福良教授、上海外国语大学西方语系主任于漫教授和中国社会科学院拉丁美洲研究所副所长袁东振研究员。

五 科研成果

中心完成的各类研究成果具有学术性、时效性和前瞻性，符合国家和地方的战略发展。在2020年1月至2021年6月，中心成功申报国家及省级项目2项，校级项目4项；发表论文20余篇，涵盖CSSCI、A&HCI、SSCI、LATINDEX、SCOPUS等国内外重要核心期刊；发表书籍章节文章10余篇。

六 教学成果

为贯彻落实中央两办《关于做好新时期教育对外开放工作的若干意见》关于加快培养国别和区域研究人才的精神，挖掘和培养契合于中国“一带一路”建设和人类命运共同体建设的高端人才，中山大学国际翻译学院和中山大学“一带一路”研究院于2019年倡议发起成立高校国别和区域研究人才培养院系联盟，涉及外国语言文学、世界史、国际关系、管理学、民族学等多个与国别和区域研究相关的学科。目前联盟凝聚了国内71所高校的100余家院系，引领国内国别区域人才培养的方向，为“一带一路”相关的互联互通人才培养提供重要助力，拉美研究中心积极参与了该联盟的各项活动。

中心在本科阶段人才培养中加大了国别区域课程的设置，形成了具有学院特色的国别区域人才体系。中心成员为学院本科生和研究生增开了多门有关拉丁美洲研究的必修及选修课程，包括拉美概况、中拉关系简介、国际关系问题研读、全球化与国际关系和国别区域研究专题讲座。为了促进学生在理论知识学习的基础上，强化科研意识、创新精神和实践能力，中山大学开展了 2021 年大学生创新创业训练计划项目的申报工作。多名中心成员作为导师，指导学生撰写了拉美国别与区域研究方向的项目申请书，并获得了多项校级立项。近年来，高校思想政治教育工作得到越来越多的重视。在学校课程思政建设实施方案和工作计划的指导下，中心成员把思政元素有机融入了拉美国别与区域研究课程教学大纲的每个单元中，并结合拉美地区时事热点开展灵活的课程思政教育。

自 2017 年以来，中心和中山大学国际翻译学西班牙语系共派出 103 名交换生，与墨西哥伊比利亚美洲大学、墨西哥尤卡坦自治大学、智利圣托马斯大学等进行交换。同时，两机构和西班牙的马德里自治大学、圣地亚哥大学、莱昂大学、葡萄牙米尼奥大学等多所大学建立了不同形式的合作关系，积极为学生开拓海外学习的机会。因受新冠肺炎疫情的影响，目前学生国际交换项目处于暂停状态。

七　对外交流情况

中心自成立以来，每年承办或组织一次国际学术研讨会，现已举行 3 次，得到全球范围内拉美研究领域的顶尖学者的积极参与。中心与中国社会科学院、广东省外事办共同举办“东亚地区拉美研究伙伴对话”国际学术会议（2017 年），中心单独举办“中拉深入合作的新途径和新互动”国际学术会议（2018 年）和“中国创新与发展：拉丁美洲新机遇”国际学术会议（2019 年）。

中心借助中山大学和墨西哥尤卡坦自治大学共建的孔子学院，加强与墨西哥教育和学术机构的联系。中心还邀请来自牙买加、西班牙等国的作家，为中山大学学子讲述拉美故事。另外，中心外籍研究员 Daniel Morales Ruvalcaba 多次接受新华社、中央电视台等媒体采访，就拉美议题和中拉关系发表评论。

（供稿人：张芯瑜）

暨南大学拉丁美洲研究中心

一　历史沿革

暨南大学拉丁美洲研究中心在 2017 年 6 月成立，在同年 11 月成为教育部国别和区域研究备案基地。

中心在学术研究、决策咨询、人才培养、对外交流、社会服务等领域开展了一系列卓有成效的工作。新冠肺炎疫情暴发以来，中心通过举办或参与线上学术会议、举办学术讲座、在外媒发表文章、撰写咨询报告等多种方式，围绕中国、拉美国家抗击疫情问题发表了学术见解、贡献了学术智慧。

中心在 2020 年顺利通过教育部评估，考核结果为良好。中心将在现有基础上进一步加强拉美问题、拉美华侨华人问题、中拉关系问题研究，广泛联系海内外专家学者，发挥海外华侨华人的优势，为新时代丝路建设献计献策，为国家强盛、民族复兴贡献一分力量。

二　研究方向

中心主要研究方向为拉丁美洲华侨华人研究、拉美地区热点问题研究、当代中拉关系研究。

三　人员情况

中心现有专职研究人员 4 人，分别是中心主任张振江教授和高伟浓教授，中心副主任贺喜副教授，许丰副研究员。中心另有校内兼职研究人员 3 人。

四　学术活动

2020 年年初至 2021 年 6 月，中心人员多次参加学术会议，主题涉及华侨华人在全球抗击新冠肺炎疫情中的角色和作用、新冠肺炎疫情与区域国别研究、全球新冠肺炎疫情下海外中国公民安全、拉美史研究前沿、冷战时期的中国与第三世界、数字经济发展与南南合作、中国—东南亚非传统安全等多个领域。

2020 年 4 月 30 日，暨南大学国际关系学院/华侨华人研究院举办的“华侨华人与全球抗击新冠肺炎疫情”学术研讨会在线上举行。会议邀请了中国华侨华人研究所、新加坡南洋理工大学、中国人民大学、清华大学、北京理工大学、五邑大学等高校和科研机构的专家学者，围绕华侨华人参与全球抗击新冠肺炎疫情及面临的挑战与问题展开讨论。张振江教授主持会议，贺喜副教授汇报了拉丁美洲地区华侨华人抗击新冠肺炎疫情的情况。

2020 年 5 月 9 日，贺喜副教授在暨南大学国际关系学院/华侨华人研究院作题为“‘疫情 + 暴乱’叠加效应下的拉丁美洲形势”的专题讲座，具体分析了巴西、厄瓜多尔、智利、玻利维亚、委内瑞拉、古巴、巴拿马 7 个拉美国家不同的抗击新冠肺炎疫情策略及效果，并介绍了拉丁美洲及加勒比地区华侨华人援助中国抗击新冠肺炎疫情的具体情况，对新冠肺炎疫情下的中拉关系前景进行了分析。

2020 年 6 月 18 日，中心副主任吴青军博士应深圳大学邀请，给该校师范学院本科生、研究生作了一场关于“拉丁美洲与国际汉语教育”的专题讲座。他结合自己学习和工作的经历，就拉美主要国家国情、汉语教学现状和未来中拉人文教育交流分别作了阐述。

2020 年 7 月 18 日，“新冠疫情与国际关系”系列学术研讨会之“新冠疫情与区域国别研究”兰大论坛在腾讯会议室举行。张振江教授主持了第二小组（主题为“新冠疫情与地区安全、地区合作的关联”）的讨论，贺喜副教授作题为“理论视野与案例分析：当下拉丁美洲研究的问题与机遇”的发言。

2020年7月25日，暨南大学国际关系学院/华侨华人研究院、暨南大学社会科学处等单位联合举办“2020全球新冠疫情下海外中国公民安全”线上学术研讨会。张振江教授主持会议，贺喜副教授作题为“新冠疫情下的拉美华侨华人及华商的危机与应对”的发言。

2020年8月3日，贺喜副教授受邀参加澳门城市大学葡语国家研究院“课程素质保障小组”会议，从人才培养、学科建设、课程设置、资政服务、产学研结合等多个方面提出看法。双方一致同意加强我中心和澳门城市大学葡语国家研究院的合作，共同推动粤港澳大湾区的拉美研究事业。

2020年9月5日，贺喜副教授参加中国拉丁美洲史研究会主办、中国社会科学院世界历史研究所承办的“拉美史研究前沿问题”学术研讨会，作题为“史料、史才和史德——当前我国拉丁美洲史研究领域的问题与挑战”的发言。

2020年10月24日，贺喜副教授应邀参加由上海大学文学院、上海大学全球问题研究院主办的“冷战时期的中国与第三世界”学术研讨会，作题为“冷战时期美苏在拉丁美洲的博弈：缘起、进程及其影响”的发言。

2020年10月24日，贺喜副教授参加中国人民大学国家安全研究院和中国政法大学全球化与全球问题研究所联合举办的“2020年全球形势回顾与展望”学术研讨会暨《中国海外安全风险蓝皮书2021》启动专家恳谈会，作题为“2020年拉丁美洲形势的回顾与展望”的发言。

2020年10月29—30日，贺喜副教授应邀前往广东省外语艺术职业学院和外语外贸学院，分别作题为“西班牙语美洲地区的‘发现’和‘塑造’”和“中国和西班牙语美洲国家关系的历史与现实”的讲座。

2020年11月21日，张振江教授和贺喜副教授参加暨南大学国际关系学院/华侨华人研究院举办的“新冠疫情下的中国与世界学术研讨会暨2020年教育部人文社科重点研究基地智库联合体会议”。张振江教授主持开幕式和闭幕式，并发表了学术演讲。贺喜副教授做“新冠肺炎疫情冲击下拉丁美洲形势的回顾与展望”的发言。

2020年11月24—26日，贺喜副教授参加中国国际贸易促进委员会重庆市委员会、重庆大学、重庆国际文化交流中心联合举办的“2020南南合作与数字经济发展论坛”，就南南合作、中拉关系等有关话题和与会专家学者进行了交流。

2020年11月25日，应四川外国语大学西班牙语葡萄牙语系的邀请，贺喜副教授赴该校作题为“2020年拉丁美洲形势的回顾与展望”的讲座。

2020年11月28—29日，贺喜副教授应邀参加厦门大学国际关系学院/南洋研究院、厦门大学东南亚研究中心主办的“中国—东南亚非传统安全问题与挑战研讨会暨《南洋问题研究》《南洋资料译丛》两刊选题会”，作题为“疫情+暴乱叠加冲击下拉丁美洲华侨华人及中资企业面临的风险因素及对策建议”的发言。

2020年12月7—9日，应兰州大学政治与行政学院、兰州大学马克思主义学院、兰州大学“一带一路”研究院、兰州大学中亚研究所的邀请，贺喜副教授赴兰州大学进行学术交流，先后作三场学术讲座，其题目分别为“理论视野、历史底蕴和研究方法：当前国内拉丁美洲研究存在的问题与挑战”“疫情下的动荡：2019年拉丁美洲和加勒比地区形势的回顾与展望”和“马克思主义在智利的传播及其实践：智利阿连德政府‘社会主义道路’研究（1970—1973年）”。

2020年12月13日，贺喜副教授参加“第三届高校拉美研究工作座谈会暨国内高校拉美研究中心主任联席会议”，介绍暨南大学拉美研究中心自成立以来的学术进展、存在的问题及今后的努力方向。

2021年1月4日，贺喜副教授在网上为贵州财经大学拉丁美洲研究中心作题为“马克思主义在智利的传播及其实践：智利阿连德政府‘社会主义道路’研究（1970—1973年）”的学术报告。

2021年1月6—8日，贺喜副教授先后访问上海大学和上海社会科学院，分别作题为“从华侨华人史研究到国际移民史研究——拉丁美洲国际移民史研究新探”和“2020 年拉美地区形势盘点及撰写本方向政策报告的几点体会”的学术报告。

2021 年 4 月 10—11 日，由暨南大学国际关系学院/华侨华人研究院主办，中国华侨历史学会、英国威斯敏斯特大学以及新加坡南洋理工大学华裔馆协办的“全球华人与中国：地方认同与全球联系”国际学术研讨会在暨南大学举行。张振江教授是这次会议的组委会/筹委会主席，并主持了这次会议。

五　科研成果

2020 年 4 月，贺喜副教授和张振江教授在《世界民族》发表学术论文《智利华侨华人的源流变迁和历史贡献——〈智利智京中华会馆 120 年简史〉述评》，文章以《智利智京中华会馆 120 年简史》为主要资料，分五个阶段考察了智利华侨华人的历史源流和时代变迁，评价了智利侨胞的历史贡献。

2020 年 2 月，贺喜副教授在《进出口经理人》发表评论文章《“智利危机”下的中智贸易前景》，文章就中资企业在拉美的经济活动提出了一系列建议。

新冠肺炎疫情暴发以来，该中心积极与拉丁美洲和加勒比地区国家主要侨团侨社侨领保持联系，积极搜索并总结拉美地区华侨华人援助祖（籍）国抗击新冠肺炎疫情的募捐芳名录，最终形成《华侨华人援助中国战“疫”报告：拉美篇》。截至 2020 年 5 月，中心先后统计了阿根廷、巴巴多斯、巴哈马、巴拉圭、巴拿马、巴西、秘鲁、玻利维亚、多米尼克、厄瓜多尔、哥伦比亚、格林纳达、哥斯达黎加、墨西哥、苏里南、委内瑞拉、乌拉圭、牙买加、智利等拉美和加勒比国家华侨华人在抗击新冠肺炎疫情过程中的捐赠义举，并通过微信平台等新媒体予以展示。《华侨华人援助中国战“疫”报告：拉美篇》统计数据翔实、覆盖全面，有效引导了国内舆论，有力地宣传了拉美华侨华人的爱国行动。

近年来，中心研究人员撰写并向中央统战部、国家社科办、教育部国际司、教育部社科司、广东省侨联等部门提交多篇报告。

六 教学成果

中心在 2020—2021 学年第二个学期为暨南大学国际关系学院国际政治、国际事务与国际关系专业本科生开设了《当代拉丁美洲》基础选修课，此课程从拉丁美洲地理、气候环境讲起，内容涉及拉丁美洲古代文明、欧洲殖民者对拉丁美洲的征服与殖民活动、拉丁美洲独立运动、拉丁美洲现代化进程、当代拉丁美洲形势、拉美国家的对外关系、拉丁美洲华侨华人等问题，并以拉丁美洲的某一国家或地区为例，深入介绍其历史与现状，探讨拉美国家发展过程中的一些个性与共性问题。

七 对外交流情况

中心积极加强与拉美国家学界的联系，增进了解，采取多种方式开展合作交流。中心与拉美国家的高校、科研机构联合举办了多次国际学术会议，中心人员赴拉美国家高校作学术演讲，在智利《金融日报》（*Diario Financiero*）等拉美国家主流媒体发表多篇文章，并完成了多次拉美国家前政要、拉美国家驻广州领事、专家学者、侨界领袖来校访问的接待工作。

新冠肺炎疫情暴发以来，中心副主任吴青军先后在智利《金融日报》发表系列文章，阐述新冠肺炎疫情背景之下的中国经济走势。2020 年 2 月 18 日，吴青军在该报发表专栏文章《新冠病毒会是对中国经济的致命打击吗?》。文章首先肯定了新冠肺炎疫情短期内会使中国经济增速放缓，但强调不会产生长期影响；一旦疫情控制住，中国经济将会开始反弹复苏。新冠肺炎疫情也会反过来促使中国政府深化改革，提升行政效率和应变能力。同年 5 月 12 日，吴青军在《金融日报》发表专栏文章《新冠病毒疫情后中国经济走向》，反驳当时唱衰中国经济的国际舆论论调。同年9月15日，吴青军在《金融日报》发表专栏文章《经济内循环发展：中国经济发展新趋势》。文章首先解释了“经济内循环”的概念，分析了中国推行该政策的原因。文章强调，内循环经济不是计划经济，更不是闭关锁国，开门合作才能双赢。智利是中国最重要的贸易伙伴之一，应该利用现在的机会加强联系，提升合作水平。2021年1月19日，吴青军在《金融日报》发表题为《中智之间不仅只有贸易》的文章，强调中智之间文化和教育交流的重要性。

2020年5月26日，吴青军应邀为智利中央大学作题为“中国与新冠病毒：21世纪的流行病，传说与陈规”的学术讲座。他围绕中国政府采取的防控措施、中国百姓对疫情暴发的反应、疫情对中国经济和人民生活的影响以及后疫情阶段中国的改变和发展四个问题作了详细的阐述。

2020年11月20日，吴青军应邀给阿根廷科尔多瓦大学科学经济学院硕士班授课，授课题目是“中国投资与贸易”。

2021年2月11日，吴青军应邀来到智利外交部，接受智利外交部授予的荣誉奖章及外交部长签署的函文。他曾在2009年至2011年公派赴智利，并于2011年至2014年借调中国驻智利大使馆任教育专员一职。2015年至2017年，他再次前往智利，在智利大学做访问学者，并于2016年协调推动成立暨南大学—珠海横琴拉美中心。目前，智利多所高校在他的介绍下与中国开展了交流合作。他为智利经济部翻译了《智利，让未来更简单》《智利，成就你未来的地方》等书，并为智利著名画家万图塞夫的基金会翻译《拉美大师——何塞·万图塞夫》一书。2018年他参与了智利中央大学Jorge Moraga博士的国家课题小组，协助他们开展智利华侨华人研究，并承担了暨南大学国际关系学院《智利华侨华人研究论文集》的翻译工作。自2020年2月起，他开始担任智利《金融日报》中国专栏作家，定期向智利民众介绍中国。

2021年3月5日，应委内瑞拉玻利瓦尔共和国驻广州总领事馆的邀请，该中心许丰副教授赴广州国际金融中心参加了“纪念永恒统帅乌戈·查韦斯·弗里亚斯逝世八周年茶话会”，会议主题为“委内瑞拉、拉丁美洲乃至世界领袖查韦斯的精神财富”。参会过程中，许丰与其他参会人员就“查韦斯总统的精神遗产”这一话题进行了友好交流。

2021 年 3 月 17 日，应阿根廷科尔多瓦大学/暨南大学孔子学院邀请，暨南大学拉美中心副主任吴青军为阿根廷国家高级公务员（学员包括国家众议员、州部长等）开展了为期 6 周的课程培训，内容涉及中国概况、语言文化、教育、经贸等问题。该活动也在国家孔子学院网站及阿根廷最重要的杂志《当代》得到报道。3 月 29 日，吴青军接受智利最大的电台“合作电台”（Cooperativa）采访，向智利听众阐述中国与智利的文化、工业与经济等方面的合作与交流。

2021 年 4 月 20 日，暨南大学拉美中心副主任吴青军应邀接受智利边境大学孔子学院采访，就中拉文化交流、智利华侨华人、世界中文日等话题进行了交谈。4 月 27 日，吴青军在智利《金融日报》发表题为“华为、小米与特斯拉”的文章，阐述了中国智能汽车的发展情况以及中国未来 5 年在科技等领域的发展方向。

2021 年 5 月 12 日上午，古巴驻广州总领事丹尼斯一行赴暨南大学与暨大张宏副校长、国际合作与交流处蒲若茜处长会面。双方商定，2022 年将举办第一批华人赴古巴 175 周年纪念活动。暨南大学拉美研究中心副教授许丰参加了此次座谈，并在学术研究、文献资料搜集等问题上与丹尼斯领事一行进行了友好交流。

八　承担课题情况

中心研究人员积极参加各级各类学术项目的申请，现主持或参与国家社科基金重点项目、国家社科基金青年项目、中国博士后科学基金项目、教育部区域与国别研究项目等多项课题，部分课题已顺利结项。

2020 年 4 月，贺喜副教授参与申报的国家社科基金重点项目“推动建设新型国际关系的国际话语研究”获正式立项，项目主持人为暨南大学鞠海龙教授。贺喜负责撰写关于非洲、拉美、新殖民主义、中国威胁论等部分的内容。

2020 年 4 月底，该中心参与申报 2020 年度教育部国别和区域研究选题建议征集。吴青军和闫立提交的申报题目分别为“疫情对智利华侨华人的冲击及应对之策”“西班牙语国家媒体中关于中国抗击新冠肺炎疫情的舆情分析”。

2020 年 11 月，许丰副教授申报的课题“委内瑞拉‘21 世纪社会主义’理念与实践研究”获中国博士后科学基金第 68 批面上资助。

（供稿人：许　丰）

常州大学拉丁美洲研究中心

一　历史沿革

常州大学拉丁美洲研究中心在 2017 年 11 月成立，得到中国社会科学院拉丁美洲研究所和江苏省人民政府外事办公室的共同支持，是江苏省首家政府与高校共建的拉美研究智库。

二　研究方向

中心以“拉美思想文化”和“中拉合作关系”为主攻方向，致力于打造集学术研究、人才培养、政策咨询和人文交流于一体，具有探索和创新精神的新型地方高校智库。

三　人员情况

中心现有专职和兼职研究人员 25 人，其中包括全职引进的阿根廷籍研究人员 1 人，西班牙语专业研究人员 11 人，英语专业研究人员 3 人，日语专业研究人员 6 人，俄语研究人员 1 人，外校研究人员 5 人。

四　学术活动

中心致力于进行拉美政治、经济、文学、语言与文化等各方面的研究，参与或举办各类学术活动。本年度中心成员以线上或线下形式参加 APEC Consortium Meeting、Panel de discusión de oportunidades de empresas mexicanas en China、“后疫情时期的中拉人文交流”国际研讨会、西班牙语的外语教学与学习：中国和墨西哥的经验、上海外国语大学—西班牙皇家语言学院联合研究中心青年学者论坛等国际国内各类学术会议十余场，并在部分会议上发言。中心还邀请秘鲁驻沪总领事、阿根廷驻沪总领事、上海外国语大学曹羽菲副教授等国内外专家学者为我校师生作了多场学术讲座。

五　科研成果

中心成立以来，致力于中拉关系方面专著撰写和拉丁美洲书籍的中文翻译工作，前期已出版译著 6 部。2020 年中心外籍专家斯蒂文出版专著《走进一带一路》，中心联合西语系师生共同出版译著《致厄瓜多尔/再致厄瓜多尔》。目前，中心成员尚有待出版译著 2 部，与墨西哥韦拉克鲁斯大学联合编撰书籍 1 部，正在翻译书籍 1 部。

2020 年中心成员在国内外学术期刊和论文集上发表学术论文 9 篇，中心论文《中国文化对拉美西语国家传播的新策略》获常州市第十六届哲学社会科学优秀成果奖一等奖。

六　教学成果

中心坚持教学与科研相结合，开设《西班牙及拉美国家概况》《西班牙语国家历史与政治》《旅游西班牙语》等多门课程，为学生举行“星空讲堂——看见更大的世界，遇见更好的自己”讲座，同墨西哥韦拉克鲁斯大学联合举办线上师生语言文化交流活动，邀请墨西哥韦拉克鲁斯大学老师为同学们进行线上授课；同时，中心老师也为墨西哥韦拉克鲁斯大学学生进行线上授课，并于每学期请中心外籍专家斯蒂文和 Georgina 定期举办西班牙语角系列活动，培养学生国际视野和跨文化交际能力。在该中心教师的指导下，共有 6 名同学在墨西哥国立自治大学中国—墨西哥研究中心杂志上发表作品。同时，该中心教师注重专业课程中“课程思政”教学的融入，中心成员获常州大学“课程思政”教学竞赛一等奖一项。

七 对外交流情况

中心在2020年接待了秘鲁驻沪总领事和阿根廷驻沪总领事来访；与秘鲁驻沪总领事馆联合举办秘鲁电影周暨常州大学秘鲁电影影评征文比赛；与阿根廷驻沪总领事馆联合举办常州大学第二届西班牙语短篇故事大赛和常州大学第一届中阿友谊图标设计大赛。

中心在2020年以线上或线下的方式与厄瓜多尔驻华大使馆、阿根廷驻沪总领事馆、墨西哥驻沪总领事馆、秘鲁驻沪总领事馆、在华阿根廷人协会、阿根廷布宜诺斯艾利斯大学中国—阿根廷研究中心、墨西哥韦拉克鲁斯大学中国—韦拉克鲁斯研究中心进行了沟通与交流。

中心在2020年继续与常州市人民政府外事办公室紧密合作，陪同常州市外办领导访问秘鲁、墨西哥、阿根廷等拉美国家驻上海总领事馆进行友好交流；与阿根廷驻沪总领事馆、常州市人民政府外事办公室和常州市图书馆一起在市图书馆新馆举办“博尔赫斯作品读书分享会”；与阿根廷驻沪总领事馆、常州市人民政府外事办公室、常州大学附属小学共同举办小学生灯笼彩绘活动，获得广泛赞誉。

八 承担课题情况

中心在2020年获批教育部项目1项，江苏高校哲学社会科学研究一般项目1项。目前，中心共有在研省部级课题2项，在研市厅级课题4项，2020年另有省部级项目结项1项，市厅级项目结项1项。

（供稿人：许　硕）

西南财经大学拉丁美洲研究中心

一　历史沿革

2018 年 11 月，西南财经大学在我国财经类院校中率先成立拉丁美洲研究中心。中心在教育部和中国社会科学院拉丁美洲研究所等相关机构的指导下，树立服务国家、造福社会的价值追求，坚守“服务国家重大需求，产出优质科研成果”的初心和使命，整合优势学科，选取独特视角，深耕厚植。

中心依托西南财经大学进行建设。该校是教育部直属的国家“211 工程”和“985 工程”优势学科创新平台建设的全国重点大学，也是国家首批“双一流”建设高校，业已形成以经济管理学为主体、金融学为重点、多学科协调发展的办学特色。该校主动服务国家经济社会发展，服务国家重大战略需求，主动适应、把握、引领经济发展新常态，立足大局，把握规律，以学校经济金融学科为依托，充分发挥北京研究院在京区域优势，整合国内外相关领域专家资源，成立了拉丁美洲研究中心。

中心会聚国内外拉美研究领域人才，从经济、金融等研究视角出发，以“拉美经济与金融”“中国—拉美交流与合作”等为研究重点，发挥战略研究、政策建言、人才培养、舆论引导的功能，服务于社会经济发展和国家重大需求的战略研究和学术咨询。

中心虽成立时间较短，但积累了丰硕的成果，积极参加、举办中外学术会议，承担多项国家社科基金项目和教育部委托的专项研究。未来，中心将充分发挥西南财经大学在经济、管理、金融等领域的学科优势，促进拉美研究与相关学科的交叉融合，不断提高研究质量，着力推进成果转化，争取尽快把中心建成“研究有特色、成果有影响、团队有能量”的国内知名拉美研究智库。

中心具有三大优势。

1. 人才优势。中心依托本校众多专家、学者的人才支持，同时具有高校生源的职能优势，在研究拉美经济金融的问题和规律等方面，具有得天独厚的人才优势。中心联合劳动经济学会，与中国社会科学院拉丁美洲研究所等结成战略合作单位，积极探索拔尖人才共享机制、多渠道人才引进机制，让各类人才有机融合，深入开展资源共享、活动共办、问题共解，打破专家学者间的行政隶属壁垒，有效形成了横向跨专业、纵向跨类型的人才队伍资源池。

2. 行业优势。中心与国家开发银行、中国进出口银行等金融机构联系紧密，在课题合作、人才培养、互补性研究等方面具有很显著的行业优势。中心与中国社会科学院拉丁美洲研究所、中拉青年学术共同体、商务部、财政部及大型国企等单位开展合作，与拉美地区高校保持长期学术交流，推动与行业内机构交流制度化。

3. 区位优势。中心主体设在北京，便于加强与决策中心和中央政府的互动，以及时获得重要决策信息、政策倾斜、政府服务以及资金扶持等中央资源的支持。此外，北京在人才、文化、项目等方面拥有客观优势，这些优质资源为中心发展提供了有利条件。

中心具有以下特色。

1. 多元化人才和团队整合特色。中心凝聚了多学科、跨行业的人才，学科背景包括经济学、管理学、法学、统计学等，涵盖财政部、外交部、社科院、高校等的专家学者，形成了多元优势，并结合研究方向整合团队，从而为开拓与加强跨学科交叉研究提供了基础与保障。

2. 一大特色定位。中心的核心定位就是要发展成为专注于拉美研究的学术高地、专注于促进中拉关系的智库平台，坚持立足国家重大需求、服务国家经济社会发展的基本出发点，服务于国家“一带一路”建设，为深化中国和拉美合作建言献策，为促进中拉之间的互惠共赢做出贡献。

3. 基于经济、金融、贸易与就业视角的研究特色。与美欧地区研究相比，中国高校拉美研究力量薄弱，对拉美地区的研究还处在探索阶段，研究主要集中于政治、语言、文化等领域。在传统拉美研究力量已不能很好回应国家需要和社会需要的情况下，中心把经济、金融、贸易与就业作为主要研究领域，发挥自身优势填补相关研究领域的短板，已成为拓展拉美研究领域的一支重要“生力军”。

二　研究方向

中心在定位上倾向于金融领域的研究，包括拉美经济与金融研究、中国—拉美经贸促进与合作研究、中国—拉美就业促进与劳务合作研究、中国—拉美比较经济体制研究四个领域。

三　人员情况

中心目前研究团队有16人，工作人员2人。

（供稿人：邓忠波　张蓉蓉）

清华大学拉美中心

一　历史沿革

2018 年 12 月 6 日，清华大学拉美中心在智利首都圣地亚哥成立。清华大学拉美中心的成立有两个基础：一个是清华大学经管学院与智利天主教大学商学院于 2006 年启动的交换项目，另外一个是 2010 年成立的清华大学经济管理学院中国—拉丁美洲管理研究中心。该交换项目与研究中心均得到了智利卢克希奇集团的资助，运行多年来取得了很大的成功。目前，清华大学拉美中心和清华大学经济管理学院中国—拉丁美洲管理研究中心采取了一体化运作。

中心是清华大学在拉美的联络和交流基地，服务于清华大学人才培养的中心任务，发展与拉美国家的学术研究、人文交流和科技创新合作，并与政府部门密切合作，服务于中国“一带一路”倡议在拉美的切实落地。

二　研究方向

中心的研究工作主要包含以下方面：“一带一路”倡议及其项目落地机制研究；国际舆论对中国企业海外投资的反应；智利及拉美典型国家的投资环境；中国企业对拉美投资的能力与策略；开放与发展及外国直接投资的溢出效应。

中心在近期关注与新冠肺炎疫情相关的研究。2020 年，新冠肺炎疫情在世界范围内爆发。中国作为最先发生疫情的国家，凭借迅速有效的抗疫手段，在短时间内战胜疫情，踏上了恢复经济的轨道，为世界抗疫做出了表率。因此，拉美中心特别对中国抗疫和复工复产的过程进行了梳理和研究，并关注了针对我国做法的国际舆论（以拉美为主），以期为世界抗疫更好地贡献中国力量。

三 人员情况

在清华大学国际处的主导下，清华大学拉美中心理事会于2019年3月29日建成。理事会由5名成员组成。根据LUKSBURG FOUNDATION和清华大学北美基金会的捐赠协议规定，中心在智利圣地亚哥成立了顾问委员会。委员会已确定了9名成员。

中心团队建设已经基本完成。中心已聘任主任、副主任、主任助理各一名；中心的智利圣地亚哥团队聘任助理一名，中国团队聘任助理两名，共同协助主任开展各项工作。

目前，中心的研究团队主要由中心主任陈涛涛教授及其博士生团队组成；中心在开展运作的过程中，协调清华大学校内与拉美研究相关的院系及其教授，共同展开拉美相关课题的研究。

四 学术活动

在2020年1月至2021年6月，中心一共举办14场学术活动，主要为中国抗疫经验分享系列研讨会，在线教育经验分享研讨会，“中国—智利周”中智建交50周年系列研讨会，以及中智文化艺术交流研讨会等中心协办的活动。具体如下。

2020年3月27日，中心举办“分享中国经验，助力智利及拉美抗击疫情”视频交流会，来自智利天主教大学、智利大学、智利安德雷斯贝洛大学、智利发展大学等高校的领导及医学院专家，联合国拉丁美洲及加勒比经济委员会、智利驻中国大使馆、智利生产力促进局等政府机构代表，卫生机构专家代表，智利国家数字基金会及智利智定银行企业代表，以及包括中国建设银行、中国银行、国家电力投资集团有限公司、中国港湾、华为、同方威视、大华集团、滴滴出行在内的中资企业代表共计130人参与了此次视频会议。中国国家卫健委全国新型冠状病毒肺炎专家组专家马弘教授，北京大学医学部美年公众健康研究院执行院长、流行病学专家宁毅教授应邀发言，与智利各界代表分享了此次中国在抗击疫情过程中的经验和思考，就智方参会人员提出的具体问题做了详细解答。智利国家数字基金、智利天主教大学、智利大学、智利安德雷斯贝洛大学和智利发展大学协办会议。

2020年4月14日，中心同智利天主教大学国际研究中心联合举办题为"关于COVID－19的经验和思考"的在线视频交流会，来自智利及其他拉美国家学界、政界和商界人士160多名代表参与了会议。会议邀请清华拉美中心主任陈涛涛教授作为访谈嘉宾，向参会人员分享了中国针对疫情采取的有效做法、中国复工复产的刺激计划、中国在疫情之后在世界经济中的作用、疫情下全球化形势变化情况等话题。

2020年4月23日，中心和智利天主教大学联合举办"中智医学专家分享Covid－19诊断经验"在线视频交流会。来自北京协和医院、中国医疗保健国际交流促进会的权威医学专家，向智利参会的20余位医务主管和公共卫生专家介绍了中国在新冠病毒肺炎诊断方面的经验。智方参会医学专家一致认为会议信息量大、专业性强，具有可操作性，对指导此刻正处于疫情大爆发时期的智利医生做好病患诊断和救治工作具有很好的借鉴意义。

2020年4月28日，中心、清华大学终身教育处与智利大学数理工程学院联合举办在线教育经验交流会。清华在线教育专家同智利大学数理工程学院院系领导、教师共计28人参与了此次交流，共同分享了两校在线教学经验。中智双方共同认识到在线教育的重要性，特别是在当前疫情严重的情况下，在线教学是确保教育连续性的有效手段，希望通过此次会议能够就相关话题共同探讨、分享彼此的经验。

2020年5月5日，中心和智利天主教大学联合举办"COVID－19重症监护"视频交流会，这是围绕重症监护方面的专业研讨会，此次会议共有28人出席，包括了北京协和医院援鄂医疗队专家以及中国医学科学院专家、智利重症医学和传染病学领域的专家。

2020年8月6日，清华大学长庚医院、清华大学拉美中心和智利天主教大学以视频连线的方式共同举办了联合科研抗疫项目第二次专业会议。该联合科研项目得到了清华大学春风基金的支持，并已于7月2日成功举办了项目启动会。此次会议主题为“COVID－19快速检测经验分享”，由智利方面根据实际需求和情况提出。中智两国共有22名医学专家参加了会议，针对智方提出的快速检测方面的问题，清华长庚医院的专家们进行了详细解答。

2020年11月12日及19日，以“回归—中国：在差异性中生活成长”为主题的中智文化艺术交流系列活动两场网络研讨会相继举行。此次活动由智利Lustro文化基金会主办，清华大学拉美中心、智利安德烈斯·贝略大学（UNAB）协办，中国驻智利大使馆、清华大学美术学院对活动给予了大力支持。来自中智两国不同文化艺术领域的学者专家共聚云端，围绕智利旅华艺术家塞巴斯蒂安·科雷亚（Sebastián Correa）、丹妮艾拉·班德拉斯（Daniela Banderas）的艺术作品及创作思路，展开了热烈的探讨，分享不同文化视角下艺术家的观察与创作。中心主任陈涛涛为第二场活动致开幕辞。

2020年12月14—18日，清华大学、智利大学、智利天主教大学联合举办了“中国智利周”活动，以庆祝中国和智利建交50周年。相关活动包括系列研讨会，主题涵括经济、外交、教育、卫生、科技等领域。会议邀请了中智两国多所高校、政府机构、企业参加，围绕双方合作发展情况，结合当前的形势与背景，展开交流与探讨，旨在加强和促进中智两国文化交流及科技创新交流，积极探索两国在共同感兴趣的领域合作的机遇。

2020年12月14日，清华大学、智利大学、智利天主教大学联合举办的庆祝中智建交50周年系列网络研讨会活动正式拉开帷幕。第一场网络研讨会是“边抗疫边恢复经济——中智经验分享与合作”。中心主任陈涛涛和智利天主教大学经济系副教授塞巴斯蒂安·克拉罗（Sebastián Claro）分别作主题演讲，会议同时邀请了智利对外贸易促进局（ProChile）局长豪尔赫·奥莱恩（Jorge O'Ryan），南美轮船公司（CSAV）首席执行官奥斯卡·哈斯本（Oscar Hasbún），中国建设银行智利分行行长张璞参与研讨。中国、智利及其他拉美国家政府机构、大学、企业等共60多人通过会议平台参与了此次会议，此外其他不少关注中智、中拉关系发展的观众通过YouTube、Facebook、学堂在线X等直播平台观看了本场研讨会。

2020年12月15日，清华大学、智利大学和智利天主教大学联合举办的庆祝中智建交50周年系列网络研讨会之“中智关系”成功举行。会上同时还发布了由中智两国学者共同编写的纪念两国50年合作关系的新书*Relaciones entre Chile-China：un enfoque integral*。活动由智利大学国际研究中心主任多罗特娅·洛佩斯（Dorotea Lopez）主持，邀请了智利外交部部长安德烈斯·阿拉芒（Andrés Allamand）发表主旨演讲，智利大学校长恩尼奥·维瓦尔第（Ennio Vivaldi）致辞。此外，复旦大学副校长陈志明、中心主任陈涛涛从学术合作层面分享了观点，智利天主教大学学者玛利亚·蒙特（María Mont）、智利大学国际研究中心研究员安德烈斯·伯克兹（Andrés Borquez）向参会嘉宾对新书进行了介绍。

2020年12月16日，清华大学、智利大学和智利天主教大学联合举办庆祝中智建交50周年系列网络研讨会之“中国—智利在线教育对话——展望高等教育的未来”。清华大学、北京大学、浙江大学、上海交通大学等中国大学与智利大学、智利天主教大学、智利康赛普西翁大学共同参与了本次研讨活动。研讨会共分三个主题，回顾在线教育过去、分析在线教育现状，以及展望在线教育未来。

2020年12月17日，清华大学、智利大学、智利天主教大学联合举办庆祝中智建交50周年系列网络研讨会之“新冠疫情期间医疗护理与监测的挑战：智利与中国的经验分享”。智利天主教大学副校长佩德罗·布雄（Pedro Bouchon）与清华大学拉美中心主任陈涛涛出席活动并致辞。清华大学万科公共卫生与健康学院教授程峰以及智利天主教大学医学院公共卫生系公共卫生与家庭医学专家帕乌拉·马尔可斯妮（Paula Margozzini）分别发表主旨演讲。此外，智利天主教大学医学院公共卫生系公共卫生与家庭医学专家布兰卡·佩娜罗莎（Blanca Peñaloza）、北京清华长庚医院检验医学科主任赵秀英、智利大学公共卫生学院公共卫生专家玛利亚·马尔蒂尼斯（María Soledad Martínez）以及清华大学万科公共卫生与健康学院助理教授朱纪明作为研讨嘉宾出席此次会议。

2020年12月18日，清华大学、智利大学、智利天主教大学联合举办庆祝中智建交50周年系列网络研讨会活动之“科学技术创新”。智利生产力促进局（CORFO）技术转让部副总监玛西亚·瓦雷拉（Marcia Varela）在主旨演讲中介绍了智利科学工程2030项目。智利大学工程学院副院长詹姆斯·麦克菲（James McPhee）、智利天主教大学工程学院副院长玛丽亚·莫利诺斯（Maria Molinos）、康塞普西翁大学化学工程系教授克劳迪奥·萨罗尔（Claudio Zaror）介绍了各校在2030项目支持下所开展的主要变革以及取得的重要进展。智利大学工程学院外事主任路易斯·瓦尔加斯（Luis Vargas）、智利大学工程学院研究主任马塞拉·穆尼扎加（Marcela Munizaga）、智利大学能源中心主任马塞洛·马图斯（Marcelo Matus）、滴滴拉美地区公司事务总监费利佩·西蒙索恩（Felipe Simonsohn）、华为云服务经理Jean Wang、浙江中控太阳能技术有限公司营销中心副主任刘少超、启迪科技服务有限公司总裁杨明均参与了研讨，分享了企业与大学的合作现状及展望。

2021年1月29日至2月5日，中心联合清华大学学生全球胜任力发展指导中心在寒假期间推出“映画拉美之拉美经典电影赏析活动”。活动共分为两期，同学们采取线下观影线上讨论的形式，观看并讨论了阿根廷影片《摩托日记》和墨西哥影片《暮年困境》。在此次活动期间，中心特邀北京外国语大学区域与全球治理高等研究院副院长、西葡语学院副院长李紫莹教授和中国传媒大学传媒艺术与文化研究中心艺术学博士杨宾作为讲座嘉宾，分别从阿根廷和墨西哥的文化背景及电影的拍摄艺术手法角度，对两部影片进行解析，让同学们对拉美国家的多元文化有了更加深入的了解。

2021年3月，中心和清华大学学生全球胜任力发展指导中心联合推出“世界大不同”智利篇活动。智利篇活动共有四期，活动主题各不相同，从不同维度向同学们介绍了天涯之国智利。中心特别邀请北京外国语大学区域与全球治理高等研究院副院长、西葡语学院副院长李紫莹教授与大家分享第一期和第二期的活动，讲解智利的文化传统、历史沿革、经济发展和政治体制；第三期邀请到旅居智利多年的北京语言大学教师、智利大学人文学院客座教授孙新堂老师和在智利定居的清华校友秦全分享在智利的生活体验及个人心得；第四期邀请中国传媒大学传媒艺术与文化研究中心艺术学博士杨宾和大家共同赏析智利经典电影《追捕聂鲁达》。

五　科研成果

陈涛涛等：《China：Current and Potential Role in Infrastructure Investment in Latin America》，《联合国拉丁美洲和加勒比经济委员会（ECLAC）国际贸易》2020 年第 114 期。

陈涛涛、吴敏、徐润：《阿根廷投资环境与中国企业的机会及挑战》，《国际经济合作》2020 年第 1 期。

陈涛涛、吴敏、金莹、徐润：《投资拉美：中国企业的多案例分析》，《国际经济合作》2020 年第 5 期。

陈忱、陈涛涛：《经验积累与企业对外直接投资的动态反馈——来自中国矿业企业的实证检验》，《经济经纬》2020 年第 2 期。

陈涛涛等：《疫情中辨析对华态度，探讨未来合作路径——以智利及拉美三国为例》，智库报告，2020 年。

陈涛涛等：《中国疫情在拉美国家的传播及防御状况与相关建议——基于对智利、秘鲁、阿根廷三国媒体报道的分析》，智库报告，2020 年。

陈涛涛、金莹：《中智 50 年关系的发展逻辑与未来战略合作方向》，工作论文，2020 年。

陈涛涛等：《新冠病毒疫情：促进中国与世界的反思》，工作论文，2020 年。

六 对外交流情况

2020 年 7 月 17 日，中心与智利安德雷斯·贝洛大学通过邮寄传签的方式签署了合作备忘录。此前，中心积极推进清华大学与智利天主教大学签署校级合作协议。

中心协助邀请智利大学加入世界慕课联盟。该联盟由清华大学倡议发起，在 2020 年 12 月 11 日正式成立。中心依托清华大学和智利大学在线教育合作的基础，积极协助清华大学终身教育处邀请智利大学加入该联盟，有助于中智携手应对新冠肺炎疫情背景下智能互联网时代对全球教育带来的机遇与挑战，探讨前沿科技在塑造高等教育未来中的作用，共同推动慕课与在线教育的建设、应用和共享，促进可持续发展教育目标的实现。

中心积极向智利高校推荐清华在线夏令营项目。受全球疫情影响，院校之间的人文交流活动受到巨大阻碍，难以通过传统的线下方式正常举行。清华大学计算机系以在线的方式面向全球推出“2020 暑期深度学习夏令营”，并委托中心在智利进行宣传。中心迅速将夏令营信息传递给智利生产力促进局（CORFO）以及天主教大学、智利大学和智利安德雷斯·贝洛大学等高校，得到了它们积极的回应和宣传，智利学生积极报名参加线上夏令营。

中心积极推动清华大学 2020 年全球暑校在智利及拉美的传播。清华大学 2020 年全球暑期学校（GSS2020）于 2020 年 7 月举行，中心积极提供了学术支持，共举办了“对话前拉美驻华大使”工作坊和“在国际化中学习与成长”网络研讨会两场活动。第一场活动邀请了巴西前驻华大使马尔科斯·卡拉穆鲁（Marcos Caramuru）、智利前驻华大使费尔南多·雷耶斯·马塔（Fernando Reyes Matta）和阿根廷前驻华大使盖铁戈（Diego Ramiro Guelar），请他们从个人经历角度分享“如何了解中国”“中拉关系发展及前景”“大学如何促进中拉之间的理解”。第二场活动邀请了中国五矿集团副总经理焦健、联想集团高级副总裁高岚参与对话，就企业国际化发展面临的挑战及学习与成长、疫情中企业的应对措施及后疫情时代企业的发展策略等话题与同学们进行分享和交流。

中心积极配合清华研招办开展了 2021 年国际学生的招生推广工作。此前，中心一直在就 2030 工程计划和智利生产力促进局（CORFO）探讨和展开合作。在此次招生工作启动之后，中心将最新的招生资料、简章、宣讲会等信息及时传递给该局 2030 工程计划负责人。该局在收到中心信息后，迅速将招生信息转发给多所智利高校，并对中心表示感谢。同时，中心也向拉美校友群转发了招生简章，欢迎各位校友推荐自己的同学、朋友、家人报考清华大学研究生项目。

中心努力为清华学生创造海外学习机会。2020 年 8 月，中心协助国际处海外学习办，向清华学生推荐了智利大学 2020 年西班牙语在线浸润学习冬令营项目，为期 11 天，最后共有 4 名清华大学学生参加了该项目，并顺利完成了全部学习任务取得了证书。

七　承担课题情况

表 1　承担课题情况一览

序号	课题名称	项目类型	委托方	负责人	起止时间	经费（万元）
1	边抗疫边恢复经济	应用研究	清华拉美中心	陈涛涛	2020—2021 年	50（清华大学春风基金）
2	“一带一路”倡议及其项目落地机制的研究	应用研究	中国拉丁美洲管理研究中心	陈涛涛	2018 年至今	15
3	哥伦比亚、秘鲁投资环境及中国企业投资机会研究	应用研究	清华大学经济管理学院中国拉丁美洲管理研究中心	陈涛涛	2018 年至今	10

续表

序号	课题名称	项目类型	委托方	负责人	起止时间	经费（万元）
4	中国企业投资拉美基础设施的挑战与应对	应用研究	中国拉丁美洲管理研究中心、联合国拉经委（ECLAC）	陈涛涛	2015 年至今	10
5	智利的工业化过程及当前发展趋向	应用研究	中国拉丁美洲管理研究中心、智利大学	陈涛涛与 Agosin	2017 年至今	双方自筹资金
6	中国对巴拿马、巴西和墨西哥投资的比较研究	应用研究	中国拉丁美洲管理研究中心、泛美开发银行（IDB）	陈涛涛与 Osmel Manzano	2016 年至今	IDB 赞助

（供稿人：谢卢芳）

中国社会科学院世界历史研究所
拉丁美洲史研究室

一　历史沿革

中国社会科学院世界历史研究所拉丁美洲史研究室于 2019 年成立。其前身是 1965 年设立的亚非拉美史研究组。1978 年，研究组更名为亚非拉美史研究室。1979 年，该研究室划分成亚非史研究室和拉美史研究室。1983 年，两个研究室重新合并为亚非拉美史研究室。

二　研究方向

拉丁美洲史研究室主要以拉美地区近现代史为研究中心，兼顾古代史及当代史的研究，依托于通史、国别史、区域史研究，并结合现实问题，开展专题史研究。

三　人员情况

目前，拉丁美洲史研究室共有科研人员两名。

四　学术活动

2020 年 7 月 31 日，该室邀请考古所李新伟研究员作学术报告，主题为“中美地区古代文明概述”。

2020 年 9 月 4 日，该室邀请拉美所徐世澄研究员作学术报告，主题为“习近平新时代中国特色社会主义思想在拉美地区的传播和影响”。

2020 年 9 月 5 日，该室承办“拉美史研究前沿问题”云端学术研讨会。

2020 年 12 月 1 日，该室举办该室退休老干部学术座谈会。

五　科研成果

杜娟：《日本在拉美的早期移民活动——以墨西哥和秘鲁为中心的考察》，《西南科技大学学报（哲学社会科学版）》2020 年第 1 期。

杜娟：《大国安全与地区发展的悖论？——基于冷战早期美拉关系的考察》，《拉丁美洲研究》2020 年第 2 期。

王文仙：《战后墨西哥农业生产转型与粮食问题》，《拉丁美洲研究》2020 年第 6 期。

六　承担课题情况

王文仙、杜娟按计划完成世界历史研究所创新工程项目“20 世纪墨西哥‘三农问题’的历史考察——兼与南非和巴西的比较”结项书稿（20.5 万字）。

杜娟主持的国家社科基金一般项目“巴西的日本移民史研究”（项目编号：19BSS033）正在按计划推进。

王文仙完成王旭教授主持的国家社科基金重大项目“20 世纪世界城市化转型研究”（2017—2021）（项目批准号：16ZDA139）墨西哥部分的书稿。

王文仙完成“十三五”国家重点图书出版规划项目“世界历史地图集·现代卷”第八、九、十章相关外文地图的翻译内容。

王文仙完成“习近平新时代中国特色社会主义思想的世界意义研究”项目关于拉美地区的书稿。

（供稿人：王文仙）

外交学院西语国家研究中心

一　历史沿革

外交学院西语国家研究中心成立于 2019 年 4 月，旨在推动针对西班牙及拉美各国国情文化研究，推动中拉中西外交、经贸、人文、学术等交流活动，为西语语言文学、外交国关等专业学生、学者提供学习交流平台，并促进中国和西语国家双边关系的发展。

此外，该中心还服务于外交学院西班牙语语言专业及外交国关专业学生，为学生的学习交流提供更多资源，组织带领学生举办会议、研讨会等形式的交流活动，给学生提供实习机会，例如中心成立了微信公众号“中西拉文化之桥 CSSCS”，在中心主任的带领下，学生自发撰写学习心得分享原创推文，筛选适合中西拉人文文化交流及中西拉关系的文章内容。

二　研究方向

中心的研究领域涉及拉美文学、西语国家文化、中西与中拉关系、拉美社会与政治、拉美国情研究、西班牙语教学法、中西翻译研究、跨文化交际等。

三　人员情况

中心现有 6 名研究人员。其中，2 名研究人员进入外交学院一流学科高层次人才梯队，分别从事文化与公共外交及习近平外交思想研究，他们的研究领域涉及中拉文化外交和拉美国家社会文化。

研究人员的具体情况如下。

1. 孟夏韵，外交学院西语国家研究中心主任，北京外国语大学拉美文学专业博士，外交学院一流学科高层次人才梯队“文化与公共外交”课题成员，主要研究方向为西语国家国情及社会文化、拉美文学。

2. 张红颖，外交学院西语国家研究中心副主任，中国社科院拉丁美洲研究所博士，中国拉丁美洲学会理事，外交学院一流学科高层次人才梯队“习近平外交思想研究”课题成员，主要研究方向为西语国家社会文化、西班牙语教学法。

3. 王晨颖，西班牙萨拉曼卡大学翻译理论与实践专业博士，主要研究方向为中国文学文化外译、海外汉学。

4. 刘诗扬，巴塞罗那自治大学翻译与跨文化研究专业博士，主要研究方向为外语教学、翻译研究、跨文化研究。

5. 苑雨舒，西班牙康普顿斯大学拉美文学专业博士，主要研究方向为拉美文学、拉美文化。

6. 叶譞，北京语言大学西班牙语语言文学专业研究生，主要研究方向为拉美文学文化、国情研究、西班牙语教学法。

四　学术活动

2021 年 4 月 28 日，中心邀请北京外国语大学西葡语系教授郑书九作题为“我的西班牙语求学、教学历程：与青年学子分享”的讲座。

2021 年 5 月 19 日，中心邀请上海大学拉美研究中心教授江时学作题为“中国特色大国外交中的拉丁美洲”的讲座。

五 科研成果

孟夏韵：《当代哥斯达黎加生态文学研究》，《外语教学》2021年第3期。

孟夏韵：《西班牙语世界的生态美学研究》，《江苏大学学报（社会科学版）》2021年第2期。

孟夏韵：《期待解开玛雅文明之谜》，《光明日报》2020年6月11日“国际教科文周刊·国际文化”（被收入“学习强国”学习平台）。

孟夏韵：《行走，与自然为伴》，《人民日报》2020年6月14日“国际副刊07版”。

孟夏韵：《寄情寓理的智利动画短片》，《光明日报》2020年10月22日“国际教科文周刊·国际文化”。

孟夏韵：《人生何故尽悲欢》，《光明日报》2021年5月6日“国际教科文周刊·国际文化”。

张红颖：《中拉合作视角下的拉美“转型发展”战略解析》，《当代经济》2021年第2期。La divulgación de la cultura y la literatura chinas en el mundo hispanohablante, Clina, 2020. 6.

王晨颖：《刘震云作品在西班牙语国家的译介及接受》，《翻译与传播》2020年第2期。

王晨颖：《〈我不是潘金莲〉西译本中的“创造性叛逆”》，《文学教育（上）》2020年第6期。

刘诗扬：《疫情防控下高校本科非通用语专业线上教学的策略——以外交学院为例》，《西部素质教育》2020年第19期。

刘诗扬：《“一带一路”倡议背景下高校西班牙语口译教学改革新探》，《科教文汇》2021年第9期。

Liu Shiyang, “Corpus Based Error Analysis of Written Works in China by Spanish Students”, *Sinologia Hispanica*, 2020 (11): 101 - 128.

苑雨舒：《华裔作家萧锦荣武侠小说中西合璧的二元结构》，《名作欣赏》2020 年第 26 期。

孟夏韵：《疫情推进中拉文化网络外交与我对策》，《外交学院研究报告》2020 年第 29 期。

王晨颖译：《巴塞罗那传》，（西班牙）恩里克·卡尔佩纳著，北京大学出版社 2021 年版。

六　教学成果

中心研究人员王晨颖、张红颖、孟夏韵、苑雨舒和叶譞共同完成西语国家国情文化概况课程（该课程目前已在中国大学 MOOC、智慧树、爱课程等多个平台上线）。

孟夏韵完成《Hello 到 Hola 轻松学西语》（北京大学出版社，2020 年 6 月）审校工作；2020 年 7 月至 8 月，在中国外文局教育培训中心录制《西班牙语零基础课程》网课视频（120 课时 2400 分钟）；2020 年 10 月至 2021 年 3 月，主持中国外文局教育培训中心多语种公务外语内部教材《公务西班牙语（入门级）教材》编写工作。

张红颖担任外交学院西班牙语专业“拉美国家概况”课程主讲，该课程获评“外交学院特色课程”。

叶譞在《外交评论》增刊发表《任务教学法与西班牙语听说教学的目标和路径》。

七　对外交流情况

2021 年 2 月 24 日至 25 日，孟夏韵参加韩国外国语大学拉美研究院举办的“寻找拉丁美洲及加勒比地区生态文明的经验和做法”线上国际会议，并作“中拉生态文明思想探析”主旨发言。

2021 年 6 月 25 日至 27 日，孟夏韵参加韩国外国语大学主办的“第十届亚洲西班牙语学者协会线上国际研讨会”，并作“拉丁美洲生态意识演进及其在文学上的反映”主旨发言。

八 承担课题情况

孟夏韵获批2019年度中央高校基本科研业务费专项资金科研创新项目“西班牙语国家生态美学的理论特色与独特贡献”（一般项目）。

张红颖获批外交学院中央高校项目“生态翻译学视角下外事外交翻译研究（汉—西）”。

王晨颖获批“中央高校基本科研业务费专项资金”资助项目“生态翻译学视角下的中国当代小说在西语国家的译介研究”。

刘诗扬获批2020年中央高校基本科研业务费专项资金青年教师科研启动基金项目“‘一带一路’背景下中国学生外交口译偏误分析及口译教学策略研究”（一般项目）。

刘诗扬获批2020年度外交学院教学管理及改革项目青年项目“‘互联网+’背景下智慧课堂西班牙语专业教学模式设计与应用研究”。

苑雨舒获批中央高校科研基本业务费青年项目“秘鲁华裔作家文学作品中的‘中国故事’研究”。

叶譞获批外交学院教学管理及改革项目“关于西班牙语听说教学的研究与实践”。

孟夏韵参与曾繁仁主持的2016年国家社会科学基金重大项目“生态美学文献整理与研究”（项目编号：16ZDA111）之“西班牙语国家生态美学”部分，阶段性成果为《西方生态美学史》（山东文艺出版社，2021年4月）第十五章“西班牙语生态美学”（共计2万字）。

王晨颖参与教育部青年项目“鲁迅小说西语译者叙事建构批评研究”和中央党史和文献研究院智库项目“拉美国家对中国共产党建党一百周年的关注”。

（供稿人：孟夏韵）

中国国际问题研究院拉丁美洲和加勒比研究所

一　历史沿革

中国国际问题研究院拉丁美洲和加勒比研究所成立于2019年5月8日，系中国国际问题研究院（以下简称“国研院”）下设研究所之一。本所的成立顺应了新时代中拉关系发展的客观要求，旨在加强对拉美和加勒比地区的研究，更好服务于中拉合作。

国研院前身为创设于1956年的“中国科学院国际关系研究所”。1958年研究所名称改为“国际关系研究所”。1986年更名为中国国际问题研究所。1998年，国务院“中国国际问题研究中心”并入中国国际问题研究所。2014年6月，中央机构编制委员会办公室批准“中国国际问题研究所”更名为“中国国际问题研究院”。

该所依托国研院的建设和发展，发挥外交部直属专业研究机构和国家高端智库建设试点单位的优势，大力开展学术研究及交流活动，根据国别和区域研究的综合性特点，将拉美研究同对外工作相结合，围绕外交主题主线积极举办各项配套活动。研究所成立以来取得了丰硕的科研和交流成果，多次承担国家社科基金项目和外交部课题，对外发表学术论文、时事评论文章等共数十篇，主办了第五届中国—拉美和加勒比智库论坛等重要学术会议，与我国驻拉美使领馆及拉美国家驻华使领馆保持密切沟通，同时，同巴西国际关系研究中心、阿根廷国际关系理事会、拉美社科院等拉美知名研究机构开展了学术交流及合作，未来将继续全面加强各项建设，不断提升综合实力。

二　研究方向

该所以国别为主要研究方向，对当前拉美政治、经济、社会文化、区域组织、地区热点问题及中拉关系、美拉关系、中美拉关系等领域进行研究，亦对国际事务中涉拉的重要现实和热点问题作出及时分析，并就增强中国与拉美国家的友好合作建言献策，开展二轨对话与公共外交，促进中拉人文交流与民心相通，为进一步深化中国和拉美与加勒比国家间的政策沟通、人心相通、互利合作作出了很大贡献。

三　人员情况

目前研究所共有研究人员 6 名，其中多人具有西班牙语或葡萄牙语专业背景。现任所长为宋均营。

四　科研成果

作为国家高端智库试点单位，国研院于 2020 年 4 月设立了“新冠肺炎疫情形势下的中国与世界课题组”，连续发布 9 期《新冠肺炎疫情形势下的中国与世界系列报告》。其中，第 7 期《中国与拉美和加勒比国家同命运共抗疫》由该所全体成员集体撰写。报告指出，自新冠肺炎疫情暴发以来，拉美和加勒比地区多个国家元首、政府首脑及其他高层政要、社会各界对中方遭遇疫情致以深切慰问，对中方抗疫举措给予大力支持，对中方取得成就表示高度赞赏。中拉双方正在用实际行动诠释着中拉命运共同体的理念。

除承接国研院课题以外，该所多次受外交部拉美司、中国社会科学院拉丁美洲研究所、中国地质调查局南京地质调查中心、西南科技大学拉美研究中心等单位委托承接多项课题。

《国际形势和中国外交蓝皮书》是国研院的年度出版物，旨在全面、准确分析解读国际形势和中国外交。蓝皮书分上、下两篇，上篇既包括大国国情，也包括地区形势；既涵盖经济问题，也涵盖全球治理及热点问题；下篇专门论述中国外交政策及中国与各方关系。研究所王慧芝博士已连续七年负责撰写《国际形势和中国外交蓝皮书》中涉拉板块。在2021年2月出版的蓝皮书中，王慧芝博士在第二章“中国与国家及地区关系”中，以“中拉关系：迎难而上前景可期”为题，全面系统地概括了自疫情暴发以来中拉关系的发展脉络。文章最后总结道，2020年是中拉开启外交关系60周年。在这一重要的历史节点，中拉以合作应对挑战，携手抗疫谱写中拉友谊新篇章，迎难而上推动中拉各领域合作逆势前行，再次证明了中拉关系经得起大风大浪。

该所王慧芝博士和步少华博士相继发表多篇重要学术文章。王慧芝博士在《拉丁美洲研究》和《和平与发展》上发表了《拉美与非洲地区经济一体化比较：基于历史的考察》和《巴西外交政策右转：原因及前景》。在前一篇文章中，作者从历史的视角阐述拉美和非洲地区经济一体化的模式，并在此基础上对其模式异同及发展前景进行比较。展望未来，拉美地区经济一体化难有重大突破，经济一体化进程任重道远。在后一篇文章中，作者认为巴西亲美反多边对外政策实践的国内基础并不稳固，还与博索纳罗重振经济的目标相悖，拜登的胜选进一步加大其推进难度。巴西意识形态外交虽对中巴关系造成一定困扰，但难改中巴友好合作大局，两国务实合作的前景依旧广阔。

步少华博士先后在《国际问题研究》和《拉丁美洲研究》上发表《中国—加勒比“一带一路”合作：进展、挑战与深化路径》和《疫情变局下的中国—加勒比次区域合作：进展和前景》两篇文章。文章指出，疫情暴发后，中国和加勒比国家互相支持，中加次区域建设明显加速，政治互信、合作机制化建设显著加强。但同时也面临着顶层设计渐显乏力、经济合作韧性仍待强化、合作有待精细化以及美国干涉力度加大等挑战。下一阶段，作者认为双方应继续高举中加命运共同体旗帜，加强次区域合作机制建设，深化创新各领域务实合作，妥善处理域外干扰因素，推动中加合作实现更大发展。

截至2021年年中，该所已在国内外多个平台上发表大量中外文（包括英文和西班牙文）时事评论文章，包括光明网、人民网、中新网、中国国际电视台（CGTN）、《环球时报》、《北京日报》、中国社会科学网、凤凰网、《大众日报》、《工人日报》、澎湃新闻网、Dang-dai（阿根廷）、苏里南日报（Dagblad Suriname Nationaal）、《世界知识》、《进出口经理人》等国内外知名媒体和杂志，产生了一定的社会影响力。

该所着眼于抗疫和中拉关系这一主题，在近期发表如下文章。

王慧芝：《新冠肺炎在拉美加速传播》（国研院院网站，2020年3月17日）

章婕妤：《德不孤，必有邻：中拉同命运，共抗疫》（国研院院网站，2020年3月21日）

步少华：《中国—加勒比合作抗疫，深化友谊》（国研院院网站，2020年5月23日）

王慧芝：《疫情变局之下中国与阿根廷合作前景广阔》（《大众日报》2020年7月10日）

步少华：《砥砺六十载，同心共抗疫，中拉携手再出发》（凤凰网，2020年7月27日）

章婕妤：《志合越山海，构建"后疫情时代"高质量中阿关系》（国研院院网站，2020年9月28日）

章婕妤：《谁在借疫苗对拉美趁火打劫》（环球网，2021年1月28日）

严若玮：《中拉基础设施合作"更上一层楼"》（《大众日报》2021年6月24日）

该所对中美拉关系的美国因素给予了极大关注，在近期发表如下文章。

付丽媛、章婕妤：《美墨"蜜月"能否天长地久?》（《大众日报》2020年7月13日）

王慧芝：《蓬佩奥拉美之行只是一场政治作秀》（光明网，2020年9月25日）

章婕妤、步少华:《蓬佩奥再访拉美，美拉关系新动向引人关注》(《大众日报》2020 年 9 月 26 日)

王慧芝:《拜登上任后，美国—巴西关系向何处去》(《世界知识》2021 年第 3 期)

章婕妤:《“后特朗普时代”:萨尔瓦多总统布克尔何去何从》(《世界知识》2021 年第 6 期)

付丽媛:《美国对拉美政策:“新瓶装旧酒”》(《世界知识》2021 年第 7 期)

章婕妤:《全面禁运 59 年后，美古关系该去向何处》(《进出口经理人》2021 年第 6 期)

付丽媛:《拜登上台，美拉关系或向“接触合作”方向回归》(《大众日报》2021 年 1 月 23 日)

王慧芝:《拜登上台，美拉关系回暖之路会是坦途?》(澎湃新闻网，2021 年 2 月 1 日)

严若玮:《“特朗普铁粉”博索纳罗变务实了?》(澎湃新闻网，2021 年 5 月 19 日)

付丽媛:《拜登干将南下，是关心边境民生疾苦还是政治作秀?》(《北京日报》2021 年 6 月 15 日)

研究所对拉美政治生态的演变和发展进行了长期跟踪，近期发表如下文章。

步少华:《苏里南大选“变天”，南美最小国政局引人关注》(国研院院网站，2020 年 7 月 21 日)

步少华:《圭亚那政局上演大选难产闹剧》(中国社会科学网，2020 年 7 月 24 日)

章婕妤:《反对派能“换”总统却难控局，秘鲁政斗恐难“全剧终”》(澎湃新闻网，2020 年 11 月 26 日)

王慧芝:《2022 年巴西大选，卢拉会强势回归吗?》(《大众日报》2021 年 3 月 12 日)

章婕妤:《从萨尔瓦多中期选举看拉美政治生态》(《大众日报》2021 年 3 月 17 日)

付丽媛：《厄瓜多尔大选决战在即　拉美左翼能否“东山再起”?》（《大众日报》2021 年 3 月 22 日）

章婕妤：《“超级选举”落幕，智利新自由主义光环不再?》（中新网，2021 年 6 月 2 日）

王慧芝：《秘鲁大选或难终结动荡局势》（《工人日报》2021 年 6 月 11 日）

区域国别研究也是拉美所的长项之一，在近期针对古巴和海地以及拉美区域组织的研究成果有：

章婕妤：《古巴经济模式更新的历史演进》（中国社会科学网，2020 年 8 月 6 日）

章婕妤：《废除货币和汇率双轨制，古巴“经济模式更新”换挡加速》（《大众日报》2021 年 1 月 24 日）

章婕妤：《卡斯特罗时代终结了吗? 从三组关键数字回顾古共八大》（《北京日报》2021 年 4 月 24 日）

章婕妤：《经济“模式更新”十年后，改革进入深水区和攻坚期》（澎湃新闻网，2021 年 4 月 26 日）

严若玮：《多重挑战下，南共市正经历“至暗时刻”?》（《北京日报》2021 年 7 月 13 日）

步少华：《海地乱象的根源与启示》（《北京日报》2021 年 7 月 15 日）

步少华：《“后院中的后院”接连出事，拜登政府加勒比政策受考验》（澎湃新闻网，2021 年 7 月 15 日）

该所紧跟时事热点，中拉科技合作、美拉产业链合作、拉美金融科技等已成为拉美所未来的研究方向，现有阶段性成果如下。

章婕妤、步少华：《美墨制造业“近岸外包”：昙花一现还是大势所趋?》（拉美经济观察微信公众号，2020 年 9 月 24 日）

章婕妤：《5G 先行，打造中国—阿根廷科技合作新亮点》（《进出口经理人》2020 年第 11 期）

章婕妤：《萨尔瓦多率先“吃螃蟹”，比特币将开启拉美“后美元时代”?》（澎湃新闻网，2021 年 7 月 7 日）

除上述中文时评以外，拉美所也根据研究需要发布了多篇外文文章，在国内外引起广泛关注。

章婕妤：China dice NO a los rumores（《中国对谣言说不》）（CGTN，2020 年 3 月 20 日）

付丽媛：La victoria china sera de todo el planeta（《中国的胜利将属于全球》）（CGTN，2020 年 3 月 29 日）

付丽媛：La cooperacion entre China y America Latina avanzara a pesar de las presiones extremas（《中拉合作将在极端压力下推进》）（*Peopledaily*，2020 年 8 月 17 日）

章婕妤：Por relaicones de alta calidad（《为发展高质量中阿关系》）（*Dangdai*，2020 年 9 月 30 日）

付丽媛、章婕妤：Un acercamiento entre Mexico y EE. UU. con recelos renovados（《墨西哥与美国的和解再次引发疑虑》）（*Renmin*，2021 年 1 月 30 日）

步少华：*China-Suriname Relations at* 45：*Envisaging a Brighter Future*（《中苏关系 45 年：展望更美好的未来》）（《苏里南日报》2021 年 5 月 28 日）

五　学术活动和对外交流情况

2020 年 9 月 25 日，该所全体成员参加国研院举办的“中国和阿根廷——走向共同的未来”视频研讨会。国研院常务副院长阮宗泽出席会议并致开幕辞，阿根廷国际关系理事会亚洲事务委员会主任 Eduardo Alberto Sadous 大使、中国驻阿根廷使馆王晓林公参亦分别致辞。来自阿根廷国际关系理事会、中阿关系观察团、阿根廷《当代》杂志的专家学者连线出席会议并发言。与会代表就新冠肺炎疫情背景下中国和阿根廷的抗疫合作、美国因素对中阿关系的影响、中国同阿根廷开展合作面临的机遇与挑战等议题进行了深入研讨。

2021 年 2 月 4 日，宋均营所长参加国研院与拉美社科院萨尔瓦多分院共同举办的“中国视角下的中美洲”线上研讨会，并作发言。

国研院院长徐步、拉美社科院萨尔瓦多分院院长罗伯特·罗德里格斯（Roberto Rodríguez）、中国驻萨尔瓦多大使欧箭虹、联合国驻萨尔瓦多协调员办公室常驻协调员比尔吉特·格斯滕贝格（Birgit Gerstenberg）致开幕辞，国研院常务副院长阮宗泽、拉美社科院萨尔瓦多分院首席研究员亚历山大·塞戈维亚（Alexander Segovia）分别主持研讨。中国社科院荣誉学部委员徐世澄、中国社科院拉美所副所长袁东振、欧美同学会西葡拉分会会长王卫华、上海大学拉美研究中心主任江时学、北京大学拉丁美洲研究中心秘书长董经胜等中方专家学者与会并发言。各方就中国对中美洲的认知、中美洲的现代化进程、中美洲发展现状、中美洲区域一体化以及中国与中美洲关系、美国与中美洲关系等议题进行了深入研讨。

2021 年 4 月 28 日，该所成员参加中国驻巴西使馆和巴西国际关系研究中心（CEBRI）共同举办的“中国治国理政经验谈”系列线上研讨会。国研院院长徐步出席开幕式，并作主旨演讲。中国驻巴西大使杨万明，巴西副外长萨尔基斯、工贸部前部长阿马拉尔、总统府前战略事务秘书卡洛特，世贸组织贸易谈判委员会主席多普拉多，CEBRI 主席博尔热斯，前驻华大使卡拉穆鲁等嘉宾出席开幕式并发言。

2021 年 6 月 9 日，该所成员参加国研院院长徐步会见古巴驻华大使佩雷拉的活动，就中古关系及当前国际形势进行交流。

（供稿人：付丽媛　严若玮）

江苏师范大学中拉人文交流研究基地

一　历史沿革

江苏师范大学中拉人文交流研究基地成立于2019年9月，是国内第一家集咨政、研究、交流、传播于一体，理论与实践相结合，专注于“中国与拉美和加勒比地区人文交流研究”的新型专业智库，为中拉高级别人文交流机制构筑有形的智慧平台。基地由4家单位共同建设，分别为：江苏省人民政府外事办公室、中国教育部中外人文交流中心、中国社会科学院拉丁美洲研究所和江苏师范大学。基地秘书处设在江苏师范大学。

二　研究方向

中国与拉美国家人文交流相对滞后，该领域相关研究远远落后于国家当前和未来的需要，构建中拉人文交流机制势在必行。基地致力于弥补这一研究领域上的空白，努力为中拉人文交流与合作贡献力量。基地集咨政、研究、交流、传播于一体，以拉美区域和国别为基础，追求理论和实践相结合，努力成为“中拉人文交流研究”的新型专业智库。基地由中国教育部中外人文交流中心、中国社会科学院拉丁美洲研究所、江苏省人民政府外事办公室和江苏师范大学共建，其广泛参与性可以充分调动和利用各自的比较优势，实现对拉人文交流与合作的合力研究。基地的最大特色是以“人”为中心，拿“人”做文章，让拉美“人”讲中国故事，中国“人”讲拉美故事；构建多元化、广覆盖的中拉人文交流网络，让研究者参与实践并反馈给政策，从而最大限度地服务于中拉人文交流工作的顶层设计。

三　人员情况

基地设立领导理事会，负责研究审定发展规划、研究计划、人才培养、成果发布等重大事项，协调各共建单位对基地建设的支持等。基地还设立中方顾问委员会及外方顾问委员会。目前，基地已拥有拉美政治经济、社会文化等研究方向的学术带头人 5 名，特聘教授 8 名，在职研究人员 20 名，专职学术秘书 1 名。

四　科研成果

基地组织编著并拟出版年度报告《拉丁美洲公共外交年度报告》。该报告涵盖拉美主要国家的公共外交信息，包括中国与拉美公共外交、美国与拉美公共外交、俄罗斯与拉美公共外交等主题，主要涉及国家高层领导互访、议会级别互访、政党交往、工会交往等内容。

基地主任周汝光校长在《江苏外事》杂志上发表题为“基于拉美国家传媒新冠疫情报道文本对中国形象认知的研究”的学术文章，采用“情感分析”“语义网络分析”“话题模型构建”等方法得出科学结论，对推进中拉人文交流、民心相通，夯实民意基础，具有借鉴意义和参考价值。

基地研究员在《中国社会科学评价》《对外传播》《人民日报》等各类期刊报纸上发表论文十余篇。

五　学术活动

2020 年 12 月 12 日，基地举办“后疫情时期的中拉人文交流”国际研讨会。

基地与中机国际工程设计研究院有限公司、昆工科技有限公司等签订战略合作框架协议，全面加强产学研合作。

六　教学成果

基地与西班牙格拉纳达大学艺术与人文学院合作开展“中国—拉丁美洲历史与艺术”联合培养博士项目。

七　对外交流情况

基地积极利用海外学术平台推动中拉学术交流：与西班牙加利西亚国际关系研究院联合在西班牙国际资料分析期刊上开设专栏——“中国抗疫”和“中国脱贫攻坚”；在阿根廷 MESTIZA 学报发表“中拉文明对话”评论文章；基地外籍研究员 Xulio Ríos 在中国国际广播电台发表声援中国抗疫的文章。

八　承担课题情况

夏志华：“汉语人机对话韵律趋同模型构建研究”，国家社科基金课题，2020 年立项。

毕冉：“视听输入对英汉韵律感知与产出的效应研究”，国家社科基金课题，2020 年立项。

毕冉：“A Perceptual Study of How Rapidly and Accurately Audiovisual Cues to Utterance-Final Boundaries Can Be Interpreted in Chinese and English”，第八届高等学校科学研究优秀成果奖（人文社会科学），2020 年。

（供稿人：蓝　博）

第二篇

中国拉丁美洲研究全国性社团及动态

中国拉丁美洲学会及动态

中国拉丁美洲学会（以下简称拉美学会）是中国研究拉丁美洲地区问题的全国性民间学术团体，成立于1984年5月18日。拉美学会的宗旨是团结全国各地从事拉丁美洲研究、教学和开展对拉美地区工作的人士，促进我国对拉丁美洲政治、经济、国际关系、社会、文化、民族问题等方面的研究，增进中国人民和拉丁美洲各国人民之间的相互了解和友谊，为实现我国社会主义现代化服务。

拉美学会经常主办全国性的学术讨论会。与会者来自全国各地的科研机构和高校、外交部和中联部等政府部门、对外友协、新华社、人民日报社和有关企业。2005年以前，每年举行一次学会年会暨研讨会，此后每两年举行一次。自成立以来，拉美学会主办了下述全国性的学术讨论会。

1984年5月15—21日在山东烟台召开“拉美的民族民主运动讨论会”。与会学者深入讨论了拉美民族民主运动的发展历程和近年来的形势，就拉美民族民主运动的未来发展方向提出了一些新观点和新见解，并探讨了这一课题的未来研究重点。

1985年11月7—13日在江苏南通召开“拉美的对外开放政策讨论会”。与会学者分析了拉美国家六七十年代的经济发展战略和近年来的对外开放政策，对拉美一些国家实施对外开放政策的原因、措施、影响和意义进行了热烈讨论，从理论和实践上对拉美国家的政策转变进行了深刻的分析。

1986年11月4—7日在北京召开“战后拉美政治进程和中拉关系讨论会”。与会学者梳理了第二次世界大战后拉美国家政治进程中民主体制与威权体制更替的历史进程，并对这一进程的根源和绩效作了深入探讨；分析和讨论了当前拉美国家政治进程中的新现象；回顾了中拉关系的历程，提出了一些发展中拉关系的建议。

1987 年 10 月 20—21 日在北京召开“拉美经济调整和发展讨论会”。与会学者对拉美的初级产品出口模式和进口替代模式发展战略进行了回顾、总结，评价了当时拉美经济发展战略的调整，认为拉美的经济调整势在必行，但拉美国家要注意提出自己独特的发展战略。

1988 年 10 月 21—24 日在江苏苏州召开“跨入 90 年代的拉丁美洲学术研讨会”。与会学者总结了拉美国家在 80 年代的经济低迷的诸多因素，提出要加强对拉美一些国家当前实施的美国主导的经济改革的研究，用拉美国家的经验为我国的经济改革和建设提供借鉴；对拉美国家当前的政治格局进行了广泛的讨论。

1989 年 7 月 25 日在北京召开“尼加拉瓜革命和中美洲形势研讨会”。与会学者专门讨论尼加拉瓜革命和中美洲形势的发展变化，认为中美洲国家真正实现和平还有较长的道路，关键是巩固现有的革命成果；会议还讨论了整个拉美地区的政治形势。

1990 年 7 月 3—4 日在北京召开“当前美拉关系研讨会”。与会学者详细梳理了美拉关系的历史，分析了目前的美拉关系现状，认为拉美国家的政治、经济发展进程和对外政策仍在很大程度上受美国的影响；多数学者认为目前拉美国家的改革将使美拉关系进一步加强，但将为美拉关系注入新的内容；美拉之间控制与反控制的斗争将继续，但美拉关系在短期内不会发生根本性变化。

1991 年 7 月 5—6 日在北京召开“世界新格局与拉丁美洲研讨会”。与会学者从全球的视野就世界新格局的变化对拉美的影响进行了深入探讨，认为苏联东欧剧变对拉美产生了深刻的影响，特别是对古巴的社会主义建设造成了巨大困难；学者们提出，拉美国家应对目前困难的关键是要结合本国国情走自己的道路。

1992 年 10 月 23—27 日在北京召开“拉美国家当前形势与政策动向研讨会”。与会学者对当前的拉美政治、经济、社会和对外关系进行了全面剖析，深入分析了拉美国家的政治发展道路和经济政策，认为目前形势非常复杂，应关注其未来走向和政策调整；认为拉美国家的经济改革将会继续，其经济政策和政治发展道路短期内不会发生根本性变化。

1993 年 7 月 16—17 日在北京召开“拉丁美洲的投资环境与市场学术讨论会”。这一讨论会是与首钢研究开发公司国际化经营研究所联合举办的。与会代表就拉美的投资环境和我国对拉美投资的有利因素和不利因素进行了充分的讨论。这次会议也是学会同企业合作召开研讨会的尝试，为理论研究与现实结合开辟了新路。

1994 年 11 月 2—5 日在天津召开“庆祝中国拉丁美洲学会成立 10 周年暨中拉关系研讨会”。这次研讨会是同南开大学拉美研究中心联合举办的。会议回顾和总结了学会成立 10 年来的工作，并对如何进一步推动中拉友好合作关系的发展展开了热烈的讨论。会议还邀请了中联部、外交部、经贸部和国家科委的有关领导同志作了专题报告。

1995 年 11 月 27 日至 12 月 1 日在北京召开“当前拉美发展模式研讨会”。与会者就当前拉美发展模式的由来、理论基础、组成部分、整体评价，拉美国家发展模式之间的异同，拉美发展模式对中国改革开放的启示等问题展开了热烈的讨论。

1996 年 10 月 14—18 日召开“拉美国家经济改革讨论会”。会议讨论了拉美经济改革的背景、指导思想、主要内容、共性、差异性、成就与失误、经验与教训等问题。与会者认为，拉美经济改革是拉美研究领域中的重大问题，中国的学者应该加强研究，为我国的改革开放提供借鉴之处。

1997 年 10 月 13—17 日召开“拉美经济区域化、一体化研讨会”。与会代表就全球化与一体化的区别、全球化对发展中国家的影响、全球化和集团化对拉美一体化的影响、拉美各一体化组织的进程、美洲自由贸易区和拉美国家的战略选择、墨西哥加入北美自由贸易区后的利弊、拉美一体化对我国经济和中拉关系的影响等问题展开了热烈的讨论。在这次年会召开期间，召开了学会理事会扩大会议，会议决定将本届拉美学会理事会的换届工作推迟到 1998 年举行，实行老、中、青三结合的原则，增补和扩大学会理事的规模。

1998年10月19—23日在北京召开“世纪之交的拉丁美洲及中拉关系研讨会”。与会者就世纪之交的拉美经济、政治及中拉关系发表了各自的看法和观点，并围绕着多极化格局的形成和发展、社会贫困问题产生的原因、如何进一步发展中拉关系、全球化与民族化的关系、世纪之交拉美经济发展所处的外部环境及面临的挑战等具体问题展开了广泛深入的讨论。会议对学会领导班子进行了换届改选，选举产生了中国拉丁美洲学会第四届理事会。

1999年10月12—15日在重庆召开“当前拉美形势和国有企业改革问题研讨会”。与会学者就20世纪90年代及1999年的拉美经济形势、1999年拉美政治形势的基本特点、世纪之交的拉美对外关系、当前中拉经贸关系、拉美经济发展前景与中拉关系、拉美国有企业改革的特点和影响、外国政府和企业开拓拉美市场以及中国在墨西哥开发农业项目的建议等问题进行了深入讨论。

2001年6月29日—7月1日在北京召开“拉美学会年会暨拉美所建所40周年所庆学术讨论会”。2001年7月4日是社科院拉美所所庆40周年纪念日。拉美学会与拉美所联合举办此次会议。与会学者就政治多极化和经济全球化大趋势下的拉丁美洲、拉美经济发展的回顾与展望以及拉美国家的政治、外交和社会发展等议题展开了深入研讨，并提出了一些启发性的思考：如何解决弱势群体的问题，如何搞好扶贫工作，如何解决收入分配不公的问题，如何既不维护平均主义又保持社会的安定，等等。

2002年8月5—9日在大连召开“中国‘入世’后的中拉关系研讨会”。与会人员就中国入世对中拉关系的影响、拉美国家对中国入世及中拉关系前景的总体评价、当前拉美经济的特点、当前南锥体国家的经济动荡、阿根廷危机的性质、委内瑞拉政变未遂事件的性质、美国与古巴关系的基本走向、“9·11事件”对美拉关系的影响以及拉美在国际舞台上地位的变化展开了热烈的讨论。

2003年10月14—17日在江西庐山召开“20世纪拉丁美洲变革与发展研讨会”。该届年会由拉美学会与拉美史研究会共同主办。会议讨论了拉美国家在现代化道路上取得的经验教训，并根据学会章程，改选了学会的领导班子。苏振兴同志连任会长。

2004年10月22—26日在河北省保定市召开“拉美国家经济与社会协调发展的经验教训”研讨会。会议围绕以下7个议题展开了热烈讨论：增长、分配与社会分化——对拉美国家社会贫富分化问题的考察，对拉美国家经济与社会不协调发展的理论分析，拉美国家的社会政策及其对中国的启示，发展与公正——拉美人均GDP达到1000美元的挑战，“拉美化”概念辨析，巴西经济发展与社会发展关系问题，经济与社会协调发展——古巴的经验与教训。

2005年8月29—30日在北京召开“从战略高度认识拉美：中拉关系的回顾与展望”研讨会。在该届年会上，与会学者紧紧围绕主题，重新认识了拉美，回顾了中拉关系的发展历程，探讨了中国重视拉美的必要性、中拉关系在南南合作格局中的地位、中拉关系中的美国所谓“中国威胁论”、中国与拉美未建交国的关系以及如何进一步提升中拉关系等一系列问题。

2007年5月9—12日在辽宁省鞍山市召开“社会和谐：拉美国家的经验教训学术讨论会”。来自中联部、外交部、人民日报社、新华社、北京大学、复旦大学、中国社会科学院国际合作局、社科院拉美所等单位的近60位专家、学者和政府官员参加了会议。

2009年8月29—30日，“中拉关系60年：回顾与思考”学术研讨会暨中国拉丁美洲学会年会在外交部张湾培训基地举行。会议由中国拉丁美洲学会、中国拉美史学会、外交部拉美司、中联部拉美局共同主办，中国社会科学院拉丁美洲研究所承办。会议聚焦中拉关系的发展与展望，从四个主题进行了研讨：中拉关系的总结与思考、中拉政治关系、中拉经贸关系、中拉文化交往。

2011年7月5日，拉美所、拉美学会联合主办的中国社科院拉美所成立50周年纪念大会暨“拉美现代化进程及其启示”学术研讨会在京举行。全国政协副主席、中国社会科学院院长陈奎元为该所50周年华诞题词：“研究拉美更知世界多样，振兴中华岂能亦步亦趋”。第九、十届全国人大常委会副委员长，中国拉丁美洲友好协会会长成思危给大会发来贺词。中国社会科学院党组副书记、常务副院长王伟光，中共中央对外联络部副部长陈凤翔，外交部部长助理张昆生，古巴驻华大使卡洛斯·米格尔·佩雷拉等出席大会并致辞。

2013 年 10 月 16 日，由中国拉丁美洲学会和中国社科院拉丁美洲研究所主办的“国际变局中的拉美：形势与对策”学术研讨会暨拉美学会换届工作会议在京举行。来自全国各地的学者、专家、官员及媒体人士 150 人出席本次会议，提交学术论文 61 篇，涉及拉美地区的政治、经济、社会和国际关系领域的新变化及其影响，参加会议的机构分布之广、与会代表数量之众、提交论文数量之多和涉及研究话题之细，均为历届拉美学会学术会议之最。这一成就充分反映了中拉关系取得的历史成绩和中国拉美研究的美好前景。

2015 年 9 月 21—22 日，中国拉丁美洲学会“展望中拉合作的新阶段”学术研讨会在四川省绵阳市西南科技大学召开。会议由中国拉丁美洲学会、西南科技大学主办。来自外交部、中联部、中国社会科学院、中国国际问题研究院、中国现代国际关系研究院、上海国际问题研究院、北京大学、中国人民大学、南开大学、四川大学、西南科技大学、河北师范大学、浙江外国语学院、四川外国语大学等单位的专家、学者共 100 多人参加了会议。

2017 年 6 月 29—30 日在北京召开中国拉美学会学术大会。此次会议与由中国社会科学杂志社、中国社会科学院拉丁美洲研究所联合举办的第六届中拉高层学术论坛合并召开。此次会议暨第六届中拉学术高层论坛的主题为“结构性转型与中拉关系的前景”。

2018 年 6 月 9 日，中国拉丁美洲学会会员大会在中国社科院召开。来自外交部、中联部、中国现代国际关系研究院、北京大学、中国人民大学、中山大学、南开大学、中国政法大学、对外经贸大学、北京外国语大学、河北大学、湖北大学、天津外国语大学、广东外语外贸大学、四川外国语大学、西安外国语大学、福建师范大学以及人民日报社、新华社等单位的 120 余位会员出席会议。《求是》杂志社社长、中国拉丁美洲学会会长李捷代表第七届理事会作学会工作报告。会议进行了学会新一届理事会换届选举工作。王晓德教授当选为新一届会长。

2019 年 10 月 19—20 日，第八届中拉高层学术论坛暨中国拉美学会学术大会在福州举行，主题是“地区与全球大变局下的中拉关系展望”。会议由中国社会科学杂志社、中国拉丁美洲学会、中国社会科学院拉丁美洲研究所、福建师范大学、巴西圣保罗州立大学、智利安德烈斯·贝略大学和阿根廷科尔多瓦国立大学联合举办，由福建师范大学历史文化学院承办。来自中国、阿根廷、巴西和智利等国的 130 多名学者及外交官参会并发言。

2021 年 7 月 4—5 日，由中国拉丁美洲学会、中国社会科学院拉丁美洲研究所主办的 2021 年中国拉丁美洲学会会员大会暨“疫情冲击背景下拉美国家发展的新挑战及中拉关系新趋势”研讨会在京举行。会议采取线上线下相结合的方式，来自国内外高校、科研院所及有关部委 60 余位专家学者致辞发言，上百位会员与会。中国社科院院长、党组书记谢伏瞻出席并致开幕式主题词，中国拉丁美洲学会原会长、《求是》杂志社原社长李捷，外交部原副部长李金章，中国拉丁美洲学会会长王晓德等出席会议并致嘉宾辞。

自 2000 年起，中国拉美学会和中国拉美史研究会联合发起和主办“中国拉美研究青年论坛”，至 2020 年已连续举办十届，为青年学者提供了交流的平台。2000 年 4 月 21—22 日，第一届“中国拉美研究青年论坛”在南开大学召开，主题为“进入新世纪的拉丁美洲”。第二届论坛 2003 年 12 月 16—17 日在北京大学举行，主题是“20 世纪拉丁美洲的变革与发展”。第三届论坛 2006 年 5 月 19—21 日在北京密云社科院培训基地召开，主要讨论内容是缅怀罗荣渠先生的学术探索与成就，拉美政治、现代化与对外关系。第四届论坛 2008 年 7 月 11 日在中国现代国际关系研究院召开，四个单元的议题是：中拉关系的特点与走势、左派崛起与中拉关系、美国因素与中拉关系、中拉关系中的国别与具体问题。第五届论坛 2015 年 11 月 28—30 日在湖北省武汉市举行，主题是“拉美发展与中拉关系”。第六届论坛 2016 年 10 月 20—21 日在中国人民大学召开，主题是“中国、美国与拉美：新行为体和变化中的关系”。第七届论坛 2017 年 9

月9日在天津市南开大学召开，主题是“20世纪拉丁美洲革命与改革”。第八届论坛2018年6月16日在上海大学举行（该次论坛不设主题）。第九届论坛2019年5月11日在安徽大学召开，会议主题为“‘一带一路’视野下的中拉合作”。第十届论坛2020年10月24—25日以腾讯会议形式召开，并通过钉钉平台进行直播，主题是“拉美的发展、治理与变革”。

（供稿人：学会秘书处）

中国拉丁美洲史研究会及动态

中国拉丁美洲史研究会是中国社会科学院主管，由世界历史研究所代管的群众性学术团体，成立于1979年12月，研究会的宗旨是团结和组织全国所有从事拉丁美洲史教学、科研的人员，开展拉美史研究，推动本学科的学术讨论，加强信息交流，增进中国人民与拉丁美洲人民之间的友谊，为我国现代化建设和精神文明建设做出贡献。

由于历史的原因，有关拉丁美洲历史的研究在我国起步很晚，到20世纪60年代初，才有少数学校和研究机构的少数人员开始这方面的教学和研究工作。而紧接着的“文化大革命”又使这一工作长期处于分散停顿状态。“文化大革命”结束后，北京大学、世界史研究所、拉丁美洲研究所、复旦大学、南开大学、河北大学、湖北大学（原武汉师范学院）等一些对拉丁美洲历史有一定研究基础的单位，均认为有必要将国内有限、分散而又比较薄弱的研究力量统一起来，进行适当的协调、配合，以便交流信息、成果，提高研究水平，特别是集中力量探讨和研究一些重大问题。这样，从1978年年底开始酝酿和筹备成立一个统一协调和领导全国拉丁美洲史研究工作的民间群众性学术团体——中国拉丁美洲史研究会。

1979年12月初，在武汉洪山宾馆举行的中国世界史学术讨论会上，在北京大学、中国社科院世界历史研究所和拉丁美洲研究所、复旦大学、南开大学、河北大学、武汉师范学院（现湖北大学）等单位的倡议下，正式成立了“中国拉丁美洲史研究会”，并举行了第一次会员代表会议和第一届学术讨论会。会议制定了学会章程，并就学会的主要任务、领导机构等问题作了决议。会议推举中国人民大学李春辉教授为学会首任理事长，秘书处设在武汉师范学院。

自成立以来，研究会组织全国拉美史工作者开展了比较系统、深入的学术研究和学术交流工作。研究会发扬理论联系实际的学风，团结和组织全国拉丁美洲历史教学和研究的工作者，通过开展学术讨论，资料交流，撰写论著，举办国际性学术活动等方式，有力地促进了拉美史研究的开展和深入。截至2020年年底，中国拉丁美洲史研究会共召开全国性学术研讨会32次，分别就拉丁美洲历史上的重大问题，如拉美的社会性质和民族解放运动、拉丁美洲独立运动、关于玻利瓦尔的评价、拉丁美洲民族的起源、拉丁美洲的经济和资本主义发展、拉美现代化、中拉关系等进行了讨论，这些会议分别是：

1979年11月28日至12月6日，在武汉大学召开了中国拉美史研究会第一次代表大会暨第一次学术讨论会。参会者有30多名拉美史教学与科学研究工作者，提交了19篇学术论文，围绕“十九世纪拉丁美洲独立战争”和“第二次世界大战后的拉美民族民主运动”等问题，进行了热烈讨论。

1982年9月，中国拉丁美洲史研究会在山东省济南市举行了第二届会员代表大会暨第二次学术讨论会，与会代表围绕“拉美独立战争的性质和拉美国家的社会性质”等问题进行了热烈研讨。

1983年6月6—11日，在北戴河召开了中国拉丁美洲史研究会年会暨“玻利瓦尔学术讨论会”，与会代表围绕拉美独立运动的领导人、解放者西蒙·玻利瓦尔的政治思想、历史评价等方面展开了研讨。

1984年5月15—21日，在山东省烟台市召开了中国拉丁美洲学会成立大会暨“当代拉美民族民主运动”学术讨论会，中国拉丁美洲史研究会与中国拉美学会联合主办了这次学术研讨会。与会学者深入讨论了拉美民族民主运动的发展历程和近年来的形势。

1986年5月17—22日，中国拉丁美洲史研究会在湖北省宜昌市举行第三届会员代表大会暨第五次学术讨论会。会议围绕拉美资本主义的发展、美拉关系的历史演变和拉美历史上的几个问题进行了分组讨论。

1988 年 5 月 23—28 日，中国拉丁美洲史研究会在广西壮族自治区桂林市召开了“哥伦布航行美洲第一次学术讨论会”，与会代表围绕哥伦布航行美洲及其历史意义等问题展开了学术探讨。

1990 年 6 月 20—22 日，中国拉丁美洲史研究会与中国世界民族研究会、中国拉美学会在北京联合主办了“拉丁美洲民族学术讨论会”，与会代表围绕拉美民族及其相关问题进行了深入讨论。

1991 年 9 月 16—21 日，中国拉丁美洲史研究会第四届会员代表大会暨“哥伦布航行美洲第二次学术讨论会”在辽宁省大连市举行。这次会议由中国拉丁美洲学会、中国世界中世纪史研究会、中国美国史研究会、中国世界民族学会和中国拉丁美洲史研究会共同主办，与会代表围绕哥伦布航行美洲等问题进行了热烈讨论。

1992 年 10 月 7—9 日，中国拉丁美洲史研究会与其他 5 个全国性学会（中国拉丁美洲学会、中国美国史研究会、中国世界中世纪史研究会、中国世界民族学会、中国国际文化书院）在北京联合举办了“纪念美洲发现——两个世界文明汇合 500 周年学术讨论会”，这是研究会举行的第三次哥伦布航行美洲学术研讨会。

1994 年 9 月 23—27 日，中国拉丁美洲史研究会第 11 届年会暨“拉美现代化及对外关系”学术研讨会在湖北省武汉市举行。这次会议决定将“拉美发展研究”作为中国拉美史研究会下一阶段继续讨论的一个重点内容。

1999 年 11 月 2—5 日，中国拉丁美洲史研究会第五届会员代表大会暨学术讨论会在北京国防大学举行，会议的主题是“20 世纪拉美的重大变革和 21 世纪拉美史研究的重点与方向”，会议决定将秘书处从湖北大学迁至南开大学。

2000 年 4 月 21—22 日，中国拉丁美洲史研究会与中国拉丁美洲学会联合发起和主办的第一届“中国拉美研究青年论坛”在南开大学召开，主题为“进入新世纪的拉丁美洲”，这次会议标志着一个全国拉美研究青年学者学术交流平台的搭建成功。

2001 年 4 月 21—23 日，中国拉丁美洲史研究会在山东曲阜师范大学召开了主题为“全球视野下的拉丁美洲发展”的学术研讨会，与会代表围绕全球化对拉丁美洲的影响等问题展开了热烈讨论。

2003 年 10 月 14—17 日，中国拉丁美洲史研究会第六届会员代表大会暨“20 世纪拉丁美洲变革与发展”学术讨论会在江西省九江市庐山召开，这次会议由中国拉丁美洲史研究会与中国拉丁美洲学会联合主办，与会代表从现状、个案研究、历史以及研究的未来走向等不同的角度，讨论了拉美的变革与发展问题。

2003 年 12 月 16—17 日，中国拉丁美洲史研究会与中国拉丁美洲学会联合主办的第二届拉美问题青年论坛在北京大学举行，论坛研讨的主题是“20 世纪拉丁美洲的变革与发展”，围绕“结构主义与拉美的社会变革和发展”“民众主义与 20 世纪拉美的现代化”两个特色主题展开。

2005 年 10 月 23—26 日，在郑州大学召开了中国拉丁美洲史研究会年会暨“发展中国家现代化模式”学术讨论会。这次会议决定将“现代化”作为今后一个时期研究会继续研究和讨论的一个重点。

2006 年 5 月 19—21 日，中国拉丁美洲史研究会与中国拉丁美洲学会联合主办的第三届中国拉美研究青年论坛在北京密云社科院培训基地召开，主要讨论内容是缅怀罗荣渠先生的学术探索与成就，拉美政治、现代化与对外关系。

2007 年 10 月 19—22 日，中国拉丁美洲史研究会第七届会员代表大会暨“拉丁美洲现代化进程研究学术讨论会”在济南山东师范大学举行，会议围绕“转型时期拉美的经济与现代化”“转型时期拉美的政治与现代化”和“转型时期拉美的社会与现代化”等三个专题展开了热烈讨论。

2008 年 7 月 11 日，由中国拉丁美洲史研究会、中国拉丁美洲学会和中国现代国际关系研究院联合主办的第四届全国拉美研究青年论坛在中国现代国际关系研究院召开。会议讨论共分四个单元，议题分别为：中拉关系的特点与走势、左派崛起与中拉关系、美国因素与中拉关系、中拉关系中的国别与具体问题。

2009 年 8 月 28—30 日，在北京市郊张湾外交部基地召开了中国拉丁美洲史研究会年会暨“中拉关系 60 年：回顾与思考学术讨论会”，这次会议由中国拉丁美洲史研究会与中国拉美学会合办，与会代表就中拉政治关系、经贸关系、文化交往等主题展开了研讨。

2010 年 10 月 16—18 日，在浙江省杭州市浙江大学召开了中国拉丁美洲史研究会第 17 届年会暨“纪念拉美独立运动 200 周年”学术讨论会，与会代表围绕独立运动与拉美历史的宏观思考、独立运动与克里奥尔人、独立运动与国际关系、独立后经济模式的反思和独立后政治发展的反思等主题展开了热烈讨论。

2012 年 10 月 19—22 日，中国拉丁美洲史研究会第八届会员代表大会暨“拉丁美洲文化与现代化学术讨论会”在福建武夷山召开，会议围绕拉美文化的形成与基本特征、拉美文化与现代化的关系、文化交流与中拉关系等主题展开了热烈的讨论。

2014 年 11 月 15—16 日，在山东省济南市山东师范大学召开了中国拉丁美洲史研究会第 18 届年会暨“拉丁美洲与外部世界”学术讨论会，与会代表围绕拉美史研究领域中的热点问题、研究现状以及青年学者的治学和培养问题展开了热烈讨论。

2015 年 11 月 28—30 日，由中国拉丁美洲史研究会、中国拉丁美洲学会和湖北大学巴西研究中心联合主办的第五届中国拉美研究青年论坛暨“拉美发展与中拉关系”国际学术研讨会在湖北省武汉市举行。

2016 年 10 月 15—16 日，在河北省保定市河北大学召开了中国拉丁美洲史研究会第 19 届年会暨“全球史视野下的拉丁美洲文明”学术讨论会，会议主题反映出拉美史研究向全球史、文明史视角的转变。

2016 年 10 月 20—21 日，由中国拉丁美洲史研究会、中国拉丁美洲学会和中国人民大学拉丁美洲研究中心联合主办的第六届中国拉美研究青年论坛暨“中国、美国与拉美：新行为体和变化中的关系”国际学术研讨会在中国人民大学召开。

2017 年 9 月 9 日，第七届中国拉美研究青年论坛暨“20 世纪拉丁美洲革命与改革”研讨会在天津市南开大学顺利举办。这次会议由中国拉丁美洲史研究会、中国拉丁美洲学会联合主办，南开大学拉丁美洲研究中心承办。

2017年11月24—26日，中国拉丁美洲史研究会第九届会员代表大会暨“拉美史教学和研究”研讨会在天津市华城宾馆召开，与会学者围绕拉美史教学中的体会与感悟、拉美研究的方法与思路等问题进行了深入的探讨与交流。

2018年6月16日，第八届中国拉美研究青年论坛在上海大学举办。该届论坛由中国拉丁美洲学会、中国拉丁美洲史研究会、中国社会科学院—上海市人民政府上海研究院联合主办，上海大学全球问题研究院、上海大学中国—阿根廷联合研究中心、上海大学拉美研究中心承办。

2019年5月11日，由中国拉丁美洲史研究会、中国拉丁美洲学会、安徽大学创新发展战略研究院联合主办的第九届中国拉美研究青年论坛在安徽合肥举办，会议主题为“‘一带一路’视野下中拉合作”，与会代表重点对中拉“一带一路”合作、中美拉三边关系、拉美政治格局及走势等问题展开讨论。

2019年11月1—3日，中国拉丁美洲史研究会第19届年会，即“拉美历史上的民族与国家”暨纪念中国拉丁美洲史研究会成立40周年学术研讨会在西安外国语大学举行，与会代表分成“拉美国别史研究”“拉美国际关系史”“拉美历史上的民族与国家”三个分论坛，深入讨论了拉美历史上的民族构建和民族认同，民族主义在拉美国家现代化进程中的作用以及拉美国家治理体系和治理能力的现代化等问题。

2020年9月5日，由中国拉丁美洲史研究会主办、中国社会科学院世界历史研究所承办的“拉美史研究前沿问题”学术研讨会以云端会议形式召开，与会学者围绕拉美史研究的现实意义、拉美国家民族构建、美国因素在中拉合作中造成的实质性影响、民法典的社会控制功能等问题进行了热烈的讨论。

2020年10月24—25日，由中国拉丁美洲史研究会、中国拉丁美洲学会和大连外国语大学联合主办，大连外国语大学西葡语系承办的第十届中国拉美研究青年论坛举办。此次论坛以腾讯会议形式开展，并通过钉钉平台进行直播。该届论坛的主题是“拉美的发展、治理与变革”，会议共分六个分论坛，各位青年学者就政治政策、经济发展、社会人文、治理应急四个主题展开讨论。

（供稿人：董国辉）

中国外国文学学会西葡拉美文学研究分会及动态

20世纪60年代至70年代初，拉丁美洲出现了震惊世界的“文学爆炸”，而此时的中国正处在一个特殊的历史时期，对外国文学的译介与研究几乎处于停滞的状态。20世纪70年代末，中国改革开放的大潮为久违的外国文学打开了大门，各种外国文学流派、文学思潮、文学大家、文学经典开始为国人所知。西班牙语和葡萄牙语国家的文学重新进入国人的视线。

与中国改革开放的大格局紧密相关，1979年10月中国西班牙葡萄牙拉丁美洲文学研究会（现中国外国文学学会西葡拉美文学研究分会）在南京成立，这是国内最早成立的少数几个文学研究会之一。研究会成立的同时举办了第一届学术研讨会，议题为“西班牙、葡萄牙、拉丁美洲文学”。1982年，在天津会议上审议通过了研究会章程并选举了第一届理事会。研究会的章程指出，作为一个民间学术团体，研究会的宗旨是团结全国从事西班牙、葡萄牙、拉丁美洲文学翻译和研究的专业和业余工作者，开展对上述国家和地区文学的介绍和研究工作，以促进国际文化交流和提高我国文化科学水平。

经过几代人的不懈努力，西葡拉美文学研究会健康地发展起来，并且受到国内外作家以及文学研究界的广泛关注。20世纪80年代，研究会同仁积极推进对拉丁美洲魔幻现实主义流派及作品的介绍、翻译与研究，对此后在中国掀起的魔幻现实主义热潮作出了巨大贡献。研究会还组织译介了一系列颇具影响力的文学作品：如1986年在昆明召开“全国西班牙文学研究暨加西亚·洛尔卡逝世50周年纪念会”期间，与云南人民出版社达成了翻译出版《拉丁美洲文学丛书》的协议，该丛书共计出版了60余部拉丁美洲经典作品。此后，研究会与出版界合作，相继出版了《西班牙文学名著丛书》《伊比利亚文学丛书》《伊比利亚文丛》《塞万提斯全集》《加尔多斯文集》《博尔赫斯全集》《她世纪丛书》以及《21世纪年度最佳外国小说·西葡拉美作品》等大型系列作品集。获诺贝尔文学奖的西班牙、葡萄牙及拉美作家的大部分作品也已译为中文。

从20世纪90年代开始，研究会工作的一个显著特点就是加强了对西葡拉美文学理论的翻译、研究，以及文学史的撰写。最早出版的作品是《拉丁美洲文学史》，它的面世在文学界产生了热烈反响。随后，《西班牙与西班牙语美洲诗歌导论》《西班牙文学史》《西班牙文学：黄金世纪研究》《20世纪西班牙小说》《20世纪墨西哥文学史》《拉丁美洲小说史》《塞万提斯学术史研究》《当代外国文学纪事（1980—2000）：西班牙卷》等有关西班牙语文学史研究专著相继出版。这一期间，对拉丁美洲文学的研究也取得了长足进步，先后出版了《20世纪拉丁美洲小说》《拉丁美洲当代小说流派》《拉美文学流派的嬗变与趋势》《拉丁美洲“文学爆炸”后小说研究》《当代外国文学纪事（1980—2000）：拉丁美洲卷》《西班牙与西班牙语美洲文学通史》等一批具有一定学术价值及史学价值的拉丁美洲文学研究成果。

研究会在兴盛时期曾经有正副会长5—6人，常务理事10多人，理事20余人。但在2005年换届选举中，只选出11人的理事会，丁文林、胡真才、郑书九三人被选为正副会长。2011年在东营召开的研讨会对研究会理事会进行了增选，一些在国内外毕业的文学硕士、博士等有文学专业学习背景、有积极性的年轻人充实了理事会。2015年在南京师范大学召开的研讨会上，研究会理事会进行了改选，并且恢复了常务理事会。现任理事会共27人，会长为郑书九，副会长为丁文林和胡真才，秘书长为楼宇和杨玲。

自成立以来，研究会组织了一系列学术研讨会和纪念活动。从2008年起，基本固定为每两年召开一届研讨会。近年来，研讨会无论是参会人数，还是提交论文的数量及质量都呈现稳步增长和提高的势头。研究会在1989年成立10周年之际出版了第一部论文集《世界文学的奇葩：拉丁美洲文学研究》。2016年以来，在研究会的推动下，又陆续出版了三部论文集。

四十多年来，西葡拉美文学研究会的同仁通过卓有成效的工作，使西葡拉美优秀文学作品的翻译、出版及研究工作在我国形成了一定的规模和特色，为繁荣我国当代文学，为世界文化交流与传播做出了应有的贡献。

中国外国文学学会西葡拉美文学研究分会举办了一系列重要的西葡拉美文学研讨会：1983年在西安召开"全国加西亚·马尔克斯与拉美魔幻现实主义讨论会"；1984年在杭州召开"全国拉丁美洲文学史研究与编写工作讨论会"；1985年在牡丹江召开第三届年会；1986年在昆明召开"全国西班牙文学研究暨加西亚·洛尔卡逝世50周年纪念会"；2008年在青岛大学召开西葡拉美文学研讨会；2011年在山东东营召开西葡拉美文学研讨会；2013年在吉林大学召开西葡拉美文学研讨会；2015年在南京师范大学召开西葡拉美文学研讨会；2017年在西安外国语大学召开西葡拉美文学研讨会；2019年在常州大学召开西葡拉美文学研讨会；2021年在贵州财经大学召开西葡拉美文学研讨会。

中国外国文学学会西葡拉美文学研究分会还举办了一些重要的纪念会。2014年5月17日，中国外国文学学会西葡拉美文学研究分会在北京外国语大学举办纪念已故哥伦比亚作家、诺贝尔文学奖得主加西亚·马尔克斯的高端研讨会。多位知名学者和资深翻译家会聚一堂，追思先贤，研讨经典，围绕加西亚·马尔克斯在中国的译介研究及其作品对中国当代文学的影响等问题作了精彩的发言。会议由北京外国语大学教授、西葡拉美文学研究会会长郑书九主持。参会的嘉宾有：原广电部副部长、马尔克斯多部作品的译者刘习良，北京大学教授、西葡拉美文学研究会前会长沈石岩，上海外国语大学教授、《百年孤独》译者黄锦炎，人民文学出版社编审、西葡拉美文学研究会副会长胡真才，西安外国语大学教授、马尔克斯多部作品的译者陶玉平，中国社科院外文所研究员、《世界文学》原副主编林一安，北京大学教授、翻译家赵德明，北京大学教授、翻译家赵振江，中国社科院外文所所长、马尔克斯研究者陈众议，北京大学副教授、西葡拉美文学研究会副会长丁文林等。

2019年10月19日，中国外国文学学会西葡拉美文学研究分会在北京外国语大学外语教学与研究出版社举行了庆祝研究会成立四十周年纪念会。会议由北京大学副教授、西葡拉美文学研究会副会长丁文林主持。北京外国语大学教授、研究会会长郑书九代表理事会讲话。北京外国语大学副校长贾文键、外语教学与研究出版社副总编辑常晓玲参会并致辞祝贺。参加纪念会的还有研究会前副会长林一安、赵德明，老会员黄志良大使、汤柏生大使，老会员董燕生、毛金里、孙成敖、张永泰、陶玉平教授，中央编译局及中国国际广播电台编审或译审申宝楼、边彦耀、范维信、喻慧娟、刘京胜、蔚玲等专家。北外西葡语学院院长常福良教授及学院党总支书记孙眉也应邀参加了纪念会。除上述嘉宾外，参会的还有朝气蓬勃的年青一代学者，他们已经成为研究会的主体。会议安排了致敬环节，通过大量珍贵的历史照片、书影和图片回顾研究会发展的历史及取得的成就，并追思西葡拉美文学研究会的先驱们。来自全国各地近三十所高校、研究机构、出版社和新闻媒体的专家学者出席了会议。与会嘉宾就研究会建立四十年来的发展历程与取得的成就展开了讨论。

（供稿人：楼　宇）

第三篇

重要学术会议

“拉美史研究前沿问题”学术研讨会

2020 年 9 月 5 日，由中国拉丁美洲史研究会主办、中国社会科学院世界历史研究所承办的“拉美史研究前沿问题”学术研讨会以云端会议形式召开。来自中国社会科学院、中国现代国际关系研究院、北京大学、南开大学、浙江大学、上海大学、暨南大学、西北大学、河北大学、江汉大学等科研机构和高校的 90 余位研究人员与高校师生参加了会议，其中有十余位学者作了大会发言。

大会开幕式由中国拉丁美洲史研究会副理事长兼秘书长、南开大学拉丁美洲研究中心教授董国辉主持。中国社会科学院世界历史研究所副所长刘健研究员出席并致辞，她预祝大会圆满顺利。中国拉丁美洲史研究会理事长、南开大学拉丁美洲研究中心教授韩琦在致辞中指出，当前中拉关系的重要性不断增强，研究拉美史的重要性和迫切性也随之上升。拉美史研究旨在寻求认识真实的拉美、辩证地理解和解释拉美，他鼓励大家深入研究拉美史，争取为拉美史的研究做出自己的贡献。

大会发言分两个时段进行，分别由中国拉丁美洲史研究会副理事长（法人）、中国社会科学院世界历史研究所王文仙研究员和南开大学拉丁美洲研究中心副教授潘芳主持。与会人员的发言题目涵盖面很广，既有传统议题，也有新议题。发言人不仅涉及对拉美国家及地区的整体认识和探讨，而且有专题史研究以及对国别史某些问题的个案分析；既关注了国际政治和国际关系的研究，也有对拉美国家法治发展的研究。

一 前沿问题研究成果的分享

这次会议上，多位学者分享了自己所承担的课题研究成果，有新意，有亮点。

中国社会科学院荣誉学部委员、拉丁美洲研究所徐世澄研究员和大家分享的题目是“从奥巴马到特朗普：美国与古巴关系的变化”，这是他主持的中国社会科学院离退休人员科研项目“古巴和美国关系史纲”的研究成果。此次他指出，奥巴马在两届任期内（2009—2017），先采取一些缓和与古巴关系的举措，后通过美古秘密谈判，并清除古美关系正常化的障碍和症结之后，2015 年 7 月美国与古巴正式恢复外交关系。2017 年 1 月特朗普上台后，颁布对古巴的“新政”，导致古美关系“倒退”。面对特朗普连续开倒车，步步收紧的强硬政策，古巴较为谨慎，采取“有理有利有节”的方针，但也不排除不得不做好美国可能与古巴断交的准备。徐老师认为，在可以预见的将来，美古关系正常化的进程仍将是曲折多变的。

韩琦教授正在主持教育部人文社科研究重点基地重大课题“独立以来拉美主要国家的社会转型研究”，他分享的成果的题目是“1932 年智利‘社会主义共和国’的性质和失败原因”。韩老师指出，该共和国存在 102 天而非原来人们认为的 12 天，它是智利经济和社会结构发生转型的产物，是一次民主社会主义实验，本质上仍是一场反对帝国主义和寡头统治的资产阶级民主革命。其失败原因在于英美资本主义国家的外部压力，智利新政府领导集团内部的分裂以及革命的社会政治基础不够成熟等。他认为，尽管遭遇失败，但该政权对智利社会党的建立、智利政治民主化进程以及后来阿连德的社会主义再实验都产生了重要影响。

上海大学特聘教授、拉美研究中心主任江时学正在主持国家社科基金重大项目“‘人类命运共同体’思想的历史学研究”，他从历史与现实的角度对拉美在世界经济体系中的地位进行了考察。江老师认为，历史上拉美处于普雷维什所说的“外围”，但它因出口大量初级产品而在世界经济体系中占有不容低估的地位。拉美的“欠发达”是由一系列因素造成的，不能归咎于出口初级产品。普雷维什的“中心—外围论”有其合理性，但“中国因素”削弱了这一理论的正确性。例如，初级产品价格并非持续下跌，工业制成品价格亦非不断上升。中国与拉美的关系不是“中心”与“外围”的关系，而是“利益共同体”的组成部分。

董国辉教授的发言题目是“1933 年劳尔·普雷维什的欧洲之行及其影响”，这是教育部人文社科研究重点基地重大课题“独立以来拉美主要国家的社会转型研究”的阶段性成果。董老师认为，通过对 1933 年普雷维什欧洲之行及其影响的研究，将有助于厘清普雷维什经济思想形成的来龙去脉，深化对拉美结构主义理论渊源的研究。与此同时，该研究还有助于考察 20 世纪 30 年代阿根廷社会转型中的不同利益群体，客观评价以普雷维什为代表的阿根廷中央银行经济学家在“臭名昭著十年”中的历史地位，深入解读此后数十年普雷维什与阿根廷之间的微妙关系。

北京大学教授董经胜参与了高校人文社会科学重点研究基地重大项目“国外共产党适应性变革与社会主义道路新探索研究”，他分享的成果是对巴西共产党的适应性变革历程的分析。董老师指出，1922 年，巴西共产党成立，在近百年的历史进程中，面对国际和国内形势的风云变幻，因意识形态和斗争策略的分歧，巴西共产党曾多次分裂。为反对国内保守、亲美政权，巴西共产主义者举行过武装暴动，开展过城市游击战，试图建立农村游击根据地；也曾与其他进步力量和进步政党结成同盟，开展议会斗争，积极参与选举，参加政府工作。

中国社会科学院世界历史研究所杜娟副研究员正在主持国家社科基金一般项目“巴西的日本移民史研究”。她发言的题目是“19 世纪末巴西的南欧移民历程、特征和问题”。她认为，1850 年巴西宣布禁止奴隶贸易后，劳动力短缺问题日益凸显。种族主义者、激进废奴派和知识精英们持有强烈的种族偏见，鼓吹“黄祸论”，主张引进欧洲移民。由此，意大利、葡萄牙和西班牙这三个南欧国家的移民成为

19世纪末20世纪初巴西最大的外来移民群体。这些移民的到来促进了巴西咖啡经济的繁荣，助力该国的早期工业化，但也存在定居率低、与本土劳工矛盾丛生、罢工起义频发等问题。

上海大学张琨讲师分享了国家社科基金重大项目"'人类命运共同体'思想的历史学研究"的阶段性成果，从历史与现实角度分析了秘鲁的民族构建问题。他指出，民族构建历史过程在殖民时期是分裂的开端，独立战争时期经历了艰难的融合，到共和国时期进行了尝试与改变，但直到20世纪，以克里奥尔人文化为主导的民族构建最终未能成功，秘鲁民族性问题的解决依旧任重道远（尤其是对待印加文化的态度）。为此，有必要从各个层面加强研究考察拉美国家从西班牙殖民地逐步转型到民族国家的历史进程，且在研究过程中尤其要注意区域性与全局性，最好可以做到历史与现实紧密结合，以期更好地理解剖析今天拉美国家治理能力贫弱问题以及安第斯国家的民族问题与相应的族群政治等问题。

二 对拉美国家及地区的整体认识及思考

中国社会科学院拉丁美洲研究所副所长袁东振研究员指出，2020年新冠肺炎疫情及其后果，不仅改变了中国，改变了世界，也改变了中国与世界的关系。这场突如其来的疫情，在很大程度上改变了拉美地区的形势，改变了拉美的预定发展路径，改变了拉美与中国的关系，也改变了美国和中国两个世界大国在拉美地区的博弈态势。拉美形势的新发展给拉美研究提出了一系列值得深入研究的新课题。

中国现代国际关系研究院拉丁美洲所所长杨首国研究员分析了拉美近年政治生态变化，并对未来走向进行了思考。他指出：近年来，尤其是2018年以来，拉美地区政治生态出现重大变化，政治生态的重构与嬗变随着新冠肺炎疫情影响持续扩大，目前仍在加速推进当中。由此引起的思考是：拉美地区政治生态变化与国际社会政治思潮相比，既有同步关联性，也有个体独特性；政治轮替加快、政治周期缩短，是各种矛盾加剧的结果，反映了拉美政治体制的脆弱性，反映在现实层面是政策的更加不确定性。军人直接干政的概率不大，但军人对政治的影响更加显现。新冠肺炎疫情对拉美的影响是全方位的，且前所未有，这一影响正在经济领域发酵，并向社会和政治领域传导。疫情对政治格局的影响有一定滞后性，未来几年将有集中体现。

浙江大学夏立安教授重点研究智利贝略民法典。他指出，这部法典是世界历史上最有影响力的法典之一，是继拿破仑民法典、奥地利民法典之后的第三大民法典，其影响力巨大，有六个拉美国家直接照抄了这部法典。贝略民法典是智利国内外因素相互作用、各种政治冲突和妥协的产物，具有浓厚的个人色彩和拉美特色。其内容来源于四个方面：中世纪和殖民的西班牙法、萨维尼和罗马法、边沁和实用主义思想、欧洲的法典尤其是拿破仑法典。这些法律相互联系，糅合在一起。该法典的特点体现了经济自由主义和社会保守主义的充分结合。夏老师从民法典角度反思了某些拉美国家西化之路的失败，认为，其中一个主要原因是盲目借鉴欧美所谓现代政法思想，而忽视了本土的民情与国情，而智利能够一枝独秀，与其稳健的民法典制定和实践有很大关系。

江汉大学程洪教授探讨了后发国家现代化进程研究中的几个问题。他认为，后发国家的现代化进程研究是现代化研究的核心。要建立起国家重建、社会重建和城市重建三位一体的现代化研究体系，要对 20 世纪中国和拉美国家的现代化进程进行系统比较研究，要突破以美国为首的西方学术界对现代化理论的垄断，初步实现后发国家现代化研究的中国学派，开展理论创新、话语体系建设，提高话语影响力。

三 对拉美史其他重要问题的探讨

暨南大学贺喜副教授指出，当前拉丁美洲研究的热潮给拉丁美洲史研究带来了空前的机遇。但是与国际拉美史学界相比，国内拉美史研究水平亟须突破和提高，这体现在历史与对策研究、区域研究、国别研究、微观研究及个案研究、研究方法、研究范式、研究资料等方面都存在不同程度的失衡状态。为此，他从史料、史才与史德入手，建议从小问题做起，在做好案例分析、重视历史研究方法和其他研究方法的结合、加强和拉美国家史学工作者的联系和交流、秉笔直书、提升人才培养质量等方面做更多的努力。

上海大学夏婷婷讲师的发言题目是“捍卫民族身体：19 世纪末 20 世纪初阿根廷结核病的社会想象和防治”。她指出，19 世纪末 20 世纪初，阿根廷正处于现代民族国家构建的关键时期。此时，民众对结核病病原产生了污名化的“社会想象”，将其想象为穷困疾病与女性疾病，由此催生了“社会疾病”的概念。政府采取隔离治疗办法，导致许多结核病人陷入自我边缘化。同时，政府通过卫生这一工具，借用“科学”话语干预民众身体，推进了同质化、文明教化的民族构建过程。

西北大学卢玲玲讲师分析了 19 世纪英国对阿根廷的移民与“移民殖民主义”。她指出，19 世纪末，英国移民经历了以商人为主、商人和农牧民并重、以农牧民为主以及移民多样化四个发展阶段。英国移民虽然以自由移民为主，但在培养阿根廷精英阶层的亲英意识，促进英国在阿根廷的经济与文化扩张方面发挥着极为积极的作用；而且英国移民的经济活动也对阿根廷的经济命脉和经济发展方向形成了实际的控制。这体现了英国对阿根廷的殖民扩张，是一种隐蔽的“移民殖民主义”。

河北大学陈杰珍讲师从战略对手、战略地位、军事实力和战略支持等几个方面对古巴和以色列的发展政策进行了比较分析。她指出，小国家最明智的政策是发展自身的软实力。

巴塞罗那大学拉丁美洲研究专业在读博士生时光以“19 世纪古巴契约华工的海上浮动地狱”为题，梳理了契约华工在航海过程中的悲惨遭遇。

在评论与互动环节，与会学者围绕拉美史研究的现实意义、拉美国家民族构建、美国因素在中拉合作中造成的实质性影响、民法典的社会控制功能等问题进行了热烈的讨论。

最后，中国拉丁美洲史研究会副理事长王文仙研究员作会议总结发言，她认为这次在特殊情况下以特殊形式召开的学术会议具有三个特点：有温度、有广度、有深度。希望在本届研究会领导班子的继续带领下，努力开创中国拉美史研究的新局面。

（供稿人：王文仙）

“第十届中国拉美研究青年论坛”暨“拉美的发展、治理与变革”研讨会

2020 年 10 月 24—25 日，“第十届中国拉美研究青年论坛”成功举办。该届论坛的主题为“拉美的发展、治理与变革”。由于疫情防控原因，该届论坛采取线上形式召开，通过钉钉平台和腾讯会议展开研讨。此次论坛由中国拉丁美洲学会、中国拉丁美洲史研究会、大连外国语大学主办，大连外国语大学欧洲语言学院承办。来自中国社会科学院拉丁美洲研究所、大连外国语大学、北京大学、南开大学、中国现代国际关系研究院、商务部研究院、中国政法大学、上海外国语大学、上海大学、百通思达国际咨询有限公司、澳门城市大学以及西班牙、秘鲁、哥伦比亚等海外高校的专家学者和师生参加，50 余名青年学者作会议发言，350 余名青年学者聆听了开幕式和主旨报告。

论坛开幕式由中国拉丁美洲学会理事、大连外国语大学欧洲语言学院院长黎妮主持，大连外国语大学副校长丛明才教授，中国拉丁美洲学会副会长兼秘书长、中国拉丁美洲史研究会副理事长、中国社会科学院拉丁美洲研究所副所长袁东振研究员分别在开幕式上致辞。丛明才校长首先对大连外国语大学及大外欧洲语言学院的基本情况进行了介绍。丛校长指出，大连外国语大学在积极进行西葡语系学科建设的同时开展拉美区域研究，并于 2017 年成立了拉美安第斯国家研究中心。作为国内首家专门聚焦安第斯地区的研究机构，中心积极开展国别和区域研究，致力于培养区域国别研究人才，积极促进大连外国语大学向高水平应用型大学转型。袁东振研究员首先对大连外国语大学和欧洲语言学院的领导以及会议筹备人员表示了感谢。袁东振研究

员指出，2020 年以来世界和拉美接连发生的一系列重大事件，对拉美的发展、治理与变革进程将产生不可忽视的影响。其中最重要的事件当数新冠肺炎疫情的爆发和在全球的扩散。这场突如其来的疫情，极大地改变了拉美地区的形势和预定发展路径，加大了拉美国家政治和社会改革的压力，加重了拉美国家社会动荡的风险。此外中美博弈加剧，在拉美地区问题也有表现，可能会对中拉合作产生一定影响。因此，围绕“拉美的发展、治理与变革”展开研究和讨论具有重大的理论意义和现实意义，这一主题切中了拉美国家经济社会发展所面临的重大现实问题。袁东振研究员指出，青年学者提交的参会研究题目和材料既具有立体感又具有全面性，选题既具有前沿性又具有现实性，反映出年轻学者对拉美发展、变革和治理问题高度的敏感性。同时，体现新一代学者所具有的优良学术素质和巨大学术潜力。

中国拉丁美洲学会会长、教育部“长江学者”、福建师范大学王晓德教授，中国拉美史研究会理事长、中国拉丁美洲学会副会长、南开大学韩琦教授分别作大会主旨报告。王晓德教授在题为“关于提升中国拉美研究的若干思考”的主旨报告中，对中国拉美研究进程进行系统梳理。他指出，改革开放以来特别是新世纪以来的 20 年，中国拉美研究进入了蓬勃发展时期。经过几代人的努力，中国拉美研究已取得了丰硕的研究成果，这一学科无论是广度上还是深度上都得到了前所未有的发展。最近 10 年国内拉美研究再度升温，拉美研究机构数量激增，为拉美研究增添了新的力量。随着拉美在中国对外战略中地位的提升，中国拉美研究的前景更为广阔。王晓德教授认为，要做出一流的研究成果，除了硬件条件和科研经费外，研究人员的学术能力和科研素质更为重要，因此在人才培养过程中应当重视科研创新能力的培养和训练。王晓德教授还强调了坚韧不拔精神和“冷板凳”精神在学术研究中的重要性和必要性。韩琦教授作了题为“马尼拉大帆船贸易垄断体制的建立及其评价”的主旨报告。韩琦教授指出这一题目具有显著的现实意义，马尼拉大帆船贸易与“一带一路”有着密切联系，马尼拉大帆船从历史角度证明了拉美是“一带一路”的自然延伸这一论断的合理性。此外，韩琦教授以这一研究为例与青年学者分享了拉美研究论文特别是历史类论文的写作方法，从微观角度对拉美研究的治学方法进行了介绍。

该届青年论坛还设置三场分论坛主旨报告，以及六个讨论单元。中国拉丁美洲学会常务理事、大连外国语大学欧洲语言学院赵雪梅教授，中国拉丁美洲学会常务理事、中国拉美史研究会副理事长、中国现代国际关系研究院拉美研究所所长杨首国研究员，百通思达国际咨询有限公司总裁鞠成涛受邀在分论坛作了主旨发言。赵雪梅教授在题为“新冠疫情对拉美就业市场的影响及前景展望”的主旨发言中指出，新冠肺炎疫情对拉美和加勒比劳动市场造成了巨大冲击。疫情除了导致失业率升高和就业率下降外，正常就业也受到限制。赵教授对疫情下的拉美就业市场前景并不看好，虽然拉美各国政府采取了多项帮扶应急措施，但效果有限。她认为，拉美内部经济增长动力不足和结构性问题是导致拉美就业市场持续恶化的主要原因。杨首国研究员在题为“新冠疫情下的拉美政治生态及其走向”的主旨发言中指出，2018年以来拉美政治生态出现重大变化，随着新冠肺炎疫情影响持续扩大，这一变化仍在加速推进当中。拉美政治生态的重构与嬗变主要体现在：由左退右进转入左右对峙缠斗的复杂阶段；传统老牌政党普遍式微，新兴政党和小党崛起；政治人物更新换代，老牌精英遇冷，新人或政治“局外人”异军突起；拉美社会阶层变动与选民特质变化等因素对政治的影响加大；政治钟摆加速，政党和政权轮替加快这五个方面。他还就拉美政治生态变化提出了几点思考。鞠成涛总裁在题为“‘双循环’新格局下中国与拉美经贸发展的机遇与对策”的主旨发言中指出，面对中拉合作的老难题和新挑战，我们必须深入研判、科学决策如何在“双循环”新格局下推进中拉经贸关系继续向前发展。应该认真总结分析中拉政治资源、经济资源和软实力资源，提出切实可行的举措，以实现中拉经济发展的新突破。

在分论坛研讨环节，青年学者们围绕拉美研究中的热点和重点问题，拉美研究的经验与体会等内容展开了交流。论坛共设置了六个讨论单元。10月24日的政治政策单元由大连外国语大学研究生教研室主任康成宇主持。中国政法大学硕士研究生陈阳以哥伦比亚和委内瑞拉为例，对拉美政治制度发展过程中的民粹主义运动进行了梳理和分析。上海大学拉丁美洲研究中心博士生王晨辉对阿根廷和智利在比格尔海峡的边界争端问题始末进行了梳理。中国社科院拉美所助理研究员李昊旻以墨西哥国家行动党为中心，探讨了当今拉美中产阶级政党所面临的困境及其成因，并将其与阿根廷激进公民联盟和哥斯达黎加民族解放党进行了比较。她认为，结构性制约是拉美中产阶级政党面临的普遍挑战。湖北大学区域与国别研究院、历史文化学院讲师刘明分析了中国与拉美在南极展开合作的动因及实践的可能性。南开大学博士研究生石晓文对 1852 年美秘沃斯群岛之争的始末进行了梳理。中山大学拉美研究中心博士后张芯瑜运用逻辑斯蒂回归模型对拉美左翼民粹主义发展与变化中的民众投票行为进行了考察，发现经济状况评价、个人意识形态定位、政党信任度等是影响拉美民众投票行为的重要因素。福建师范大学社会历史学院研究生罗铮和孙雪利就 20 世纪 70 年代以来智利的教育管理权转移与私有化路径及其影响进行了分析论述。巴塞罗那大学博士生时光梳理了古巴独立后的医疗体制和政策，以及数百年来对抗多种流行病所实践的预防、治疗和管理方法，分析了新冠肺炎疫情下古巴所面临的机遇和挑战。

24 日下午的经济发展单元由大连外国语大学教师谭博主持。中国社会科学院大学拉美研究系博士生窦天骄对 2001 年阿根廷债务危机的始末及原因进行了梳理，尝试从中找到阿根廷摆脱债务困境的方法。南开大学历史学院博士生焦健介绍了智利新自由主义改革的实践，认为智利所采取的务实发展战略和改革措施对其他拉美国家的经济发展具有借鉴意义。商务部国际贸易经济合作研究院美洲与大洋洲研究所实习研究员寇春鹤探讨了古巴所面对的石油短缺困境，介绍了古巴的应对策略。来自同一单位的唐洁就巴拿马新总统科尔蒂索上任以来中国与巴拿马经贸关系的变化进行了梳理，并指出虽然当前中巴关系较巴雷拉总统时期有所降温，但总体来讲中巴深入交往合作仍是历史的必然选择。大连外国语大学讲师林杉杉分析了中国与拉美国家经贸合作中存在的问题，并从贸易、投资、金融合作三个角度提出了对策建议。上海大学拉丁美洲研究中心博士生王迪探讨了秘鲁早期现代化进程中劳工代理人制度的兴衰演变。中国社科院拉美所助理研究员郑猛介绍了中巴大豆贸易的近期状况，分析了其原因并提出了相应的解决对策。中国国际问题研究院助理研究员王慧芝阐述了当前拉美一体化进程的特点，并分析了其对中拉合作的影响。中国社科院拉美所助理研究员郭凌威从 DFC 投资进展视角分析了中美拉三角关系的走向。

24 日下午的社会人文单元由中国拉美史研究会副秘书长、南开大学拉美研究中心潘芳副教授主持。南开大学拉丁美洲研究中心博士生李超分析了墨西哥迪亚斯时期墨西哥教会与国家关系问题。南开大学博士生张佳蓉对智利弗雷政府土地改革中的农业工会与农村社会关系变革进行了论述。南开大学博士生桑紫瑞从发展速度、等级体系、空间增长方式以及内部问题和治理方面阐述了 20 世纪 70 年代以来，智利城市化的转型路径及特点。南开大学硕士研究生王一弘作了关于拉美新劳工史研究的综述报告。中国社科院拉美所古巴研究中心秘书长韩晗博士，介绍了拉美地区印第安人权利法律保护的发展现状。她指出，拉美印第安人权利保护逐渐从规范性文本向事实保护发展，区域人权保护机制成为国内法保护的重要补充。马德里自治大学文学系博士生黄晓真以墨西哥作家劳拉·埃斯基韦尔的作品为例分析了 20 世纪末墨西哥女性文学呈现的特点。马德里自治大学的博士生王良琪以萨尔多瓦内战时代为背景，从历史和现实两个维度分析了伊格纳西奥·埃亚库里亚哲学思想。南开大学拉美中心的博士生宁锐对加斯帕尔·德·卡瓦哈尔发现亚马孙河的相关历史文献进行了梳理，他指出关于“卡瓦哈尔发现亚马孙河”的表述，是一种欧洲中心主义解释历史事件的典型案例。首都师范大学助理研究员李梦雨梳理了古巴劳动教育的发展路径。

25 日上午政治政策单元由中国拉美学会常务理事、北京外国语大学李紫莹副教授主持。中国社会科学院拉丁美洲研究系博士生王映粲以厄瓜多尔为例，从利益互动导致的国家不良发展形态分析了拉美国家的发展困境。山西财经大学马克思主义学院副教授王绍源运用葛兰西思想对巴西“无地农民运动”的教育方案进行了分析。秘鲁天主教大学历史学博士生李博雅从经济和政治两个维度对藤森时期驱动中国和秘鲁关系发展的因素进行了分析，她认为这一时期中秘关系发展的主要驱动力来自政治维度。中国社科院拉美所助理研究员李菡从正式性、代表性、范围—规模三个维度，对委内瑞拉、玻利维亚、厄瓜多尔和巴西四国的参与式民主的实践进行了梳理和比较。她认为，拉美左翼的参与式民主实践在扩大政治参与、增强民主包容性和提高政府回应性方面取得了显著的成效。复旦大学国际关系与公共事务学院硕士研究生刘璐从产业结构和政党利益两个维度分析了巴西减贫政策的选择和发展路径。南开大学历史学院博士生薛桐对美国、阿根廷两国不同的“欧洲观”进行了对比分析。他指出，这种不同对两国间的外交关系产生了影响。北京大学历史学博士生姜阳对独立前后墨西哥自由主义思想的起源与发展脉络进行了梳理分析。中国社科院拉美所助理研究员芦思姮在发言中指出拉美地区长期落入发展悖论的根源并非来自丰裕资源要素的“诅咒”，而应归因于国家制度结构及其在变迁中引致的“路径依赖”。

25 日上午的治理应急单元由中国拉美学会理事、商务部国际贸易经济合作研究院美洲与大洋洲研究所副所长周密主持。南开大学历史学院的博士生张昀辰对 20 世纪 80 年代以来阿根廷城市化转型所产生的问题以及治理办法进行了梳理。他指出虽然改革取得了一定成效，但城市化面临的挑战仍很艰巨，推动城市的可持续发展还有待长期且有效的治理。上海外国语大学国际关系与公共事务学院博士生阮孝煜就阿根廷参与南美洲区域移民治理的经验与挑战进行了论述。他指出，在探讨目前阿根廷参与区域移民治理所面临的挑战时，应结合近年来阿根廷移民政策的变化以及阿根廷自身社会经济的发展状况。上海大学硕士研究生韩啸介绍了拉美和加勒比地区自然灾害风险管理制度的建立与发展。上海外国语大学国际关系与公共事务学院博士生陈岚探讨了亚马孙雨林国际环境合作机制的有效性问题。大连外国语大学硕士研究生姚英静介绍了哥伦比亚政府应对新冠肺炎疫情的主要政策与措施。中国社科院拉美所副研究员孙洪波就新冠肺炎疫情对拉美地缘政治的影响进行了论述。周密及其研究生张钰姝指出，面对疫情挑战，中拉合作应采取更为积极的举措，在加强公共卫生领域合作的同时，应积极从经贸协同创新等方面探索符合双方利益的有效合作路径。北京大学博士生左金彪对1959年革命后古巴传染病防治的经验进行了梳理，他指出新冠肺炎疫情大流行期间，古巴的表现可圈可点。但古巴仍面临经济发展缓慢、卫生硬件设施落后、美国制裁等一系列掣肘其卫生事业发展及传染病防治的挑战。上海外国语大学研究生董青青以米格代尔提出的“社会中的国家”为分析路径，通过无地农民运动透视了巴西国家的治理困境。

25日上午的社会人文单元由中国拉美学会副秘书长、中国社科院拉美所社会文化研究室主任郭存海博士主持。来自秘鲁里卡多帕尔玛大学孔子学院的汉语教师李思莹介绍了秘鲁的外语教学政策，汉语发展现状以及存在的现实问题。澳门城市大学博士生郭永真就中国和巴西足球的发展历史和现状分别作了研究分析，并为促进中国与巴西足球交流给出了七点建议。南开大学历史学院博士生刘颢对《法团主义与拉美的国家发展》这本书进行了评介，对法团主义这一左右拉美政治的文化传统进行了分析介绍。南开大学拉美研究中心研究生龚俨对理查德·戈特所著的《古巴史》的主要内容作了简要介绍和评析。郭存海介绍了1949年以来拉丁美洲的中国研究发展路径，并指出推动中国的拉美研究和拉美的中国研究融合发展，在机构发展、研究资源及人才建设等多个方面仍面临挑战。大连外国语大学讲师谭雪辰介绍了西班牙流亡知识分子奥尔特加1939年至1942年在阿根廷的流亡生活，她指出西班牙流亡知识分子在拉美社会科学的发展进步当中扮演了重要角色。南开大学拉丁美洲研究中心博士生刘豪探讨了墨西哥大革命的历史语境下，革命小说与文化民族主义的关系。南开大学历史学院硕士研究生安玮晨对林恩·福斯特所著《中美洲史》作了简要介绍和评价。南开大学历史学院硕士研究生王盼对记录卡努杜斯战争的代表性作品，达·库尼亚所著《腹地》的主要内容进行了梳理概括。

中国拉美学会顾问，中国前驻古巴、委内瑞拉、玻利维亚大使张拓在闭幕式上作总结报告。他对各位青年学者的精彩发言表示了祝贺，对此次会议的召开形式给予了肯定。他指出，线上会议打破了地域局限，为国内外拉美研究学者齐聚首提供了平台和机会。张大使对青年拉美学者从不同视角出发，全方位观察和研究拉美给予了表扬和肯定。张大使还对拉美研究青年学者提出了期许，希望青年一代能够立足中国视角开展拉美研究，继续为中国拉美研究添砖加瓦。

（供稿人：王映粲）

第九届中拉学术高层论坛
“大流行后的世界”学术研讨会

2020年10月27日和30日，由中国社会科学杂志社、中国社会科学院拉丁美洲研究所、巴西圣保罗州立大学、智利安德烈斯·贝略大学、阿根廷科尔多瓦国立大学、智利圣地亚哥大学联合主办，拉丁美洲研究所和圣地亚哥大学承办的第九届中拉学术高层论坛“大流行后的世界”学术研讨会通过网络平台召开。来自中国、巴西、智利、阿根廷、秘鲁、墨西哥等国100多名学者及外交官参加会议。

此次论坛围绕“大流行后的世界”展开，四个单元分别讨论了“大流行后的国际体系”“中国与拉美合作的新途径：大流行及其教训”“大流行期间价值链的成功、错误和教训”以及“大流行对科学和技术发展的长期影响”。

开幕式由智利圣地亚哥大学教授、会议组织委员会主席罗莎·伊莎贝拉·巴萨乌雷（Rosa Isabel Basaure）主持，圣地亚哥大学副校长卡琳娜·阿里亚斯（Karina Arias）、中国社会科学院拉美所副所长袁东振、中国驻智利使馆文化参赞杨长青等先后在开幕式上致辞。

智利前驻华大使、安德烈斯·贝略大学中国研究中心主任费尔南多·雷耶斯·马塔（Fernando Reyes Matta）和中国社会科学院荣誉学部委员徐世澄分别以“中国和拉丁美洲：数字关系中的新阶段与新的紧迫性”和“患难见真情——中国与拉美同命运共抗疫”为题，对在新的时代背景和世界环境中的中拉关系做了透彻的分析。

此后进行的单元讨论环节更加精彩热烈。圣保罗州立大学教授马尔克斯·科尔德罗·皮雷斯（Marcos Cordeiro Pires）、中国社会科学院拉丁美洲研究所研究员周志伟、阿根廷拉普拉塔国立大学教授司芙兰（Francesca Staiano）、南开大学教授王翠文、科尔多瓦国立大学教授古斯塔沃·桑迪兰（Gustavo Santillán）围绕“大流行后的国际体系”进行发言，北京外国语大学区域与全球治理高等研究院副院长李紫莹、秘鲁太平洋大学中国研究中心教授罗萨里奥·桑塔·贾德亚（Rosario Santa Gadea）、外交学院教授左晓园、墨西哥城市自治大学教授爱德华多·齐利—阿潘戈（Eduardo Tzili-Apango）、中国现代国际关系研究院院长助理吴洪英围绕“中国与拉美合作的新途径：大流行及其教训”进行发言，中国社会科学院拉丁美洲研究所研究员张勇、圣保罗州立大学教授路易斯·安东尼奥·保利诺（Luis Antonio Paulino）、浙江外国语学院拉美所所长宋海英、拉普拉塔国立大学教授劳拉·博加多（Laura Bogado）、中国商务部国际贸易经济合作研究院研究员周密围绕“大流行期间价值链的成功、错误和教训”进行发言，安德烈斯·贝略大学教授何塞·瓦伦苏拉（José Luis Valenzuela）、西南科技大学拉美研究中心副主任陈才、圣地亚哥大学教授罗莎·伊莎贝尔·巴萨乌雷（Rosa Isabel Basaure）和教授莫妮卡·阿乌马达（Mónica Ahumada）围绕“大流行对科学和技术发展的长期影响”展开了深入的交流与讨论。

闭幕式在10月30日举行，中国社会科学院拉丁美洲研究所副所长王荣军和圣地亚哥大学国际关系处处长阿诺克·范德伯格（Anoek Vanderberg）致闭幕辞。

（供稿人：彭　赫）

“拉美国家独立以来的社会转型”国际研讨会

2020 年 11 月 7—8 日，由南开大学拉丁美洲研究中心、南开大学世界近现代史研究中心主办，南开大学历史学院、中国拉丁美洲史研究会协办的“拉美国家独立以来的社会转型”国际研讨会在网络平台召开。来自中国、墨西哥、巴西、阿根廷、秘鲁、多米尼加共和国等国的 50 余名专家、学者受邀参会，其中 23 人在大会上作主题发言。

会议开幕式由中国拉丁美洲史研究会理事长、南开大学世界近现代史研究中心副主任韩琦教授主持，南开大学世界近现代史研究中心主任杨栋梁教授致开幕辞。杨栋梁教授肯定了会议的学术价值与现实意义，他指出，“拉美国家从 19 世纪初独立至今，社会转型道路曲折艰难、一波三折，拉美国家的转型仍在路上。因此，拉丁美洲是发展中国家社会转型的实验室，研究拉美国家转型具有独特的学术价值”。杨栋梁教授还提到，“改革开放四十多年来，中国经历了前所未有的社会巨变。十九届五中全会为我国经济发展提出了下一阶段的目标，这说明我国发展又进入一个新的转型时期。研究包括拉美国家在内的世界各国社会转型的经验，对我国当前的社会转型具有重要的现实意义”，我们“不仅要关注历史转型，同时要通过历史展望未来”，通过交流和讨论，“加深对独立以来拉美国家社会转型问题的认识和理解，进而为世界的和谐发展与进步贡献智慧”。致辞最后，杨栋梁教授预祝会议取得圆满成功。

上海大学拉美研究中心主任江时学教授主持了 11 月 7 日上午的

主题报告与讨论。会上，中国社会科学院荣誉学部委员徐世澄研究员考察了独立战争以来拉美社会转型的四个阶段，并逐一分析了每阶段的特点。多米尼加共和国科学院院士、多米尼加大学中国和亚洲分析和研究中心主任爱德华多·克林格·佩维达（Eduardo Klinger Pevida）考察了多米尼加共和国的独立与社会政治演进的历史，讨论了多米尼加的经济改革方案和多米尼加亟待解决的社会问题。秘鲁天主教大学教授、上海大学特聘教授安东尼奥·萨帕塔·贝拉斯科（Antonio Zapata Velasco）聚焦利马城市中的社会运动，通过社会运动中的三代领袖的身份与诉求的改变，反映出 20 世纪后半期以来秘鲁的社会演变。阿根廷国立科尔多瓦大学教授古斯塔沃·恩里克·桑迪兰（Gustavo Enrique Santillán）分析了 1975—2002 年阿根廷的主要经济政策取向，认为这一时期的政策对当今阿根廷的社会面貌产生了持续性的影响。巴西圣保罗州立大学教授马尔科斯·科尔德罗·皮雷斯（Marcos Cordeiro Pires）指出，独立后近一个世纪，巴西的经济和社会结构并没有发生改变，直到 1929 年大规模的外部冲击，才为改变旧的殖民模式创造了条件，并首次建立了基于本地消费的生产结构。墨西哥国立自治大学刘学东教授以 2018 年国家复兴运动党上台后所谓“墨西哥的第四次变革”为切入点，在整个拉美地区经济变化的背景下，分析了新政府后新自由主义经济政策的主要内容，并预测了其发展走向。墨西哥国立自治大学社会学教授卡洛斯·安东尼奥·阿吉雷·罗哈斯（Carlos Antonio Aguirre Rojas）对拉美最近 25 年的政治变革的特点进行了归纳，并分析了其内部结构性趋势的深层含义。中国社会科学院拉丁美洲研究所副所长袁东振研究员在分析拉美国家社会转型成就与局限性的基础上，指出了拉美社会转型的潜在趋势。

南开大学历史学院拉丁美洲研究中心潘芳副教授主持了 11 月 7 日下午的研讨会。中国社会科学院拉丁美洲研究所社会文化室副主任林华副研究员从社会阶层结构的角度切入，探讨了拉美国家社会治理重心从减贫扶弱向促进社会公平转移的新变化。中国社会科学院拉丁美洲研究所研究员谢文泽以城市化为切入点，构建了观察和认识拉美国家的基本框架，分析了导致拉美国家转型过程中出现问题的因素。

南开大学周恩来政府管理学院教授谭融具体论述了20世纪80年代以来影响阿根廷政治发展的政府的经济绩效、政党的制度化水平和中产阶级的结构变迁这三个制约因素。南开大学教授韩琦在报告中指出，墨西哥文化革新运动使墨西哥文化从“西化”转向墨西哥化，这种文化转型是墨西哥整体社会转型的重要组成部分，并进一步推动了之后墨西哥社会的现代化。西南科技大学拉丁美洲及加勒比研究中心李仁方研究员梳理了拉丁美洲经济转型的演进历程，考察了智利三大经济改革并逐一分析改革的利弊，最后提出了智利未来经济改革应考虑的几个问题。中国社会科学院拉丁美洲研究所副研究员方旭飞对2019年智利暴发大规模社会抗议和骚乱的主要原因予以分析，认为进行综合性的制度改革、加强选民利益在政治制度中的体现是解决危机的关键。湖北大学巴西研究中心缴洁博士探索了巴西民主制度的演变与发展，重点从法律与权力的角度分析了民主制度的构成要素与巴西民主制度面临的危机。南京大学西班牙语系主任张伟劼副教授以长篇小说《绿房子》为线索，解读了绿房子的象征意义，并将绿房子的兴衰与拉丁美洲向现代社会转型的过程进行了相互对应的阐释。

南开大学拉丁美洲研究中心主任董国辉教授主持了11月8日上午的研讨会。首先发言的是中国社会科学院研究员兼上海大学特聘教授和拉美研究中心主任江时学，他就拉丁美洲社会转型的研究方法阐述了自己的观点，并提出了可供深入探讨的十个问题。中国现代国际关系研究院院长特别助理吴洪英研究员整体性地考察了21世纪初拉丁美洲的发展，从中概括出在国家定位、意识形态、发展理念等方面面临的困境。北京大学拉丁美洲研究中心主任董经胜教授从国家与农民关系的角度，对墨西哥独立以来的农民运动、小农体系等方面进行了系统考察，分析了独立后墨西哥出现的向小农制转变的农业发展方式及其意义。中国社会科学院拉丁美洲研究所经济研究室主任岳云霞研究员着眼于经济层面，通过经济增长量、失业率、社会动荡指数等数据比较拉美与世界平均水平，讨论在拉美发生的深层结构性调整及其影响。中国社会科学院拉丁美洲研究所政治研究室主任杨建民研究员从司法与政治的互动入手，认为司法机构是拉美政治力量博弈的重要领域，重视司法改革对于巩固民主政治有着不容忽视的作用。湖北大学巴西研究中心主任程晶副教授对20世纪80年代以来巴西城市化的转型予以分析，讨论了巴西政府城市化治理中的成效，同时也指出了巴西城市发展仍然面临的挑战。中央民族大学拉丁美洲社会文化研究中心主任张青仁副教授梳理了新冠肺炎疫情下墨西哥政府的防控措施，并探究在此过程中底层阶级面临的生存挑战，认为国家在新自由主义逻辑中的转型造成了多数人生活质量的恶化。

中国拉丁美洲史研究会副理事长兼秘书长、南开大学拉丁美洲研究中心主任董国辉教授在闭幕式上作总结发言。董国辉教授指出，此次会议具有以下特点：1. 会议主题明确、议题广泛。会议紧密围绕“社会转型”这一核心话题展开，关照了政治、经济、文化等多个视角。2. 会议既兼顾了拉美地区的普遍性问题，也研究了具体国别的特殊性，评议环节的激烈讨论启示了未来研究的方向。3. 会议既从历史角度开展深入探讨，同时也在讨论中表达了对现实问题的关怀。最后，董国辉教授代表会议主办方与协办方，对国内外学者的参与和支持，表示衷心的感谢。

（供稿人：张昀辰）

“中国视角下的中美洲”研讨会

2021 年 2 月 4 日，中国国际问题研究院与拉美社科院萨尔瓦多分院共同举办“中国视角下的中美洲”线上研讨会。国研院院长徐步、拉美社科院萨尔瓦多分院院长罗伯特·罗德里格斯（Roberto Rodríguez）、中国驻萨尔瓦多大使欧箭虹、联合国驻萨尔瓦多协调员办公室常驻协调员比尔吉特·格斯滕贝格（Birgit Gerstenberg）致开幕辞，阮宗泽常务副院长、拉美社科院萨尔瓦多分院首席研究员亚历山大·塞戈维亚（Alexander Segovia）分别主持研讨。

中国社科院荣誉学部委员徐世澄、中国社科院拉美所副所长袁东振、欧美同学会西葡拉分会会长王卫华、上海大学拉美研究中心主任江时学、北京大学拉丁美洲研究中心秘书长董经胜、中国国际问题研究院拉美所所长宋均营等中方专家学者与会并发言。各方就中国对中美洲的认知、中美洲的现代化进程、中美洲发展现状、中美洲区域一体化以及中国与中美洲关系、美国与中美洲关系等议题进行了深入研讨。

徐步院长指出，随着中拉关系进入全面发展新阶段，中国与中美洲合作开始驶入“快车道”。2020 年以来，面对新冠肺炎疫情的冲击，中国和中美洲各国守望相助，开展了全方位的抗疫合作。2021 年对中国和中美洲来说都是具有历史性意义的节点之年，双方应共同努力，开启中国—中美洲合作新时代。徐步院长最后强调，智库始终是中拉及中国—中美洲合作的重要参与者，希望今后能与包括中美洲在内的拉美智库开展更多的交流与合作。

拉方学者也表示，中国视角对观察和解决中美洲问题至关重要，希望以后能通过智库交流，加深对中国的理解，更好地促进中国—中美洲合作。

（供稿人：中国国际问题研究院拉丁美洲和加勒比研究所）

“比较法视野下的西葡与拉美法制”学术研讨会

2021 年 5 月 15 日，上海外国语大学与中国社科院拉美所联合主办的“比较法视野下的西葡与拉美法制”学术研讨会在上外虹口校区举行。这是国内学界首次就西葡与拉美法制这个主题举办专题学术研讨会。上海外国语大学副校长查明建教授、中国社会科学院拉美所副所长袁东振研究员出席并致辞，来自中国社会科学院、北京大学、厦门大学、湖北大学、华中师范大学、华东政法大学、上海外国语大学、西班牙巴塞罗那大学、卡米亚斯大主教大学等高校、研究机构和法律实务部门 80 多位专家学者出席了研讨会。上海外国语大学法学院院长张海斌主持开幕式。

查明建副校长对研讨会的召开表示祝贺，对莅临会议的专家学者表示热烈欢迎。他指出，当今世界正面临百年未有之大变局，人类命运共同体理念已构成了国际社会的基本共识。在此深刻的历史背景之下，上海外国语大学与中国社科院拉美所联合举办“比较法视野下的西葡与拉美法制”学术研讨会，就相关国别与区域法律问题开展学术研讨，无疑具有重要的现实意义。他希望研讨会的成功举办能进一步推进上外法学学科与国内法学理论界、实务界的交流合作，不断凝聚“多语种 +”法学学科建设和人才培养特色，为新时代中国特色社会主义法治建设作出独特贡献。

袁东振副所长在开幕式上致辞，对上外法学院为承办此次研讨会所做出的努力表示感谢。他指出，拉美地区的法制发展与它的政治制度有密切联系。选举立法和反腐败立法是所有拉美国家政治改革的重要内容。了解拉美地区国家的治理能力，需要客观评估拉美的法治建设成就。随着“一带一路”向拉美加速延伸，拉美研究受到越来越多的关注，相关成果颇为丰硕。拉美法制研究是拉美研究的重要维度和重要途径，目前拉美各国已建立了较为完善的法制体系和司法制度，一些制度及其实践具有鲜明特色，值得深入研究。此次会议围绕“比较法视野下的西葡与拉美法制”这一主题展开研讨，对于学界深化对拉美治理体系的了解，推进对西葡与拉美国别区域研究无疑具有积极意义。

在主旨发言环节，拉美所马克思主义理论与政治研究室主任、研究员杨建民作了“拉美国家的司法改革与政治转型”的报告。他结合拉美国家司法改革的具体案例，从理论和实践两个层面对拉美国家的司法改革与政治转型问题进行了深入分析。

此次研讨会共分为四个单元。与会专家学者围绕“公法政治与权利保障”“国际经贸与民商法规”“劳动关系与社会保障”“司法系统与程序规则”等主题分别进行了研讨。拉美所政治室谭道明副研究员和刘天来助理研究员，一体化室韩晗助理研究员分别就拉美总统制的“议会制化”、巴西有法律约束力判例制度、拉美印第安人权利的法律保障机制等主题进行了学术汇报。拉美所社会文化室主任郭存海副研究员对第一单元“公法政治与权利保障”的研讨进行了评议。

研讨会闭幕式由法学院副院长王伟臣主持，拉美所谭道明副研究员作会议总结。

（供稿人：谭道明）

“东亚—拉美地区研究伙伴对话”国际会议

2021年5月26—27日，中国社会科学院拉丁美洲研究所、澳门城市大学、西南科技大学联合举办“东亚—拉美地区研究伙伴对话”国际会议。活动以“大变局中的东亚和拉美地区发展与合作”为主题，采取线上与线下相结合的形式举办。会议开幕式由中国社会科学院拉丁美洲研究所党委书记、副所长王荣军主持，来自日本、韩国、新加坡、俄罗斯、阿根廷、巴西、智利、哥伦比亚、墨西哥、秘鲁、乌拉圭等国家以及国内拉美研究机构专家学者、新闻媒体代表、听众共120多人出席会议。与会专家学者围绕“大变局中的东亚和拉美地区发展面临的机遇与挑战”“创新发展与亚拉经验互鉴”“国际可持续发展合作”“东亚—拉美研究伙伴对话机制与亚拉跨地区智库合作构建”四个议题进行深入交流与对话。

中国社会科学院拉丁美洲研究所所长柴瑜在致辞中指出，从1999年9月首届东亚—拉美论坛成立大会召开至今，世界政治经济格局发生了很大的变化。在当前的国际局势下，秉承多边主义的合作精神尤为重要。合作能够带来更大的经济利益，为经济增长和发展打下基础。有针对性的、多样化的开放型合作模式应是发展方向。开放型的合作有助于形成经济发展的动力基础，开放的组织方式有助于满足经济发展的差异化需求，开放的实施方式有助于促进经济的内生发展，东亚—拉美合作论坛应成为促进开放型合作模式的有效途径。东亚—拉美研究伙伴对话是东亚—拉美合作论坛框架下学术、学者对话的重要平台，中国社会科学院拉美所作为中国最大的拉美综合性研究机构，愿意在推动东亚—拉美合作方面发挥积极作用。

阿根廷驻华大使牛望道（Sabino Vaca Narvaja）在致辞中表示，拉美和东亚在多个领域的合作存在互补性，即便近年来遭遇逆境，双边关系仍得到巩固发展。两个地区间的贸易增长为拉美的发展提供了前所未有的机会。中国已成为拉美重要的贸易伙伴，双边贸易和投资呈现多样化趋势。提高区域的互联互通是拉美各国面临的重大挑战，而“一带一路”倡议为拉美自主提升地区联通性提供了机会。中拉双方在新能源与技术创新领域合作潜力巨大，中国的北斗卫星导航系统、嫦娥五号探月、深海探测行动顺利开展，人工智能、5G 技术等科技领域发展成就引人瞩目。中国在联合国、世贸组织、世卫组织等多边领域发挥了重要作用，中国对阿根廷的投资与两国的金融合作持续扩大。包括阿根廷在内的拉美国家应该汲取和借鉴中国经验，最终产生双赢结果。

中国外交部拉美司司长蔡伟在致辞中表示，中拉在抗击疫情中守望相助，在复苏经济中携手共进，以实际行动诠释了“天涯若比邻”和“患难见真情”。在习近平主席等国家领导人的引领下，中国向拉方捐赠物资、交流经验，并克服自身困难向其提供大量疫苗。2020 年中拉经贸合作再结硕果，贸易额连续第三年超过 3000 亿美元。疫情期间，中拉线上人文交流精彩纷呈，温暖感人的民间互助抗疫故事引发强烈反响，拉近双方民心。当前，国际格局发生深刻调整，疫情暴露了各国长期存在的结构性问题，也提升了各国进行深层次改革的动力，为中拉关系发展提供了新机遇新动能。亚拉关系的发展越深入，就越需要全球视野和战略思维的引领，需要各位专家学者的智力支持。希望诸位专家学者发挥凝聚思想和引导共识的作用，坚定支持亚拉和平稳定和发展权利，促进亚拉合作进程走实走深。

拉丁美洲社会科学理事会（CLACSO）秘书长卡琳娜·巴蒂亚尼（Karina Batthyány）在致辞中认为，新冠肺炎疫情给全球，尤其是拉美地区民众带来重大挑战。危机在拉美地区引发了一场辩论，促使人们重新讨论国家、政治和公共政策的作用。未来有六大议题需要特别关注，即贫困与极端贫困，民主和政治稳定，气候变化和环境危机，移民，性别差距和性别暴力，知识成果的测评与开放。其中，扶贫减贫可以成为重要的合作领域，这是拉美亟待解决的社会问题，而中国的脱贫攻坚战取得成功，为拉美提供了学习交流的良好机会。因此，有必要倡导建立区域性的对话机制，促进研究机构间的对话与合作，扩大拉美和东亚的经验交流，为加强跨区域合作建言献策。

在第一单元中，中国社会科学院拉丁美洲研究所经济室主任岳云霞指出，东亚和拉美在全球价值链的参与表现不均衡的发展特点，前者的参与更多以制成品模式，而拉美的制成品参与则相对有限；拉美国家生产链长度相对较短，价值链位置相对低端；东亚的域内贸易大量发展，而拉美则更多地参与全球贸易。疫情中，东亚的发展形势优于拉美，这关乎地区的政策解决手段和全球产业链参与特点。随着拉美国家劳动成本的竞争优势逐步显现，拉美存在扩大域内生产分工合作的需求，拉美和东亚的合作空间广泛，中国可在其中发挥黏合剂的作用。

巴西圣保罗州立大学教授马尔科斯·皮雷斯（Marcos Cordeiro Pires）指出，疫情令拉美面临经济停滞、投资萎缩、通货膨胀等挑战，政治不确定性抑制了对拉美的私人投资，疫情加剧财政危机也抑制了拉美的公共投资。国际层面，中美贸易冲突给全球经济带来巨大挑战，美欧的贸易保护主义威胁着全球化。重塑全球经济需考虑数字革命与碳中和两个因素。拉美应改变传统的发展模式，进行经济改革和再工业化，扩大公共和私人投资，提高服务部门的生产率。拉美和东亚在可再生能源、农业、基础设施、智慧城市、数字金融与服务、环境保护等领域都存在广阔的合作空间。

日本神户大学经济经营研究所教授滨口伸明（Nobuaki Hamaguchi）指出，至20世纪70年代日本对拉美的投资一直较为活跃，投资主要分为自然资源导向和当地市场导向两大类，前者集中在钢铁、铜、铝等矿产及渔业、纸浆等资源，后者包括运输设备、家用电器、机械设备等。政府通过提供融资和贸易担保来提供支持。相比日本在亚洲的投资，在拉美的投资企业数量较少且以大型企业居多。在过去三十年中，鉴于拉美政治经济不稳定性加剧和大型日企投资的风险规避倾向和保守态度，日本对拉投资一直处于低迷状态。基于先进的技术、乐观的精神以及政府的支持优势，年轻的初创日企有机会在拉美展露身手。

俄罗斯科学院拉丁美洲研究所所长迪米特里·拉祖莫夫斯基（Dmitriy Razumovskiy）比较了东亚和拉美的一体化模式，认为两地的区域发展经验值得相互借鉴。拉美的一体化发展起步较早，其间尝试了不同的道路，但总体缺乏长期稳定的发展路线。20 世纪 90 年代，在拉美经委会的指导下，拉美实行开放的地区主义，但僵化、封闭式的一体化模式仍阻碍区域发展。东亚采取了完全不同的一体化模式，以自下而上的合作，形成区域生产链，打造开放的区域主义，结果更为成功。当前，区域全面经济伙伴关系协定（RCEP）为拉美开辟新的市场合作、实现疫情后的经济恢复提供机会。

新加坡东南亚研究所 APEC 研究中心研究员贾耶·梅农（Jayant Menon）指出，RCEP 和全面与进步跨太平洋伙伴关系协定（CPTPP）的影响产生需要时间，主要取决于协议的执行情况以及成员国如何借其推行改革。相比较而言，CPTPP 涉及数字贸易等领域而更具雄心，RCEP 则偏于传统的市场准入和对全球供应链市场的支持。从长远来看，若 RCEP 和 CPTPP 能保持开放性和外向性，两者将产生最大的影响。在基于规则的贸易体系遭受威胁的当下，RCEP 和 CPTPP 均是受欢迎的贸易协定。当前，解决中美贸易冲突对地区和世界都至关重要。未来打造 RCEP-CPTPP 联盟并非易事，构建基于亚太经合组织的亚太自贸区将更具包容性。

上海国际问题研究院外交政策研究所副所长牛海彬认为，随着东亚地区经济活力的持续释放、东亚国家作为发展融资方和投资方角色的日益显现，拉美地区一体化中的东亚因素有所增加。在地区一体化的实践中，东亚和拉美存在着相互学习与借鉴的广阔空间。东亚在构建以“开放地区主义”、聚焦非传统安全议题、注重平等对话协商的“东盟方式”等为主要特色的地区主义实践方面具有很强的生命力和借鉴价值。围绕联合国 2030 可持续发展议程，东亚国家与拉美国家正在努力构建可持续发展伙伴关系。

在第二单元中，墨西哥国立自治大学中墨中心主任恩里克·杜塞尔·彼得斯（Enrique Dussel Peters）指出，尽管相关研究机构数量持续增多，但中拉关系的下一步发展对研究质量提出更高的要求。以中国对拉美的直接投资研究为例，以下四个方面值得关注：一是不同口径的统计数据差别；二是中国投资创造的就业岗位数据；三是投资领域的多样化发展趋势；四是投资促进政策的落实情况。拉美和东亚地区应加强合作，不断提高研究质量。

韩国首尔国立大学教授金崇燮（Chong-Sup Kim）聚焦韩国的生物医药行业，指出韩国高市值企业中生物医药类占比较高，且技术和专利数目保持增长，但这类企业的整体市盈率较低，存在较大泡沫。泡沫引发过度的知识生产，这种政府补贴下的知识和技术成果，最终是由公众去承担一部分成本。这与 20 年前的互联网泡沫相似，尽管后来 IT 企业破产、股市崩盘，但知识和技术得以保留。应区分看待生产性和非生产性泡沫。

中国现代国际关系研究院拉丁美洲研究所所长杨首国指出，中国和拉美均将创新发展提升到战略高度，加强创新发展领域的合作应成为中拉合作的重要方向，并提出以下建议：在政策层面推动战略对接和政策沟通；以一带一路合作为引领，加强规划和制度性建设；以科技合作为基础，以产业重组为契机，推动产业合作升级；利用新技术、新业态、新合作模式，拓展中拉双边经贸关系，优化贸易结构；创新基础设施建设合作模式。

智利发展大学国际关系研究中心主任李昀祚（Yun Tso Lee）指出，在过去十年中，拉美的城市发展产生了支离破碎的城市，社会和城市的隔离程度越来越高，城市发展与自然保护发生冲突。作为拉美第七大城市，智利圣地亚哥的扩张导致自然资源和林地面积减少，生态与发展之间的矛盾凸显，平衡这些因素是未来城市规划的主要挑战之一。在环境生态保护下实现城市发展，绿色基建能够发挥重要作用。

日本上智大学伊比利亚美洲研究所所长古洋之（Tani Hiroyuki）指出，自北美自贸协定生效以来，墨西哥对美国的新鲜蔬菜出口实现了指数级增长。墨西哥西北部的锡那罗亚州在该国蔬菜出口中占据重要地位。当地的生产商通过建造温室和遮阴棚，更好地控制蔬菜的生产时间和产品质量。为了方便交易，墨西哥许多生产商在美国的边境城市设立营销公司。其中，食品安全标准和质量认证、社会和环境责任等问题值得关注。

西南科技大学拉美研究中心副教授李仁方指出，随着地区环境问题日益严峻，拉美国家政府面临环境风险、社会舆论及经济发展的压力。现代农业发展对环境造成了较大的破坏影响，林地减少、化肥农药使用、畜牧业扩张、耕地开发等导致碳排放量上升。拉美国家可通过简化环境治理结构、改善农业生产方式、科学规划合理开发农业用地等方式，实现农业政策与环境政策的平衡。

在第三单元中，秘鲁太平洋大学中国和亚太中心主任罗萨里奥·桑塔·贾德亚（Rosario Santa Gadea）认为，新冠肺炎疫情大流行暴露了2030年可持续发展议程存在的问题和社会经济协同发展的重要性。通过对比秘鲁和16个亚太国家的全球竞争力指数（GCI）发现，秘鲁在信息通信技术、基础设施、技能、劳动力市场等其他指标上排名较为落后。秘鲁应在数字经济、社会包容性等多个领域学习借鉴中国及东亚地区的经验，努力缩小差距。

日本庆应大学名誉教授、亚洲开发银行研究所（ADBI）前所长兼首席执行官吉野直行（Naoyuki Yoshino）指出，无论是对东亚还是拉美的经济发展而言，基础设施投资都至关重要，由于疫情影响国家财政及其对基础设施领域的投资，扩大私人投资的重要性日益凸显。政府部门可以通过发行基础设施债券，提高投资回报率以吸引私营部门的融资。数字基础设施投资可促进教育和小微企业的发展，通过发展清洁能源、开发税种，可降低基础设施投资的环境影响。

哥伦比亚国立自治大学教授蒂亚娜·戈麦斯（Diana Andrea Gomez）指出，拉美和东亚在气候变化问题上均面临相似的风险，遭受气候变化产生的巨大影响。双方应加强生产链合作，寻求新的发展模式，发挥自身优势。尽管环境和气候变化问题在拉美国家的发展议程中地位较低，拉美和东亚国家可以在可再生能源、矿产资源开发以及全球能源转型等问题上密切合作。

中国国际问题研究院拉美所所长宋均营从国家、地区和全球治理三个层面分析探讨了东亚和拉美国家的治理异同及其合作可能性，指出尽管东亚和拉美的历史文化、社会制度、发展阶段各异，但都面临着如何促进国家治理体系和治理能力现代化的共同问题，也担负着参与和完善地区治理和全球治理的共同使命。两个地区应就治理问题加强对话和交流，互学互借。

日本东京外国语大学助理教授水井正彦（Shuichiro Masukata）分析了中国如何参与巴西促进可再生能源的气候变化政策，从涉及地缘政治与社会风险、经济发展和环境保护领域大型投资、对全球议程的重视程度等三个假设出发，考察了卢拉、罗塞夫及特梅尔三届政府时期的气候变化政策和中巴关系，指出中国推动国际社会发展的意愿、巴西对中国的经济依赖与互补性是两国气候变化合作的基本动因。

澳门城市大学葡语国家研究院院长助理弗朗西斯科·莱昂德罗（Francisco José Leandro）从必须的全球共同利益、自我保护的国家利益、重要不可或缺的国家利益、次级的发展或进步的国家利益四个层面解释了国家利益的本质，强调国际社会必须合作的领域，包括保障国际和平与稳定，管理自然资源、可持续生态系统及国际公域，保持国际机构的稳定性，促进建构国际司法体系，执行统一的人权标准。

在第四单元中，上海大学拉美研究中心主任江时学介绍了东亚拉美合作论坛（FEALAC）和亚洲暨大洋洲拉丁美洲研究理事会（CELAO），提出拉美研究跨区域机制建设的挑战和难点，主张通过召开学术会议、开展研究项目、设立学术网站和数据库、培养研究生等方式，找到共同的学术关注点和研究方向。

哥伦比亚对外大学国际关系学院教授丽娜·卢娜（Lina Luna）指出，拉美在与中国智库的合作上应采取更加积极主动的姿态，开展更多真正意义上的对话。经贸关系、人口与城市、新兴经济体、比较法律是中拉研究合作的传统主题。结合中国的“十四五”规划，未来研究合作的重点可围绕食品安全、农业产业、生物技术、新材料、社会科学等领域，从全球南方的视角发声，提出新的国际关系观。

阿根廷拉普拉塔大学国际关系学院中国研究中心主任司芙兰（Maria Francesca Staiano）梳理了人类命运共同体概念的发展，指出人类命运共同体的实践凝结在“一带一路”倡议中，该倡议代表着人类命运共同体的全球化愿景。拉美和东亚在人类命运共同体框架下通过扩大交流合作增进了相互了解，深入研究了彼此的区域特色，进行了从中央到地方的多层次合作，开展了涉及政治、经济、法律、文化、能源等各领域的多方多维度合作。

北京大学国际关系学院副教授郭洁指出，20 世纪 90 年代以来，拉美研究的“去中心化”改造已越来越成为显性话题，但拉美研究的“全球架构”仍存在很大的不确定性和模糊性。强调拉美研究的东亚身份，是要在演进中的全球架构下，本着主体意识和身份自觉发掘某些地区间或带有普世意义的共同议程。具体路径包括推进东亚与拉丁美洲两地学者展开合作研究，发掘并重新定位研究议题，提供拉丁美洲研究的东亚视角。

安徽大学拉丁美洲研究所所长范和生提出当前东亚拉美研究亟待关注的问题，具体包括：一是深刻把握时代背景；二是东亚拉美的国际公共卫生治理合作问题；三是东亚拉美与中国的关系问题；四是东亚拉美的卫生健康共同体构建问题；五是逆全球化背景下的东亚拉美经贸合作问题；六是东亚拉美关系中的美欧因素问题。

在讨论环节，参会学者就日本的对拉政策、巴西的气候治理、秘鲁大选形势、对拉基础设施投资方式、东亚模式对拉美的适用性、中国学者对拉美研究的话语权等问题进行了交流与探讨。

在闭幕式阶段，北京大学拉美研究中心主任董经胜发言表示，中国的拉美研究意义重大，除了经贸发展和全球治理领域的合作外，东亚和拉美应考虑如何通过合作推动各自地区内部的交流与一体化，如何通过合作推动各自内部的国家体制变革，这在全球疫情的背景下尤为突出。哥伦比亚对外大学国际关系学院教授丽娜·卢娜认为，通过此次会议，拉美和东亚学者在许多方面达成一致，其中包括扩大和加深合作、重视两个地区国家的特质、拉近研究方向并找到共同的兴趣点、研究成果的应用、意见交流与反馈以及互学互鉴。

围绕《“东亚—拉美地区研究伙伴对话”合作共识》初稿，与会者探讨了构建“东亚—拉美地区研究伙伴对话”合作机制的必要性与可行性，表示愿为建立“东亚—拉美地区研究伙伴对话”合作机制，形成定期、持续的互动发挥建设性作用。

最后，中国社会科学院拉丁美洲研究所副所长袁东振作会议总结发言，指出与会学者从不同的视角和切入点出发，既有宏观视角的形势解读，也有微观视角的案例分析，体现研究人员对东亚和拉美的发展新动向以及两地区域合作的极大兴趣。在一些重大问题上，东亚和拉美地区的学者形成了基本共识，包括两地区应通过加强跨区域合作解决各自的发展难题，其中智库的建设具有重要意义。希望东亚和拉美的学者能够保持联系，加强交流和合作，为下一次会议的议题设置早做打算。希望两地智库和学术机构能够进一步扩大合作，提高研究质量，助力政府间合作论坛，为提升东亚—拉美地区关系提供智力支持。

（供稿人：何露杨）

中国拉丁美洲学会2021年会员大会暨“疫情冲击背景下拉美国家发展的新挑战及中拉关系新趋势”研讨会

2021年7月4—5日，由中国拉丁美洲学会、中国社会科学院拉丁美洲研究所主办的2021年中国拉丁美洲学会会员大会暨“疫情冲击背景下拉美国家发展的新挑战及中拉关系新趋势”研讨会在京举行。会议采取线上线下相结合的方式，来自国内外高校、科研院所及有关部委60余位专家学者致辞发言，上百位会员与会。大会开幕式由中国社科院拉丁美洲研究所所长柴瑜主持，中国社科院院长、党组书记谢伏瞻出席并致开幕式主题词，中国拉丁美洲学会原会长、《求是》杂志社原社长李捷，外交部原副部长李金章，中国拉丁美洲学会会长王晓德等出席会议并致嘉宾辞。

一　会议致辞：继往开来，砥砺前行

此次大会时值中国社科院拉美所成立60周年。拉美所所长柴瑜主持会议时表示，60年来在一代又一代致力于拉美研究的学者艰苦卓绝的努力下，拉美所现已成长为国内规模最大的专业性拉美研究机构，其成果丰富了中国拉美研究的学术谱系，并为国家制定相关战略和政策做出贡献。与会领导和来宾无一不是多年来给予拉美所关心、爱护和支持的领导、同行和朋友，特别是一些已退休的老领导、老前辈前来祝贺，让会场的气氛在热烈之余增添了许多温馨和感动。

中国社科院院长谢伏瞻在开幕致辞中，首先向拉美所建所60周年表示祝贺。谢院长指出，60年来拉美所从无到有，现已发展为国内规模最大、学科门类齐全、人才队伍过硬的国内外重要拉美研究机构，取得了丰硕的研究成果。建所以来，拉美所根据国内经济社会发展和社会主义建设的需要，为党和国家工作大局服务，为科学制定对拉战略和政策提供学术支撑，并为推动中国拉美研究创新发展作出积极贡献。谢院长指出，新的时代背景下，对哲学社会科学提出了新的更高要求。广大拉美研究者要深刻把握形势变化，强化问题意识，及时总结中拉发展的实践，坚持以马克思主义为指导，不断提升拉美研究的中国特色，积极推动中国拉美研究的理论创新和学术创新，完善话语体系，提高中国拉美研究的国际声音，推动人才队伍建设，不断提升竞争力，为中国拉美研究创新发展作出新的更大贡献。

中国拉丁美洲学会原会长李捷对拉美所60年来的发展给予高度评价，他认为拉美所有着悠久的历史和优良的学术传承，在国际上享有盛誉，是为国家全方位外交服务的高端智库，是联系拉美各国学术界的重要纽带，代表着国内拉美研究的最高学术水准，为推动中国同拉美各国关系健康发展作出了重要的贡献。以拉美所为主干成立的中国拉丁美洲学会，团结会聚了各方面优秀人才，成为推动拉美研究发展和为国家大局服务的重要力量。回看拉美所风雨兼程60年，正值中国和拉美国家经历重大的历史性变化，国际时局和时代主题也发生了深刻变迁，这期间有许多现象值得研究，也有许多经验和规律值得探究总结。在世界经历大变局的背景下，举办本次拉美学会年会暨研讨会是对拉美所60周年最好的纪念。

外交部原副部长李金章积极评价拉美所成立以来所取得的成绩。他认为，60年的辛勤耕耘，硕果累累，已经树起了一面中国拉美学术研究的旗帜，引领了国内拉美研究的发展；同时锻造出一批倾心拉美研究的专家学者，他们治学严谨，创作出版了大量经得起推敲的专著、学术论文和研究报告等，为我国外交事业及制定相关地区和国家的对外政策发挥了不可或缺的重要作用。此外，拉美所的研究具有前瞻性、国际视野开阔、秉持战略思维、覆盖面广泛等特点，今后应继续把握好政治方向，遵循习近平新时代中国特色外交思想，进一步创新发展，打造中国特色的拉美研究事业，更好地为国家的发展战略服务。

中国拉丁美洲学会会长王晓德在致辞中指出，中国拉美研究的真正起步实际上是在改革开放之后，多年来拉美所取得的丰硕成果来之不易，发展至今日已成为引领中国拉美研究的中心。随着中国和拉美国家的交往越来越密切，拉美地区在中国对外战略中占据举足轻重的地位，拉美所扮演的中心作用也越来越重要。从事拉美研究的人员承担着神圣的使命，需要长期坚持不懈的努力，特别是中青年学者已成为国内拉美研究的主力军，只要具有坐冷板凳的精神和广阔的研究视野，中国的拉美研究必将在这一代人的共同努力之下走向兴盛。王会长代表拉丁美洲学会向拉美研究老一辈学者的无私奉献、向一直以来对学会大力支持的拉美所领导表示感谢。

中联部拉美局局长王玉林在致辞中表示，中联部同社科院拉美所有着深厚的历史渊源，一直保持着密切的工作沟通和联系。今年是中国共产党成立 100 周年，是党的对外工作 100 年暨中联部建部 70 年，也是拉美所建所 60 周年。中共同拉美政党的交往始于 20 世纪 50 年代中期，目前已同近 30 个拉美国家的 80 多个政党保持经常性联系。双方在思想理念和治党治国经验方面开展广泛交流，相互启迪借鉴，增进了政治互信，夯实了国家关系的政治基础。面对百年大变局与世纪大流疫叠加给中拉政党交往带来的新挑战，中联部应进一步讲好中国和中共的故事，让中国理念、中国智慧、中国方案在拉美有更多的理解、支持和同行者。

外交部拉美司司长蔡伟对拉美所长期以来取得的显著成就和为中拉关系发展作出的重要贡献表示肯定。蔡司长认为，拉美所随着新中国对拉美国家外交的起步应运而生，随着中拉关系的深入发展，拉美所已成长为国内学术一流的综合性拉美研究机构。在百年变局和世纪大疫交织叠加下，中拉关系克难前行，稳中有进。习近平总书记近期发表的关于加强和改进我国国际传播工作的重要讲话，为今后的外交工作提供了根本遵循和重要引导。如何增强国际传播影响力和舆论引导力，塑造可信、可爱、可敬的中国形象，日益成为推进中拉关系健康稳定发展的重要课题。拉美研究的专家学者，应充分发挥融通中拉的作用，进一步促进中拉关系友好互信。

中国拉丁美洲史研究会理事长、南开大学教授韩琦代表中国拉美史研究会宣读了祝贺拉美所成立60周年贺信。贺信中说，60年来拉美所经历了最初阶段的艰辛创业，改革开放后的恢复和发展，新世纪创新工程的推动，并在几代学人的持续努力下，发展至今日的规模，为中国的拉美研究事业和中拉关系的发展作出了非常突出的贡献。面对百年未有之大变局和后疫情时代大国博弈的国际环境，对中拉关系的发展提出了新挑战和新课题，对拉美研究也提出了更高要求。希望拉美所能够再接再厉，坚持基础研究与应用研究、战略研究与对策研究密切结合，加强理论创新，更好地发挥国家智库的作用。

浙江外国语学院副校长张环宙、西南科技大学拉美中心主任陈才分别代表本单位宣读了庆祝拉美所建所60周年贺信。祝贺拉美所在拉美研究各领域取得的辉煌成绩，为发展与拉美国家的学术交流和友好合作作出了突出贡献。拉美所同全国各地从事拉美研究的机构和学者建立了广泛的联系，为国家培养了大批拉美研究的优秀人才。今后，期待与拉美所进一步加强合作、深化友谊，共同为我国哲学社会科学事业作出更大贡献。

二 主题发言：新征程，新形势

拉美所党委书记王荣军主持了学术大会主题发言。拉美所所长柴瑜以“中国拉美研究六十年”为题，中国拉美学会副会长、中国现代国际关系研究院金砖暨G20研究中心主任吴洪英以“新冠疫情对拉美的影响”为题分别作学术大会主题发言。

柴瑜所长的《中国拉美研究六十年》主题发言，回顾了中国社科院拉美所60年来的拉美研究事业在适应国际形势的变化、服务我国社会主义建设发展和新时代新要求的发展历程，梳理了拉美所立所以来致力于拉美研究事业作出的学术贡献和学术发展特点。报告从与中国国际地位相对应的拉美研究选题、与中国发展阶段相同步的拉美研究方向、与中拉关系相配合的拉美研究实践、与拉美发展相伴随的研究思想演进和新时代、新机遇提出的新要求以及如何开拓创新、不负使命争取进一步更大发展，进行了全面系统的阐述。

关于新冠疫情对拉美地区的影响，吴洪英研究员认为，拉美地区新冠肺炎疫情呈现影响范围“广”、增长速度“快”、感染人员行政级别“高”、形势严“重”的特点。造成疫情失控的主要原因包括拉美国家领导人重视不足，政府的抗疫和经济重启政策进退失据，公共医疗资源不足，各国社会严重不公、治理体制和治理能力脆弱，以及民众对抗疫政策配合度不高等。新冠肺炎疫情现已成为拉美地区近百年来最严重的一次卫生危机，造成拉美各国严重的经济衰退，社会矛盾激化，政局动荡，拉美国家在全球政治经济权力格局中的地位进一步边缘化。她同时指出，疫情对中拉合作也带来了新的机遇和挑战。

三 分论坛一：经济与社会

在“经济与社会”分论坛，与会学者探讨了关于拉美地区经济和社会领域的重大问题，以及中拉及多边经济合作与社会交往等。拉美地区经济和社会的宏观形势及相关问题主要包括：新冠肺炎疫情对拉美政治经济的影响及挑战，拉美债务危机，拉美贫富分化的原因、影响及启示，基于国家能力视角下的百年变局中的拉美，公共卫生危机下的国际社会团结。对拉美地区经济和社会的微观问题探讨主要包括：南共市四国货币一体化可行性分析，阿根廷数字经济发展态势及对策，恩平归侨的再适应问题，当代墨西哥的禁毒宣传教育探析，秘鲁知识分子眼中的民族性构建，对拉美印第安人权利法律保障机制的分析与思考，土著民族自治制度的反思。对中拉及多边经济合作与社会交往等的探讨主要包括：大变局下中拉基础设施合作的治理空间，“美洲增长”倡议对中拉共建“一带一路”的经济影响，中拉开发性金融合作的现状及前景，金砖国家数字贸易合作的动力及对策，移民问题与近代巴西、中国和日本的关系，后疫情时代拉美经济挑战及中拉合作展望。

四　分论坛二：政治与文化

在“政治与文化”分论坛，发言人主要围绕拉美政治与文化这两大领域的核心和前沿性议题分享观点。拉美政治领域研究的一个突出特点是现实性，在拉美地区和国别层次上的讨论主要就新冠肺炎疫情的影响、司法改革、政治转型、政治发展、政治体制、政党政治、社会运动、政治思潮、政治力量等政治学研究的核心主题展开，所涉及的问题和研究领域具有动态性、前瞻性、理论性的特点。讨论的选题具体如下：新冠肺炎疫情下拉美的发展困境与变革之路，拉美国家应对新冠肺炎疫情的比较政治学分析，新冠肺炎疫情与拉美民众主义的韧性，拉美国家的司法改革与政治转型，拉美总统制的议会制化，技术专家政治与循证政策实践，拉丁美洲后殖民主义与去殖民性，关于巴西两级政府对新冠肺炎疫情的不同治理态度，联盟总统制与巴西的政治困局，再民主化以来巴西政党政治碎片化的成因，基于委内瑞拉“蓬托菲霍体制”分析权力结构视角下的发展陷阱，权力结构视角下墨西哥现代右翼的构成、演变及发展，墨西哥裔移民在美国选举政治中的参与及影响，政治代表性危机的角度解析智利 2019 社会抗议原因，乌拉圭广泛阵线的政党特征与执政经验，等等。在拉美文化研究领域，主要讨论了文化运动及文化传播等议题：文化革新运动与墨西哥的社会转型，习近平新时代中国特色社会主义思想在拉美的传播和影响，拉美主流媒体新冠肺炎疫情的涉华报道，中拉科幻发展和交流。这些研究从文化及文化传播视角丰富、拓展了拉美现代化以及中拉关系研究的领域和深度。

五　分论坛三：国际关系与中拉关系

在“国际关系与中拉关系”分论坛，学者发言集中在三个研究视角。一是全球疫情视角，体现了学者们普遍将全球疫情作为分析拉美地区形势和中拉关系的重要变量，并在此基础上探索当前和后疫情时代中拉关系的新思路、新领域、新业态。具体包括新冠肺炎疫情冲击下拉美政治格局的变化和中拉同命运共抗疫，后疫情时代构建中拉人文网络交流机制的路径选择，中拉医疗卫生合作的先行者萨洛蒙·斯胡曼，中拉疫苗合作面临的机遇与挑战，新冠肺炎疫情对拉美科技发展影响及中拉科技合作前景分析，后疫情时代中拉旅游合作的挑战与机遇。二是美拉关系视角，具体包括美国对拉美政策的新旧转换，拜登政府对拉美政策的调整及美拉关系前瞻，拉美政治、外交思想中对美“追随”元素与其历史影响。三是中拉关系视角，包括关于如何推动中国与拉美在全球治理中的合作，拉美地区变局、趋势及中国对拉美战略，中国—中美洲地区关系发展与分析，拉美国家参与金砖国家合作的动力、机制和路径，中拉核电合作现状展望与对策建议等议题。

六　学会大会与研讨会成果

会议期间，中国拉美学会副会长兼秘书长、中国社科院拉美所副所长袁东振就中国拉美学会三项人事变动进行通报，并就学会《章程》修订、拟增加关于党建的内容进行汇报。以上事项均获得大会全体人员鼓掌通过。

在闭幕式上，社科院拉美所副所长袁东振致闭幕辞。他指出，此次大会简朴而隆重，内容丰富，纪念性和学术性兼备；与会学者代表性广，来自政府机构、高等院校、智库机构，分布于各学科各领域；会议学术含量高，讨论的议题广泛，会议得到老一辈学者的大力支持，中生代成为会议的重要支撑，青年学者成为会议的主力。他指出，与会学者在主要问题上观点相同或近似，但对一些问题也有不同认识，提出了一系列值得讨论的问题。他希望学者们能对拉美国家的发展走向与趋势，中美博弈加剧背景下中拉关系的机遇与挑战，拉美国家的国际地位的变化与影响，拉美在中国对外战略中的地位等问题进行进一步的研究与讨论，为中拉关系的不断提升提供智力支持。

（供稿人：王　帅）

第四篇

主要科研成果

主要著作

【拉美经济增长方式转型与结构演进——兼论对中拉经贸合作的影响】

张勇，中国社会科学出版社 2020 年 3 月

该书主要从需求结构（短期）、生产结构（中期）和供给结构（长期）三个结构视角分析拉美地区近 70 年的经济增长趋势及其发展方式转型，并以此为基础，探寻中国和拉美国家各自结构性改革所引发的发展利益交汇点，从而为促进中拉经贸关系向高质量方向发展贡献一份智力支持。

【我们和你们：中国和巴西的故事】

周志伟、吴长胜主编，五洲传播出版社 2020 年 3 月

该书的 20 多位作者都具有很强的代表性，既有多年驻外工作的资深外交官，他们近距离地见证了中巴双边关系的重要时刻；也有胸怀赤子之心的巴西华侨，他们通过脚步丈量寻找数百年来华侨华人在巴西留下的印记；也有中巴合作的多位业界精英，他们努力地推进两国之间互惠共享的伙伴关系；还有两国人文交流的积极践行者，他们始终在推动两国人民之间的沟通与友谊。他们讲述的故事让我们对于中巴两国关系的认知更为全面和深刻。

【中国的拉丁美洲研究文献】

孙桂荣，社会科学文献出版社 2020 年 4 月

该书系统收录了 1949—2017 年中国公开出版和发表的有关拉丁

美洲和加勒比地区问题研究的专著、译著、学术论文等文献题录约15000种（篇）。该书收录范围广泛，涵盖了拉美地区各国政治、外交、经济、文化、教育、文学等各个方面，并对各个时期出现的热点问题增设独立类目，方便读者使用。该书是我国第一部从专业文献的角度，全面、系统地回顾和总结了中国的拉美研究60多年发展历程的专业书，充分展示了中国的拉美研究事业取得的成就。随着中国和拉美加勒比国家关系的迅速发展，中国从事拉美业务与研究的人员不断增加，此书将为我国的拉美学界进行深入研究和探索做出贡献。

【厄瓜多尔十二夜谈（赤道之国血脉中的历史与文化）】

蔡劲松，世界知识出版社2020年4月

2020年是中国与厄瓜多尔建交40周年，作者长期在厄瓜多尔工作生活，业余时间翻阅大量该国历史文献、档案，查阅40余部有关厄国的欧美研究资料，走访名人故里，踏遍厄瓜多尔城市乡村，对其政治、经济、历史和人文文化有着近二十年的研究与接触。该书就是作者集多年积累，总结而写成的文论性文集。该书以山区、沿海、雨林和加拉帕戈斯群岛四个厄瓜多尔典型特征地区的人文历史符号为主线，以十二个夜晚谈话的章节形式切入。全书配有作者从该国国家图书馆、档案馆收集以及作者拍摄的近百幅珍贵图片。

【面向新时代的中拉关系】

吴白乙等，中国社会科学出版社2020年6月

《面向新时代的中拉关系》为国家社科基金重大项目“中拉关系和对拉战略研究”结项成果。在研究习近平新时代中国特色大国外交思想的基础上，该书逐层分析中拉合作的各个领域，明确指出中拉关系进入“构建发展”的新阶段，面临转换、提质的历史机遇。中拉关系的未来发展应当打造以经贸合作为主线的全方位整体合作，扎实推进中拉命运共同体建设。实现彼此经济社会发展目标、政策和资源配置的联通、兼容、共济。此著作被列为中国社会科学院创新工程2020年度重大成果。

【哥斯达黎加中小微企业融资困境与对策研究】

李彦，世界知识出版社 2020 年 6 月

该书对哥斯达黎加中小微企业的融资需求与供给特征、融资制约因素、融资体系建立和运行等方面进行了较为全面和深入的分析与论证。作者在总结哥斯达黎加中小微企业融资体系的经验和启示后，对我国中小微企业融资体系中存在的问题以及可调整的空间提出了个人见解。

【巴拿马简史】

张鹏、曹萌、窦天骄编著，天津人民出版社 2020 年 6 月

该书以时间为线索，系统阐述了巴拿马从前哥伦布时期到 21 世纪的历史。全书共分五个章节：前哥伦布时期、西班牙殖民征服及统治时期、脱离哥伦比亚建国时期、1903 年到 20 世纪 60 年代、20 世纪 60 年代至今，各章分别简明扼要而客观全面地描述了巴拿马各个历史时期的政治、经济和社会等领域的发展状况。

【哥斯达黎加简史】

于漫、周谷馨编著，天津人民出版社 2020 年 6 月

该书采用编年通史的方式编写，系统阐述了哥斯达黎加从前哥伦布时期到 21 世纪的历史，《古代史》《发现和征服时期》《从殖民社会到独立国家》《20 世纪寡头—自由—改革年代》《21 世纪的发展》五个部分构成全书的历史脉络，在最大程度保留历史客观真实性的前提下，完整地勾勒出哥斯达黎加的历史发展全景，着重展现这一中美洲国家的代表性特点。该书区别于严肃史书，叙述事件情节紧凑，文笔通畅，具有较强可读性，面向对哥斯达黎加历史感兴趣的大众读者。

【拉美国家腐败治理的经验教训研究】

袁东振、杨建民等，中国社会科学出版社 2020 年 7 月

通过对拉美国家腐败治理经验的研究，深化对拉美政治、社会发

展及治理问题的认识，为其他国家腐败治理提供相应的素材。《拉美国家腐败治理的经验教训研究》既研究了拉美国家腐败和腐败治理的一般或共同问题，也重点研究了巴西、古巴、秘鲁、墨西哥、智利、阿根廷、委内瑞拉、乌拉圭、哥斯达黎加九个拉美典型国家的腐败问题和腐败治理的经验教训。在国别选择上，尽量覆盖较多有代表性的国家，既考虑到大国和主要国家，也顾及腐败治理比较有成效的中小国家。此著作被列为中国社会科学院创新工程2020年度重大成果。

【墨西哥能源战略与政策研究】

邹占，中国社会科学出版社2020年8月

在界定能源战略与政策相关概念的基础上，以能源安全、环境经济和治理理论为指导，从墨西哥能源战略与政策演变、2013年能源改革分析与展望、墨西哥能源消费与经济增长的关系、中墨两国能源政策异同和中墨能源合作与启示等五个方面进行了全面分析。研究墨西哥能源战略与政策，对中国能源革命的启示与推进、对中国实施“走出去”战略和中拉共建“一带一路”具有理论和现实意义。

【古巴绿色发展理论与实践研究】

杨晶，社会科学文献出版社2020年9月

在经济陷入困境、生态系统脆弱和资源供给短缺的背景下，工业化程度不高的古巴另辟蹊径，逐渐走出一条可持续的绿色发展之路。从打造特色的永续栽培模式、实施石油替代计划、重建粮食生产体系中的劳动关系，到重视绿色医疗、绿色教育和绿色旅游等社会服务行业的建设，古巴的绿色发展不仅使国内生态环境得到改善，促进经济社会恢复发展，而且向国际社会展现有别于资本主义国家的、能够修复人与自然关系的可能的“另一个世界”。

【中国与拉美软实力视域下的人文交流】

张凡等，朝华出版社2020年10月

该书探讨了中国和拉美之间的相互认知，特别是拉美如何看待中国的崛起及其对拉美的影响，以及在此背景下中拉如何加深相互了解。就实践而言，该书从国际关系理论、传播学、社会文化分析等视角出发，探讨了特别是21世纪以来中拉双方在各领域的交流现状（涉及政府、企业和民间在官方对话机制、专业论坛、党际交往、人民团体、文化产业、媒体、教育、青年、艺术、体育、旅游、出版、学术等诸多方面），分析了其中存在的一些问题并就如何优化和改进双方的交流提出意见和建议。该书既是对中拉双方人文交流状况的系统梳理和总结，同时又面向未来，提出了进升中国在拉美的国家形象的政策建议。因此，该书对于下一个阶段中国向拉美讲好中国故事，促进中拉民心相通，从而进一步提升中国在拉美的国家形象都具有重要意义。

【乌拉圭（第2版）】

贺双荣，社会科学文献出版社2020年12月

乌拉圭是南美洲的独特小国。从19世纪末至20世纪50年代，因其政治上的稳定、较高的经济发展水平及社会的祥和而被誉为“南美的瑞士”。在社会改革方面，乌拉圭是世界上第一个设立农业工人最低工资标准的国家，是拉美第一个给予妇女选举权、最早实行8小时工作制的国家。但从20世纪50年代中期以后，乌拉圭经济增长乏力，1973年还出现持续衰退，但乌拉圭仍保持了政治上的稳定，在教育及人文社会发展水平方面，乌拉圭仍居拉美国家的前列。

【拉丁美洲的中产阶级研究】

郭存海，朝华出版社2021年3月

中产阶级是理解拉美政治和社会发展的关键。该书旨在系统研究拉美中产阶级的形成和发展的基础上，阐释“成长的烦恼”和“进步的不满”何以在该群体滋生、弥漫。拉美社会的未来有赖于缔造一种“包容中产阶级”的增长模式和政策模式。该书在概念分析和理论框架的基础上，分析了拉美中产阶级的形成和发展，拉美中产阶级的脆弱性，中产阶级脆弱性的政策根源，拉美中产阶级的未来，以

及拉美中产阶级发展的经验和教训。

【墨西哥文化革新运动与现代化】

韩琦等，社会科学文献出版社 2021 年 3 月

该书介绍了 1910 年墨西哥革命后，在新政府倡导和支持之下发生的一场文化革新运动。其内容包括公共教育部部长何塞·巴斯孔塞洛斯提出的种族和文化融合思想，人类学家曼努埃尔·加米奥提出的土著主义思想，以及与此相关的土著主义运动、反教权主义运动、教育改革、壁画艺术运动等。文化革新运动实质上是由之前的文化欧化倾向转向墨西哥化、确立墨西哥民族自信和文化自信的运动，是一场文化民族主义运动。它是墨西哥文化现代化的具体体现，对巩固大革命成果和推动 20 世纪后半期墨西哥的现代化具有重要意义。

【认识拉丁美洲】

江时学，中国社会科学出版社 2021 年 3 月

中国与拉美国家的关系快速发展，与此同时，拉美研究已成为我国区域国别研究的重要组成部分。该书是作者在从事拉美研究 40 年期间发表的一部分科研成果，涉及拉美政治、经济、外交和社会等领域。

【中国与拉丁美洲农产品贸易竞争力研究】

宋海英，中国财经出版传媒集团经济科学出版社 2021 年 3 月

该书主要从以下五个方面对中国与拉丁美洲农产品贸易问题进行了研究：第一，中国对拉美农产品出口模式分析；第二，中国自拉美农产品进口模式分析；第三，中国与拉美农产品贸易影响因素分析；第四，自贸区对中拉农产品贸易的影响分析；第五，中国与拉美农产品贸易潜力分析。研究显示自贸区影响中拉农产品贸易既存在贸易创造效应，也具有贸易转移效果，总体上是正向影响，进而提出了加快实施自贸区战略，推动中国与拉美农产品贸易的政策措施。

【拉丁美洲21世纪社会主义研究】

袁东振，中国社会科学出版社2021年3月

社会主义思想和实践在拉美地区源远流长。该书试图在世界社会主义和左翼运动发展大背景下，结合拉美特殊政治、经济、社会、文化背景，分析拉美地区社会主义产生和发展的环境与历史条件，探寻其独特的起源、理论特色、地域和民族特性，全面客观评价其历史地位、实践后果及发展前景。通过拉美社会主义发展多样性和本土化发展，21世纪的拉美共产主义、拉美社会民主主义、拉美激进社会主义、拉美托洛茨基主义、拉美民族社会主义、古巴社会主义的现状与趋势，对拉美21世纪社会主义进行综合比较研究，探寻拉美地区社会主义发展的理论和实践特性，为研究世界社会主义思潮和实践提供相应素材。

【“资源诅咒”与制度弱化——拉美国家“发展陷阱”镜鉴】

芦思姮，中国社会科学出版社2021年4月

拉丁美洲是国际学界研究“资源诅咒”命题的典型案例。该书将制度变量的三类构成（正式规制、非正式约束与实施路径）作为逻辑基点，用以阐释这一地区长期落入“发展陷阱”的本源并非来自丰裕的自然资源禀赋的“诅咒”，而应归因于制度弱化效应及其在变迁中引致的“路径依赖”。拉美国家初始制度条件不仅未能有效缓解或规避资源型经济生态的脆弱性与不确定性，反而很大程度上加剧了对这一结构的负面冲击。与此同时，这种恶果又逆向地“侵蚀”了原本低效的制度质量，从而进一步抬高了制度向正向绩效变迁的成本，并最终引致该地区被“锁定”在偏离可持续发展的低水平均衡中。该书对制度弱化传导下拉美“发展陷阱”的归因性研究，一方面，立足拉美现实需求，为推进新时期中拉合作高质量发展拓展实现路径；另一方面，旨在为我国“新常态”下破除“资源诅咒”、深化产业结构调整、提升国家治理能力提供新的镜鉴。

【开启加勒比海的金钥匙——古巴】

陈岚，浙江工商大学出版社 2021 年 5 月

该书为走进“一带一路”丛书中的一册，与其他书体例一致，写作风格一致，概述了古巴的历史、现实，以及古巴与中国的关系。全书兼有知识性和普及性，为人们了解古巴提供可信的资料。对读者了解古巴社会的历史、现状、经济文化及风俗人情有指导作用。

【拉美和加勒比国家象征标志手册续集】

焦震衡，社会科学文献出版社 2021 年 5 月

该书作为《拉美和加勒比国家象征标志手册》的续集，对其未涉及的拉美和加勒比地区 12 个国家和 16 个未独立地区的象征标志的起源、发展、现状，以及其历史、文化、经济、社会发展情况等进行了较为深入的研究，努力反映其特色，并试图总结出一些有规律的东西。该书为中文读者提供了有关拉美的历史、地理、文化、宗教、金融等方面的知识，有助于加深人们对这些国家和地区的认识，并可作为研究拉美的常备工具书使用。

【末世太阳：一个墨西哥印第安城镇的变迁、动荡与抗争】

张青仁，商务印书馆 2021 年 8 月

立足于作者对墨西哥恰帕斯州持续 10 个月的田野调查，整体呈现了墨西哥恰帕斯州圣克里斯托瓦尔—德拉斯卡萨斯的社会生活与印第安人的政治斗争。该书上篇以作者的经历和遭遇为线索，展现作者和圣克里斯托瓦尔—德拉斯卡萨斯形形色色民众的发现，彼此碰撞、交流的过程，以此呈现全球化支配下这个印第安城镇的权力网络，以及处在这个权力网络底端的印第安人的奋斗与抗争。下篇主要记述了作者在圣卢西亚自治社区生活的经历，展示了在萨帕塔运动影响下、处在权力结构底端的印第安人如何在马里亚诺和胡安等社区领导人的带领下通过自治实践，参与变革墨西哥的进程的悲剧故事。

（供稿人：本书编者）

研究报告

【巴西黄皮书：巴西发展报告（2020）】

程晶主编，社会科学文献出版社 2020 年 8 月

《报告》由湖北大学巴西研究中心组织编撰。为了及时跟踪和发布巴西年度发展的最新动态、服务国家的战略需求、推进中国的巴西研究，湖北大学巴西研究中心从 2017 年起，每年组织中巴两国学者共同撰写一部巴西年度发展报告，由社会科学文献出版社以黄皮书的形式出版，该报告系第四本。该书由中巴两国 20 位学者共同编写而成，聚焦 2019 年巴西博索纳罗新政府执政首年内政外交的调整与变化，分别从政治、外交、经济、社会、科技、环境、中巴关系等领域出发，对相关热点、难点问题进行分析。该书主体部分由总报告、分报告、专题报告和中巴关系年度发展报告四个部分、共 16 篇研究报告组成：第一部分为 2019 年度巴西发展总报告，对 2019 年巴西的政治、经济、社会和外交形势进行综合评估，对中巴关系进行现状分析和未来展望；第二部分为分报告，分别对 2019 年巴西的政治、经济、社会、外交形势进行跟踪报道与剖析；第三部分为专题报告，对 2019 年巴西内政外交中的焦点、热点问题进行深入的专题研究，涵盖保守主义势力的回归与影响、福音派的政治参与、巴西与美国双边关系、巴西地区战略的调整、巴西科技创新的发展、巴西环境政策的倒退等；第四部分为中巴关系年度发展报告，对 2019 年中巴关系的总体发展形势以及两国在经贸、投资、人文、媒体等领域的交流与合作进行评析。最后在附录部分，该书对 2019 年巴西大事记进行了梳

理，以便为相关部门和个人提供参考。

【2019 年拉丁美洲蓝皮书】

隋广军主编，经济管理出版社 2020 年 9 月

蓝皮书收录 19 篇文章，全书共分为总论、区域与领域合作趋势、拉丁美洲国别研究、中国—拉丁美洲经济与文化研究案例等四个部分。一方面，重点关注了拉丁美洲总体动荡环境、中拉经贸发展态势与区域合作展望；另一方面，该书集中探索了委内瑞拉、墨西哥、哥伦比亚、巴西等国别特殊问题，以及中拉经济与文化合作实证问题。内容丰富，涵盖政治、外交、文化、经济、管理等多个维度或层面的具有原创性、前沿性和时效性的观点呈现和深度分析。

【拉丁美洲和加勒比发展报告（2019～2020）】

袁东振主编，刘维广副主编，社会科学文献出版社 2020 年 10 月

《拉丁美洲和加勒比发展报告》由中国社会科学院拉丁美洲研究所组织编撰，对拉美地区的政治、经济、社会、对外关系领域的年度新形势作综合性回顾与展望，具有重要参考价值。该年度报告是第 19 份报告。“主报告”综合考察了拉美地区 2019 年的经济、政治、社会、对外关系形势，特别是探讨了拉美经济低增长的表现、原因及折射到政治和社会领域的影响。“分报告”则具体分析了拉美地区政治、经济、社会和外交的新变化与新趋势。“专题报告”分别从政治、经济和对外关系角度深入剖析了 2019 年拉美地区普遍出现的社会运动现象。“国别和地区”从政治、经济、社会、对外关系方面，介绍了巴西、墨西哥等 20 个国家和加勒比地区 2019 年的基本形势和新趋势。

【拉丁美洲和加勒比经济发展分析与展望 2019】

陈朝先、刘学东主编，社会科学文献出版社 2020 年 12 月

该书系西南科技大学拉美研究中心对拉丁美洲和加勒比海地区经济发展的分析与展望报告。全书对拉美及加勒比地区当前整体的经济

形势、经济政策作了总体分析与展望，与此同时，对拉美地区的主要经济体，如阿根廷、巴西、秘鲁、智利和墨西哥等国分别进行了分析，主要包含宏观经济政策、经济发展成就、经济发展形势和与中国的经贸合作状况等内容。另外，在该书的“案例研究”中，探讨了中资企业在哥伦比亚的投资实践。在“视角分析”部分，对阿根廷的近代史、智利的债务危机进行了分析和探讨。

（供稿人：本书编者）

期刊学术论文

【中国—加勒比“一带一路”合作：进展、挑战与深化路径】

步少华，《国际问题研究》2020 年第 5 期

疫情暴发后，中国和加勒比国家互相支持，中加次区域建设明显加速，政治互信、合作机制化建设显著加强。但同时也面临着顶层设计渐显乏力、经济合作韧性仍待强化、合作有待精细化以及美国干涉力度加大等挑战。

【疫情变局下的中国—加勒比次区域合作：进展和前景】

步少华，《拉丁美洲研究》2020 年第 3 期

作者认为双方应继续高举中加命运共同体旗帜，加强次区域合作机制建设，深化创新各领域务实合作，妥善处理域外干扰因素，推动中加合作实现更大发展。

【中国与拉美国家关系中的美国因素】

曹廷，《和平与发展》2020 年第 1 期

近年来，中国与拉美国家的关系持续快速发展引起美国政府的警惕，美国采取多重手段公开阻挠中拉合作，包括在拉美事务上频频发表反华言论、加大打击拉美左翼政权、拉拢右翼政权组建“反华阵营”、警告与中国新建交的拉美国家等，对中拉合作形成一定干扰。但从长远看，基于中美关系、美拉关系及中拉关系的本质特点，未来中拉合作仍将保持良好势头。

【中国对拉美开发性金融合作研究】

崔守军、焦玉平，《中国人民大学学报》2020 年第 3 期

中国开发性金融的国际化进程经历了从边缘到中心的转变，拉美在中国开发性金融的全球布局中占据重要地位。不同于商业性金融和政策性金融，开发性金融以国家信用为基础、以市场业绩为支柱，具有长期性、战略性和微利性。在合作范式上，以能源和基础设施为主轴，以可持续发展和改善民生为导向，以与中国建交为合作前提条件，以促进中国和拉美合作国的双边关系为最终目标。在运行机制上，政府与市场协同发力，单边与多边融资并行互促，展现了中国“耐心资本”充足的禀赋优势。在合作成效上，中拉开发性金融合作在拉美释放了正外部效应，兼顾了国家利益、商业利益与合作国利益的均衡发展，实现了融资、融智和融技的有机结合，促进了中拉双方在整体上互利共赢。

【墨西哥魔幻小镇的治理模式及其启示】

陈岚，《浙江外国语学院学报》2020 年第 4 期

墨西哥的魔幻小镇项目于 2001 年启动，其创新之处在于建立起了层级型与网络型相结合的治理机制。在层级型治理中，墨西哥联邦政府对魔幻小镇的评估重点是传统文化的传承与创新、历史古迹的保护与可持续开发以及旅游业对当地经济发展的贡献。在网络型治理中，政府、企业、学界和社区建立起经常性的互动，培养共同的价值观，协商共同的行为规则。我国的旅游小镇项目旨在依托小镇独特的旅游资源，推动中国旅游业二次创业，与墨西哥的魔幻小镇项目具有一定的相似之处。墨西哥魔幻小镇的治理模式可以为我国的旅游小镇建设提供一些借鉴。

【投资拉美：中国企业的多案例分析】

陈涛涛、吴敏、金莹、徐润，《国际经济合作》2020 年第 5 期

中国企业虽然在全球对外直接投资领域处于“后来者”地位，但近年中国的对外投资发展却取得了显著成绩。与此同时，中国于

2013 年提出的“一带一路”倡议逐渐延展至拉美地区，在此背景下，该文选取三个典型的中国企业投资拉美的案例，从投资过程、投资动机、投资能力、投资策略、投资结果五个方面来展现中国企业在拉美的投资图景，最后得出相应的结论与启示。

【阿根廷投资环境与中国企业的机会及挑战】

陈涛涛、吴敏、徐润，《国际经济合作》2020 年第 1 期

阿根廷外资政策开放，但宏观经济不稳定，中国企业投资有限。该文从分析阿根廷在全球和区域的引资情况入手，结合国际机构的相关评价，梳理了阿根廷的区位优势和经济特点，同时阐述了阿根廷的对外开放历程，分析了中国企业投资阿根廷农业、能源以及基础设施的能力和经验，最后得出相应的结论和启示。

【中国企业在拉美履行社会责任：现状、制约因素及提升路径】

谌园庭，《拉丁美洲研究》2020 年第 6 期

如何将紧密的经贸联系转化为中国在拉美的影响力？该文选取“企业社会责任”这一微观视角，来考察中国在拉美软实力构建的现状、面临的挑战及将来可以提升的路径选择。中国企业在拉美履行社会责任所面临的挑战和制约因素，同样也是中国在拉美软实力构建所面临的困惑。企业国际化过程中来自利益相关方的压力是促进中国企业承担海外社会责任的外部动力，增强国际竞争力是中国企业承担海外社会责任的内在动力，重大危机则是检验企业履行海外社会责任的镜子。在环境维度、社会维度、经济维度和利益相关者维度等方面，中国企业在拉美开展了多样性的社会责任行动，但仍大有空间可为。因此，有必要思考制度和文化等深层次制约因素。中国企业在拉美履行社会责任的提升路径，在政府层面需补齐政策短板，在企业层面需增强意识，提升能力。

【从“欢迎污染”到“改善环境”：军人政权时期巴西城市环境治理的兴起与发展】

程晶，《上海师范大学学报》2020 年第 1 期

巴西军人政权时期（1964—1985）不仅创造了举世瞩目的“经济奇迹”，拉开了此后拉美国家军事政变的序幕，而且开启了巴西城市环境治理之路，初步构建了城市环境治理的基本框架、体系和机制，奠定了巴西城市环境治理的基础，对于巴西城市环境治理产生了深远而持续的影响。这一时期，伴随巴西经济、政治的发展和变化，巴西城市环境治理历经无限制排放阶段（1964—1972）、污染控制阶段（1972—1981）和综合防治阶段（1981—1985）的发展轨迹，不断向纵深推进。同时，军人政府在城市环境治理的思想观念上经历了从“欢迎污染”到“控制污染”，再到“改善环境”的转变，对于环境的认识不断深化。军人政权时期巴西城市环境治理的历史演变向我们清晰地展示了在不同的环境思想观念支配下，人类活动给周围环境及人类自身生活带来的深刻影响，彰显了树立科学的生态环境观、走可持续发展之路的重要性。

【巴西经典民粹主义的实验（20 世纪初—1964 年）】

董经胜，《拉丁美洲研究》2020 年第 1 期

20 世纪初，巴西城市化和工业化迅猛发展，引起社会结构的变革，为以地方政治领袖为代表的民粹主义改革者的出现提供了条件。瓦加斯、库比契克、夸德罗斯、古拉特等巴西总统也体现出明显的民粹主义政治风格。他们虽然在意识形态、政治立场等方面大相径庭，但都以个人魅力、社会改革的纲领和实践动员无组织的底层民众，赢得大量支持并上台执政。20 世纪中期巴西经典民粹主义的实践对于推动政治参与的扩大、促使精英政治向大众政治的转变起到了积极的作用，在推动工业化和经济发展、改善收入分配方面也有所作为，但是，在推动民主体制的制度化建设、经济的可持续增长等方面收效甚微，由此引发的政治和经济危机导致 20 世纪 60 年代中期民粹主义政治被军人建立的官僚威权主义所取代。

【民粹主义：学术史的考察】

董经胜，《当代世界与社会主义》2020 年第 5 期

民粹主义的学术研究与民粹主义在全球范围内的发展密切相关。20 世纪 50 年代以来，学术界对民粹主义的研究出现了三波高潮：第一波产生于 20 世纪 50 年代美国的麦卡锡主义之后；第二波产生于 20 世纪 30—60 年代拉丁美洲民粹主义的“黄金时代”结束之后；20 世纪 80 年代末 90 年代初，欧洲和拉美新民粹主义的出现，引发了学术界对民粹主义研究的第三波高潮。然而，对民粹主义的理解远未达成共识。除了经济学界将民粹主义看作为实现特定的政治目标而采取的一系列的经济政策外，政治学界对民粹主义的理解大体分为观念的、策略的、话语的、风格的四种范式。

【日本在拉美的早期移民活动——以墨西哥和秘鲁为中心的考察】

杜娟，《西南科技大学学报（哲学社会科学版）》2020 年第 1 期

日本明治政府的海外移民政策从消极对待转变为积极鼓励，移民形式也从“官约移民”转变为“私约移民”。1897 年，第一批日本移民团到达墨西哥，这是日本移民最早定居的拉美国家。秘鲁是第一个与日本建交的拉美国家。1908 年之前，两国接收了九成以上前往拉美的日本移民。日本早期在拉美的移民活动既有教训，如前期实地调查不详尽和后期配套资金不足；同时也有经验，如以永住为目的和男女搭配的移民模式，为日后大规模移民巴西提供借鉴。

【大国安全与地区发展的悖论？——基于冷战早期美拉关系的考察】

杜娟，《拉丁美洲研究》2020 年第 2 期

20 世纪五六十年代，一些拉美国家实行了国有化和土改等民族主义改革，并同苏联加强贸易往来，反美反独裁的游击运动风起云涌。在美国看来，这与其在西半球的经济安全和反共战略相悖。为了化解危机，美国一方面以反共和集体安全为名，对“敌对”政权进

行军事干预；另一方面也在不断调整自身政策，加大对拉美国家的经济援助力度。不论怎样，谋求和巩固在西半球的霸主地位始终是美国制定拉美政策的根本目的，安全和稳定是其维护的主要利益。在理论上，只有拉美国家的深层经济发展问题得到有效解决，才能消除不稳定的隐患，所以，美国国家安全与拉美地区发展是并行不悖的。但在现实中，由于拉美国家的既得利益集团与美国关系密切，美国不可能切实推进拉美国家的经济改革，同时美国又常以安全防务政策化解由经济发展引发的拉美问题，这种立场上的偏差注定了美国提出的经济改革方案的“无效性”，而其仅仅是一种权宜之计。

【论中拉命运共同体的构建】

范和生、陶德强，《国际观察》2020 年第 2 期

中拉命运共同体是中国主动参与全球治理的积极实践，是应对全球“治理失灵”、加大南南合作、推动全球治理体系不断优化的新方案和新举措。全球治理体系重构、中拉关系发展需求、拉美一体化驱动和“一带一路”建设等都为中拉命运共同体的构建，创造了千载难逢的内外机遇。在全球治理背景下，拉美一体化中的分歧、中拉贸易中的同质化、美国因素的干扰、地理距离遥远与文化隔阂等，都是构建中拉命运共同体过程中不得不面对的现实挑战。在机遇与挑战并存的时空维度下，中国应在理性分析和科学判断的基础上，以中拉合作框架为整体指引，以全球治理和南南合作为主线，以强化质量与增进互信为目标，与拉美国家携手共进，共同构建“五位一体”的中拉命运共同体。

【拉美民间社会组织的融资困境：国际援助的变化及应对】

范蕾，《国外社会科学》2021 年第 1 期

数十年来，国际援助为成千上万的拉美民间社会组织提供了资金和制度建设支持，加强了它们在减贫、反社会排斥和边缘化、医疗、教育、社区发展、地方发展、捍卫人权、信息透明度、公民参与、性别平等、环保等领域的影响力和合法性基础。然而，随着地区和世界

形势的变化，对拉美的国际援助大幅削减，援助形式和规则也发生变化，拉美民间社会组织面临更加复杂而不确定的生存发展环境。拉美民间社会组织不得不调整目标和策略，改变活动方式，加强自身建设，加深对外联系，扩展融资渠道，与各援助方的关系呈现新的特征。

【如何理解巴西种族问题】

樊星，《读书》2020 年第 11 期

在电影《上帝之城》中，贫民窟生活阴暗暴虐，而混血少女安杰丽卡却像一束光，为主人公的回忆涂上一抹亮色。电影上映后，少女的扮演者艾莉丝·布拉加也迅速接到好莱坞邀约，在国际大片中担任重要角色。而与此同时，几位黑人主角却只能艰难谋生，甚至陷入吸毒、盗窃的泥沼。

【巴西左右政党的分野、变迁和前景】

方旭飞，《拉丁美洲研究》2020 年第 5 期

在巴西，左右政治分野由来已久。受国际、地区环境及本国庇护主义、地方政治发展等多重因素的影响，巴西的左右政治分野并非呈线性发展，各党派的意识形态、政策主张、社会基础以至于战略策略都不断发生变化。博索纳罗领导的极右保守主义政府，面临提高可治理性、推动经济增长、解决民生问题的严峻考验。而劳工党虽然实力遭到严重削弱，但依然是巴西左翼的主要力量，拥有东山再起的实力。在执政的 13 年里，劳工党腐败丑闻缠身，党内分化严重，党的形象和影响力均受到严重破坏和削弱。未来要想获得长足发展，必然先要清扫沉疴积弊，但这不是一朝一夕能完成的。

【权力结构视角下的发展陷阱——基于对委内瑞拉“蓬托菲霍体制”的分析】

高波，《国际政治研究》2020 年第 1 期

该文尝试提出一种新的、跨学科的发展陷阱理论：一国的主要利

益集团依托各自的权力资源进行博弈，博弈结果塑造制度、政策、文化，从而决定发展绩效；权力资源分配格局，即权力结构，分为两种类型，分别为平等型和集中型；平等型权力结构有利于发展，而集中型权力结构会导致发展陷阱。20 世纪中期，随着新兴社会力量崛起、权力结构初步平等化，委内瑞拉建立了由一系列制度和组织机构综合而成的体系“蓬托菲霍体制”。“蓬托菲霍体制”建立之初成效显著，委内瑞拉在一段时期内保持了高度的政治稳定、强劲的内需和工业化的发展。但从 20 世纪 70 年代后期起，由于委内瑞拉企业家集团利用其集体行动能力和财富优势，以收买和经济政变方式收服政治精英集团，使用政治庇护主义网络控制劳工集团，并将弱势的城市贫民群体彻底边缘化，导致委内瑞拉的经济效率低下、外债激增、两极分化和政治动荡危机，“蓬托菲霍体制”逐步走向危机和崩溃，委内瑞拉也落入发展陷阱。

【拉美国家的体系性腐败及其治理】

高波，《现代国际关系》2021 年第 3 期

该文从新角度探讨了民主制度下的严重腐败问题，认为产生体系性腐败的根源为：经济社会不平等→政治庇护主义→问责缺位→民主失灵→体系性腐败。拉美严重的经济社会不平等及贫困问题催生了严重的政治庇护主义，把民众变成了政治精英的附庸和“同谋”，使之丧失了对后者的纵向问责功能，也使国家机构间的横向监督失效，从而破坏了民主制衡机制，产生了严重的体系性腐败。在智利等社会资本较丰富的拉美国家，民众避免了政治庇护主义，对政治精英集团进行了有效问责并遏制了腐败蔓延。拉美的经验教训为腐败治理提供了重要启示，即社会建设才是根治腐败的关键。

【美国“美洲增长倡议”评析】

郭语，《拉丁美洲研究》2020 年第 4 期

该文主要对美国政府高层就“美洲增长倡议”发表的公开讲话、政策文件、新闻报道等进行分析，梳理“美洲增长倡议”的出台背

景、主要内容、政策特点，拉美和加勒比各方反应，分析“美洲增长倡议”的总体考虑和政策效果，厘清对中国与拉美和加勒比地区经贸合作，尤其是对“一带一路”倡议在该地区的影响，并由此提出政策建议。

【中国“拉丁美洲研究”发展趋势——基于 CNKI 文献大数据的分析（1979—2019）】

郭存海，《中国社会科学评价》2020 年第 3 期

该文主要以 CNKI 1979—2019 年收录的 38615 篇哲学社会科学期刊论文和博硕士学位论文及 2402 部哲社图书为统计对象，分析了 40 年来中国“拉美研究”的各项评价指标和数据。通过文献大数据方式对拉美研究领域相关文献进行统计分析，特别有助于国内拉美研究机构和学者制定科学化的、符合未来发展趋势的研究规划，服务和引导中国“拉美研究”学界科学地认识自我。

【拉丁美洲的中国研究：回顾与展望】

郭存海，《西南科技大学学报（哲学社会科学版）》2020 年第 4 期

和欧美发达国家相比，拉美的“汉学”或“中国研究”是比较滞后的。随着中国的崛起和中拉关系日益密切，“中国研究”愈发受到关注。作为海外中国研究的一部分，拉美的中国研究对于推动中华文化走出去、构建中国软实力和提高中国话语权，都具有重要的意义。鉴于当前国内“拉美中国研究”之寥寥，该文先初步梳理拉美中国研究的发展脉络，然后分析其发展特点和面临的挑战。

【发展互鉴：构建中拉新型交流合作关系】

郭存海，《拉丁美洲研究》2021 年第 2 期

从当前和未来一个时期来看，中拉合作关系要保持稳定和可持续性，亟待构建一种以中拉命运共同体为思想引领、以实现共同发展为根本目标、以知识分享和发展互鉴为手段、以“一带一路”倡议为

实践平台的新型交流合作关系。该文在系统梳理中国国际发展合作观形成的基础上，分析推进中拉发展互鉴的必要性和可行性，阐释中拉发展互鉴的目标、内容和路径，并就如何通过发展互鉴构建新型交流合作关系提出初步思考。

【19 世纪哥伦比亚汉学家笔下的中国】

郭存海、张婧亭，《国际汉学》2021 年第 1 期

谈到中国，13 世纪以来的欧洲汉学家通常将其看作遥远的需要拯救的对象，而哥伦比亚汉学家唐可·阿尔梅罗则与其不同：拉丁美洲知识分子的责任感和克里奥尔人身份的双重性，导致唐可对中国认知的双面性。唐可从拉丁美洲人的视角，既肯定了中国人的品德、社会准则和文化；又摆脱不了西方中心主义的叙述模式，对中国的认知存在诸多偏见。深刻认识以唐可为代表的拉美知识精英对华认知偏见的来源有助于更新我们和拉美社会的交往之道。

【古巴新老过渡期的执政挑战与机遇】

韩晗，《环球财经》2020 年 2—3 月，总第 231—232 期

2019 年的拉美地区，政治生态与社会发展具有偶然性与非传统的特点。地区延续“左退右进”浪潮，同时中左翼政党也在部分国家重返政坛。在此背景下，古巴作为拉美乃至西半球唯一的社会主义国家，内外挑战纷至沓来。自特朗普上台以来，美国与古巴关系跌入冰点。面对美国对古制裁与封锁的进一步加剧，古巴倚重多边外交寻求突破的同时，强化了经济政策与金融制度的协动，“更新”与法治化措施并举推进。

【古巴社会主义进程与“更新”：国家制度构建的视角】

韩晗，《拉丁美洲研究》2020 年第 5 期

古巴社会主义制度的构建，受到国家历史进程、内外部复杂形势等多方面因素的影响。古巴社会主义选择了以理念为基础的制度化进程，在革命主义、人本主义、国际主义和人道主义等思想引领下，古

巴坚持探索具有国家特色的政治、社会、外交以及经济制度的建设路径。社会主义不仅是古巴民众对国家发展的路径诉求，也反映了拉美地区的政治思想演进。古巴选择经济社会模式“更新”路径，是国家制度构建应对新时期挑战的积极表现。面对外部威胁和国际格局的不确定性，加之国内经济发展的现实压力，古巴将不断通过实践探索，维系国家理念传承与现实问题应对之间的制度平衡。

【加拿大对海外采矿企业社会责任的战略建构：以拉美为例】

贺建涛，《拉丁美洲研究》2021 年第 2 期

21 世纪初以来，加拿大采矿业在拉美的无序扩张导致了严重的社会责任失范问题，遭到当地受危害社区的反感与抵制。为缓和采矿导致的紧张局面，加拿大政府于 2009 年和 2014 年两度颁布海外采掘业社会责任五年战略。加拿大在战略上的尝试具有国际参考价值，但由于机制上的缺陷以及东道国情况的复杂性，两次提出的责任战略并未扭转加拿大采矿业在拉美社会责任失范的严峻态势。加拿大政府在本国企业海外扩张中扮演了“加拿大帝国公司”的角色，通过改进企业伦理形象提高企业海外避险能力和竞争优势是加拿大政府的宗旨，这决定了加拿大政府建构海外企业社会责任战略的局限性。

【中智携手打造中拉“一带一路”的合作典范】

贺双荣、王钰鑫，《拉丁美洲研究》2020 年第 5 期

中智关系持续稳定发展，并成为中拉合作的典范。中拉关系进入新时代后，“一带一路”成为中拉合作的主轴。中智继续携手，努力将两国打造成中拉“一带一路”合作的典范。智利是最早表示支持并与中国签署“一带一路”谅解备忘录的拉美国家，并希望以此在拉美和亚洲之间发挥更大的桥梁作用。智利在中拉“一带一路”合作中占据天然的优势地位，中国也希望将智利打造成中拉共建“一带一路”的“桥头堡”，为中国与拉美其他国家的“一带一路”合作起到示范作用。但美国因素、新冠肺炎疫情大流行以及智利国内政治发展也给中智在“一带一路”上的合作带来不少挑战。

【智利华侨华人的源流变迁和历史贡献——《智利智京中华会馆120年简史》述评】

贺喜、张振江，《世界民族》2020年第2期

文章考察了智利华侨华人的历史源流和时代变迁，评价了智利侨胞的历史贡献。

【巴西参与全球治理：卢拉和博索纳罗政府的比较分析】

何露杨，《西南科技大学学报（哲学社会科学版）》2020年第5期

20世纪70年代以来，巴西参与全球治理的立场和政策经历了一个变化和发展的过程，至卢拉政府时期已经形成较为系统、成熟的参与理念和模式。围绕服务国内发展、巩固地区主导权和提升国际影响力的目标，巴西的全球治理参与总体呈现多边主义、有所侧重、多管齐下和内外联动的特点。新政府执政以来，巴西的全球治理政策出现一定调整，这背后既有意识形态因素，也有国内政治需求和客观现实条件制约，其影响及走向值得研判与关注。

【美国与拉美国家关系中的移民问题】

江时学，《世界政治研究》2020年第2期

美国对拉丁美洲移民的政策，近几年已成为美国与拉美国家关系中一个难以回避的棘手问题。在历史上，南北美洲之间的人员往来是司空见惯的。19世纪，美国的领土扩张导致更多的拉美人进入美国。拉美人向美国移民，显然受到了“拉力”和“推力”的影响。作为世界上最发达的国家之一，美国为拉美人提供了改善生活的美好机遇。

【博索纳罗执政后巴西外交战略的新变化】

江时学，《当代世界》2020年第9期

博索纳罗当政以来，巴西的外交战略出现了引人注目的转向，突出体现在全力追随美国，把美国作为外交的重中之重；在处理拉美事务时以意识形态划限；继续发展与中国的关系，但态度发生较大变

化。巴西外交战略大幅调整，既与博索纳罗本人特性和行事风格有关，也深受其外交团队、经济因素和政治因素的影响。巴西追随美国的战略调整，不利于其巩固区域大国地位。虽然博索纳罗尤为强调发展与美国的关系，但是巴美关系并非牢不可破。巴西与中国的政治基础与经贸利益纽带相对牢固，巴西国内一些涉华负面舆论不会撼动两国合作大局，中巴两国关系将继续稳步推进。

【论拉丁美洲国家的“国家风险”】

江时学、来源，《国际论坛》2021 年第 2 期

狭义的“国家风险”主要是指主权国家对其债务进行违约的可能性；广义的“国家风险”就是投资环境，因此“国家风险”的大小与投资环境的优劣有着非常密切的关系。拉美是“21 世纪海上丝绸之路”的自然延伸。可以预料，中国在拉美的投资有望进一步扩大。在这一过程中，中国企业有必要最大限度地规避拉美的“国家风险”。拉美的“国家风险”多种多样，其中最显著的是政治风险、经济风险、社会风险以及外交风险。为规避这些风险，中国企业要密切关注拉美形势的发展，尽量做到防患于未然；要在国家层面上制定和完善投资保护机制；要充分发挥现代保险业的优势，将可能会遭遇的损失降到最低限度；要与中国驻拉美国家的大使馆以及东道国的中央政府和地方政府保持密切的关系。

【移民、租佃制与阿根廷早期民众主义的兴起】

金晓文，《拉丁美洲研究》2021 年第 1 期

在国家发展历程中，一些关键性节点往往会打破原有的发展路径，进而导致重大变革的出现，如 1912 年暴发的“阿尔科塔的呼声”正是阿根廷早期民众主义兴起的一大关键性节点。随着阿尔科塔农民运动的发生，佃农的抗争导致原有的农牧业生产出现危机，阿根廷社会进而陷入萧条与动荡中，致使执政的民族自治党遭遇合法性危机。在传统政治权威受到侵蚀的情况下，激进党利用政见主张的模糊性和民族主义策略吸引各阶层的选民，并最终在 1916 年成功上台

执政。从这一角度而言，阿根廷早期民众主义的兴起并非现代化的产物，而是经济危机下政治领导人寻求权威重建的一种方式。

【拉美左翼和参与式民主：以拉美四国为例】

李菡，《拉丁美洲研究》2020 年第 1 期

拉美是参与式民主实践的先锋。相较于世界其他地区，参与式民主在拉美的确有着更为广泛的存在。拉美左翼执政大潮期间，参与式民主得到广泛的讨论和实践。目前大多数研究主要集中在某些成功的案例。该文以巴西、委内瑞拉、玻利维亚和厄瓜多尔四国为例，通过跨国比较研究，探析拉美左翼政府创建的参与式民主体制的差异、成效以及面临的挑战。随着拉美政治格局的转换，参与式民主成为左翼为拉美政治发展留下的遗产。它对理解和评价拉美十多年左翼执政大潮产生的影响具有重要意义。

【拉美国家腐败特点及腐败感知变化的初步分析】

李菡，《西南科技大学学报（哲学社会科学版）》2020 年第 2 期

近年来拉美地区腐败大案要案接连发生，拉美的腐败和腐败治理成为全世界关注的焦点。然而，拉美国家之间存在差异性，其腐败程度有高有低，腐败治理的成效和趋势也不尽相同。随着腐败案件频繁曝光和腐败新类型不断出现，拉美地区的腐败现象也更加复杂，公众对腐败问题的感知也发生变化。拉美公众腐败感知的变化源于新中间阶层兴起及其社会动员能力加强、公民对腐败容忍度下降以及媒体等社会监督作用的加强等多种因素。

【拉美中产阶级政党的困境：以墨西哥国家行动党为例】

李昊旻，《拉丁美洲研究》2020 年第 2 期

中产阶级政党的发展与其阶级基础和政治立场等因素有关。拉美中产阶级政党在进口替代工业化进程中崭露头角，但在近年来普遍面临发展困境。该文以墨西哥国家行动党为中心探讨这种困境的成因，并将其与阿根廷激进公民联盟和哥斯达黎加民族解放党进行比较。该

文认为，在墨西哥、阿根廷等拉美国家，中产阶级政党普遍面临相似的困境。能否突破这些结构性制约，是中产阶级政党共同的挑战。

【关税同盟理论视角下南共市对外集体谈判的困境分析】

李慧，《西南科技大学学报（哲学社会科学版）》2020 年第 6 期

南共市的关税同盟政策尚不完善，对于成员国而言无疑是把双刃剑。其集体对外谈判的规则同样有正反两方面的效应，一方面增加了对外谈判的分量，另一方面成员国之间利益诉求差别巨大，阻碍了该组织与地区外第三国或集团自贸谈判的进展。我国与南共市开展自贸谈判拥有诸多积极和有利因素，但仍需结合部分成员国对国内制造业实施高度保护、南共市自身发展不稳定以及成员国与美国关系的发展这些客观因素进行考量。

【马克里经济政策的回顾与评述】

李仁方，《拉丁美洲研究》2020 年第 2 期

在马克里总统执政期间，阿根廷经济增长乏力，通货膨胀居高不下，比索大幅度贬值。尽管马克里政府采取了一系列振兴经济的政策措施，但效果并不如意。在民粹主义盛行的阿根廷，新自由主义经济政策缺乏良好的社会政治基础，许多看似美好的政策实施起来阻力重重。贸易自由化没有显著提高阿根廷出口额，金融自由化也无助于吸引更多外国直接投资进入阿根廷，却给短期投机资本进入和逃离阿根廷创造了便利条件。货币政策不能有效扼制通货膨胀，外汇及资本管理政策未能有效阻止国际储备流失，也未能控制本币持续贬值。日趋紧缩的财政收入政策抑制了企业的生产性投资意愿，也降低了对外资的吸引力；过多的社会福利支出削弱了政府对基础设施等公共产品的供给能力，债务增长显著提升了债务违约和本币进一步贬值的风险，短期内阿根廷经济实现复苏的难度较大。持续的经济衰退不仅导致前总统马克里未能实现连任，也给新当选的费尔南德斯政府留下了诸多难题。不断增加的贫困人口和民粹主义的再次兴起，将给未来阿根廷的经济改革和政策调整带来重重阻力，并可能对阿根廷长期经济发展

带来深远影响。

【拉美华人华侨的社会融入——基于文化维度理论的分析】

林华，《西南科技大学学报（哲学社会科学版）》2020 年第 4 期

文化对于移民的社会融入是一个十分重要的影响因子。从文化维度理论的角度来看，中拉之间在文化价值观上并非完全对立，而是存在接近和相似之处。文化价值观对于华人华侨实现社会融入的影响体现在双方民众相互认同，以及华人参政意愿和法律意识、工作与生活、婚姻与家庭生活、社交网络等诸多方面。无论是文化差异性，还是相似性，都有可能产生利弊兼有的双重影响，不能一概而论。

【哥斯达黎加腐败治理研究】

刘天来，《学术探索》2020 年第 6 期

哥斯达黎加的腐败呈现高层腐败影响巨大、长时间缺乏舆论监督、腐败与毒品犯罪牵连的特点。国内外形势的变化、本身反腐败的需要、加入经合组织的要求迫使哥斯达黎加加强腐败治理。为打击腐败，哥斯达黎加从打击贿赂的角度入手，不断完善反腐败立法，其中《法人责任法》是核心。哥斯达黎加还采取构建政府信息公开制度、完善司法制度、支持民间社会组织发展、加强国际合作等措施。哥斯达黎加的腐败治理取得了巨大的成效，成为中美洲最清廉、拉美排名前列的国家。但也存在打击贿赂有失偏颇等缺点。

【巴西刑事侦查中的大数据运用研究】

刘天来，《贵州警察学院学报》2020 年第 2 期

当今世界，随着技术的飞跃式进步，大数据、云计算等进入刑事侦查领域，深刻影响和改变了各国刑事侦查的发展。在地球另一端的巴西，同样顺应这股时代的潮流，加强大数据在刑事侦查中的运用。该文从巴西刑事侦查大数据运用的理论基础、现实需要、运用现状、运用成效、存在问题五个方面，剖析和探讨巴西在刑事侦查中对大数据的运用。

【福音派在巴西的扩张及其政治影响】

刘婉儿，《拉丁美洲研究》2021 年第 2 期

20 世纪下半叶以来，基督教福音派利用巴西现代化进程中滋生的弊病以及该国天主教会的制度弱点不断发展壮大，并积极投身政坛，不断扩大在立法、行政部门的影响力，且在 2018 年“亲福音派人士”博索纳罗当选总统后，开始以更积极的方式渗入国家政治生活的方方面面。未来，巴西福音派将继续作为巴西政治发展中一个不容忽视的重要变量而存在。

【中拉文化交流 70 年：以拉美文学作品汉译为例】

楼宇，《西南科技大学学报（哲学社会科学版）》2020 年第 4 期

拉美文学汉译是中拉文化交流的重要途径之一。在中拉民间交往时期，拉美文学汉译发挥了铺路搭桥的重要作用。20 世纪八九十年代，拉美文学汉译回归文学本位，稳步发展。党的十八大以来，随着中拉关系进入全方位发展新时期，拉美文学汉译也迎来蓬勃发展时期，成为中拉文化交流的重要一翼。

【新冠疫情对拉美经济和中拉经贸合作的影响】

吕洋，《国际研究参考》2020 年第 4 期

拉美国家由于长期低迷的增长态势、脆弱的经济结构以及相对羸弱的社会治理能力，面对疫情难有招架之力，经济前景不容乐观。受此影响，近年来持续向好的中拉经贸合作面临前所未有的压力。如何防范和化解疫情冲击，重启经贸引擎，将是未来一段时期发展中拉关系的关键。

【制度弱化视域下拉美国家“发展陷阱”的传导路径考察：“资源诅咒”与制度选择】

芦思姮，《拉丁美洲研究》2020 年第 3 期

拉美地区长期落入“发展陷阱”的根源并非来自丰裕资源要素的“诅咒”，而应归因于国家制度结构及其在变迁中引致的“路径依

赖”。自然资源部门本身固有的不确定性不仅未能在域内各国政策激励下得以有效规避，反而在一系列制度弱化条件作用下被进一步放大。这些恶果不仅逆向地侵蚀了原本低效的制度质量，加剧了对社会经济绩效的冲击，而且阻滞了资源租金转化为国家发展资本的过程，并最终引致该地区长期被“锁定”在偏离可持续性增长的低水平均衡中。

【西班牙语世界的生态美学研究】

孟夏韵，《江苏大学学报（社会科学版）》2021 年第 2 期

西班牙语世界的生态美学研究并未专注于理论探索与阐释，而是注重应用实践的具体操作，聚焦在人为社会环境和文化环境，主张以美学的态度重建整个人类环境，调动人类资源和各种能借助的手段，在环境、社会关系和人的主体性三个领域建立生态联结关系，共建人类美好生活。

【作为权力工具的海洋学：马修·莫里的“开发亚马孙”倡议及其影响】

宁锐，《拉丁美洲研究》2020 年第 6 期

19 世纪 50 年代，美国海洋学家马修·莫里在新闻报刊上发表大量文章，出版《亚马孙与南美的大西洋斜坡》一书，塑造了当时美国知识精英眼中亚马孙的文化形象。在莫里笔下，亚马孙地区蕴藏着丰富的农业与商业的资源价值，它亟须实现自由通航，对亚马孙河进行开发是美国“天定命运”的必然要求。他以海洋学知识为依托，将科学理性奉为不容辩驳的真理，对亚马孙地区的自然特性及其同美国、大西洋等地理单元的联系进行定义与建构。但莫里依恃的海洋学理论本身内嵌着严重的学理逻辑缺陷，实质为一种庸俗的“地理决定论”的翻版。而莫里鼓动本国海军对亚马孙河进行探险一事，更在一定程度上成为美国科学界利用亚马孙区域研究干涉巴西国家内政的滥觞。

【国家间一体化：主权让渡与红利预期的权衡】

欧阳俊、邱琼，《拉丁美洲研究》2020 年第 3 期

功能主义和政府间主义是国家间一体化理论的主流，两大学派之争贯穿着整个国际一体化实践与研究的历史，至今未休。虽然两大阵营都承认对方有合理的一面，自身存在某些局限甚至缺陷，各自都只是关于国家间一体化不同视角的描述和解释，但少有学者尝试将二者进行整合。该文的目的就在于整合上述两大理论，构建可解释不同区域不同类型国家间一体化的一般理论。该文首先回答了什么是国家间一体化，如何测度国家间一体化，明确地将其等同于国家主权让渡与汇集。其次，该文基于主权让渡和红利预期的权衡假设，借鉴国家建构理论的思路，构建了国家间一体化两阶段重复博弈模型，并在此基础上讨论了国家间主权汇聚与让渡的动力和条件，以及一体化演进/退化的反馈机理。最后，该文对全文进行总结，并指出该文构建的国家间一体化博弈模型的不足之处以及未来的研究方向。

【俄罗斯外交战略中的拉丁美洲】

庞大鹏，《拉丁美洲研究》2020 年第 4 期

该文分析了苏联解体后俄罗斯与拉美关系的历史演变，总结了俄罗斯对拉美政策的基本特点及其利益诉求。20 世纪 90 年代以来，俄罗斯的拉美政策几经曲折，其政策变化的根本点在于，从俄罗斯在拉美的利益出发制定拉美政策。与该地区各国保持互利和多边合作，是俄罗斯国际联系多样化的标志，也是其实现多极化外交思想的组成部分。在大国竞争日益加剧的国际背景下，俄罗斯为了自身的国家利益，最大限度地扩大与拉美各国在世界政治中的相互协作领域。俄罗斯与拉美地区开展互利合作具有一系列客观因素。经济外交是俄罗斯拉美外交的重点。

【中美贸易摩擦中的贸易伙伴替代研究】

史沛然、李奇泽，《江西社会科学》2020 年第 6 期

通过使用全球货物贸易数据，在全球贸易框架下讨论中美贸易摩

擦对中美双边货物贸易和全球货物贸易体系的影响，并在全球范围内计算出世界各国对中国（和美国）关税清单涉及的美国（和中国）产品的替代程度。中国的高技术产品在贸易摩擦中受到的影响最大，能替代中美在彼此进口结构中的地位的国家屈指可数。此外，至少在短期内，中国产品在美国的贸易体系中的可替代度大幅度低于美国产品在中国贸易体系中的可替代度。特别是那些双边贸易中美国从中国进口的“重点产品”，中国是美国最主要的贸易伙伴，美国恐难以从其他国家找到等质等量的贸易对象。

【“一带一路”框架下的中拉绿色产品贸易：特征、比较优势与出口潜力】

史沛然，《企业经济》2021 年第 1 期

该文使用 2002 年至 2018 年的货物贸易数据，分析了中拉共建“一带一路”过程中中拉绿色产品贸易的特征和趋势，并重点研究了中国绿色产品对拉美的出口潜力。通过使用双边显示性比较优势指数和出口潜力矩阵，文章发现，在现有的中拉货物贸易结构中，绿色产品贸易所占比重较低，贸易对象高度集中，但随着双方经贸合作的全面深化，特别是“一带一路”延伸至拉美，双边绿色产品贸易金额和种类都在稳定上升。尽管中国绿色产品在拉美市场面临着地理距离遥远、市场竞争激烈等客观困难，一旦拉美对绿色产品的需求提升，那么中国就具备进一步扩大向拉美出口该类产品的潜力。

【拉丁美洲与亚洲的农产品贸易潜力分析】

史沛然，《拉丁美洲研究》2021 年第 1 期

该文基于拓展引力模型的框架，分析了 21 世纪以来拉美和亚洲国家的农产品贸易潜力。拉美和亚洲在农产品贸易领域存在巨大的贸易潜力，但面临的贸易壁垒也最高；双方遥远的地理距离已不再是双边农产品贸易的主要阻力，优良的基础设施建设、良好的制度和全球化参与程度，尤其是进口国的经济发展水平，是决定双边贸易潜力的主要因素。亚洲和拉美国家可通过合作改善贸易基础设施和物流系

统，由之带来的贸易成本降低也可为双方带来更大的贸易收益。

【美秘洛沃斯群岛之争及影响】

石晓文，《拉丁美洲研究》2021 年第 1 期

1852 年 6 月美国商人在秘鲁沿岸的洛沃斯群岛发现了丰富的鸟粪资源，由此美国政府单方面接管了本属于秘鲁的洛沃斯群岛，并否认秘鲁政府的主权。随后，双方依据优先发现原则维护各自的主权，最后以美国政府承认秘鲁对洛沃斯群岛的管辖权而结束。经过这次对鸟粪岛的争夺，秘鲁巩固了对全球鸟粪资源的垄断地位，迎来了辉煌的“鸟粪时代”，此后走上了以资源谋发展的经济发展道路。同时，洛沃斯群岛争议产生了一连串的化学反应，一方面为美国海洋扩张发出了“先声”，另一方面也开启了全球太平洋岛屿“争夺战”。

【“中美洲的例外”：尼加拉瓜社区警务模式研究】

施榕，《拉丁美洲研究》2021 年第 2 期

在中美洲北三角区国家，但唯独尼加拉瓜的社区警务模式效果显著。有两个重要历史事件及其遗产对尼加拉瓜社区警务的有效性产生了关键性的影响。一是 1979 年桑地诺革命的成功与桑解阵政权的确立，彻底瓦解了索摩查独裁政权的武装力量，为尼加拉瓜当前的社区警务模式奠定了深厚的群众基础与制度遗产。二是 1990 年查莫罗赢得总统大选，开启对武装力量的国家化改革，从法律上明确区分了警察与军队的职能和权力。然而，尼加拉瓜社区警务模式中存在的深层问题使其前景不容乐观。

【拉美国家在 WTO 改革中的立场和作用】

苏庆义，《拉丁美洲研究》2020 年第 3 期

该文梳理了拉美国家在 WTO 改革中的行动和立场，并分析拉美国家在 WTO 改革中发挥的作用。该文认为，在世界各大区域中，拉美国家发挥的作用大于大洋洲和非洲地区，小于北美、欧洲、亚洲地区。阿根廷、巴西、墨西哥将是拉美国家中最具影响力的经济体，在

世界各经济体中扮演影响者的角色。其他拉美国家则将扮演跟随者的角色。同时，拉美国家内部也存在利益协调问题。其中，巴西的动向最值得关注。中国应积极寻求和拉美国家之间的合作，共同推进WTO改革。中国和巴西之间虽然存在利益分化，但也存在多种合作的可能。中国和拉美国家之间的合作可以遵循“抓大不放小、一事一议、多种平台”的思路。

【战略跟随与外交自主性：日本对拉美政策的历史演变】

孙洪波，《拉丁美洲研究》2020年第4期

考察拉美在大国博弈及兴衰更替中的历史角色，日本对拉外交有诸多特殊之处。鉴于长期的日美同盟关系，日本对拉外交具有“战略跟随与外交自主性”的鲜明特征。这既是战后国际体系、日美特殊盟友关系、国际格局多极化等外部因素塑造的产物，也是日本根据不同历史阶段在拉利益进行对拉外交决策的逻辑反映。回顾日本对拉政策的历史演变，日本对拉外交的基本轮廓是基于日美战略同盟，视拉美为其融入国际社会的依托力量，维护海外资源供应安全的战略来源地，扩大对外出口的重要国际市场，倚重对拉产业价值链合作赢得国际竞争优势，以及谋求全球政治大国地位的支持性力量。

【拉美地区局部动荡：表现、根源及前景】

孙洪波，《当代世界》2020年第8期

目前，拉美正处于深刻调整和复杂变化的关键时期，地区整体形势进入复杂敏感、脆弱多变的新阶段。这既是现阶段国际形势不稳定、不确定的局部反映，也是拉美长期积累的各种矛盾不断聚集、相互交织、相互作用的结果。美国加大介入和管控导致拉美地区政局演变、经济发展、一体化进程及对外关系面临新挑战。多数拉美国家面临的国际、域内及国内多重矛盾更加尖锐，同时遭受全球疫情带来的新冲击，防疫抗疫形势严峻。

【中国与拉美地区的科技合作研究】

孙语圣、胡婷婷，《山东科技大学学报（社会科学版）》2020 年第 1 期

与世界发达国家和新兴国家相比，拉美和加勒比国家的科技发展水平相对落后，科技创新能力不足，科技产出也比较落后，但也有自己的优长。中国科技在研发经费与人力投入、高等教育、科技期刊文章数量、专利申请与知识产权使用收支、高科技产业出口等方面优势较为突出。在此情况下，中国与拉美开展科技合作就有现实的可能性和必要性。中拉在人才流动与学术交流、科技合作的重点国别、科技合作的重点项目等方面有明显的进展，但也存在一些影响科技合作的制约因素。为积极、有效发展中拉科技合作，应从整体框架设计、合作国别与领域、合作的形式研究、要处理好的相关关系等方面做好工作。

【美国与拉美民粹主义的主要区别与左右分野】

谭道明，《拉丁美洲研究》2020 年第 1 期

民粹主义在美国和拉美地区具有不同的发生和发展史。民粹主义在美国起源时间较早，但发生频率较低，持续时间较短，彼此关联性不强，影响程度较弱，激进程度较轻。民粹主义在美国和拉美有很明显的左右分野，左翼民粹主义在拉美长期占据主流，右翼民粹主义在美国则是主要形式。美拉民粹主义的重要差异，主要来自两个地区不同的政治文化传统和选举民主机制，以及民主体制不同性质和程度的政治衰败。美拉民粹主义左右分野，实质上是公民的基本权利保障不彰所致。

【巴西国际投资争端解决模式改革及对中国的启示】

唐妍彦，《拉丁美洲研究》2021 年第 2 期

该文在“投资便利化”与国际投资争端解决机制改革的大背景下，阐述投资争端解决三阶段模式的具体运作方式，并分析巴西投资争端解决模式的优势与受到的质疑。最后，在阐明中国与巴西都是

"投资便利化"政策工具支持者的立场下，论述了巴西投资争端解决机制中的投资争端预防模式对中国未来投资争端解决模式选择以及改革的启发。

【"一带一路"背景下的中拉产能合作：理论基础与潜力分析】

王飞，《太平洋学报》2020 年第 2 期

该文以全球价值"双循环"背景下的南南合作新范式为理论基础，通过比较要素供给侧和产品需求侧的不同指标，对中拉产能合作的国别潜力进行分析。研究结果表明：墨西哥、巴西和阿根廷等地区大国可作为中拉产能合作的重点国家；投资是扩大中拉产能合作规模最重要的方式；特定政治和经济风险仍然是中拉产能合作不可回避的问题。

【拉美与非洲地区经济一体化比较：基于历史的考察】

王慧芝、曾爱平，《拉丁美洲研究》2020 年第 4 期

作者从历史的视角阐述拉美和非洲地区经济一体化的模式，并在此基础上对其模式异同及发展前景进行比较。展望未来，拉美地区经济一体化难有重大突破，经济一体化进程任重道远。

【巴西外交政策右转：原因及前景】

王慧芝，《和平与发展》2021 年第 2 期

作者认为巴西亲美反多边对外政策实践的国内基础并不稳固，还与博索纳罗重振经济的目标相悖，拜登的胜选进一步加大其推进难度。巴西意识形态外交虽对中巴关系造成一定困扰，但难改中巴友好合作大局，两国务实合作的前景依旧广阔。

【"超级选举周期"与拉美政党政治新变化】

王鹏，《当代世界》2020 年第 2 期

2017 年 11 月至 2019 年 11 月，拉美经历了一个"超级选举周期"。选举结果反映了地区各国传统政党的衰败和政党格局的大变动，也折射出拉美国家政党体系面对的巨大挑战。政治民主化、经济

模式转型和大众媒体的发展重塑了拉美政党的运行环境。这个选举周期形成以“愤怒票”为基调的选举环境，有利于新兴政党的崛起。以媒体宣传为基础、以候选人为中心的职业选举型政党处于活跃状态。未来，拉美国家迫切需要加强政党和政党体系的制度化建设，以应对新发展阶段的挑战。

【中国和巴西中间产品贸易传输碳排放研究——基于多区域投入产出模型】

王淞、赵玉焕、张中华，《生态经济》2020 年第 10 期

基于多区域投入产出模型，本文测算了中国和巴西中间产品贸易的传输碳排放，分析了碳排放视角下的关键双边供应链环节和部门。结果显示：2005—2015 年，巴西对中国中间产品出口的传输碳排放保持稳定增长趋势，中国对巴西中间产品出口的传输碳排放则呈现“先增（2005—2013 年）后减（2013—2015 年）”的趋势，两国中间产品出口的传输碳排放强度持续下降；在部门层面，中国对巴西中间产品出口的传输碳排放集中在纺织、化工、橡塑、水泥、金属、机械、电气和运输设备等行业，巴西对中国中间产品出口的传输碳排放集中于农业、矿业、金属和运输仓储等行业；从全球供应链来看，中国和巴西中间产品贸易的传输碳排放高度集中于少数供应链环节。文章就减少两国中间产品贸易对碳排放的影响提出政策建议。

【巴西对非洲投资的战略、政策及特点】

王涛、崔媛媛，《拉丁美洲研究》2021 年第 2 期

巴西对非洲投资规模不大，投资主体也多限于国有大型企业，投资地区集中于以非洲葡语国家、南非为代表的南部非洲。投资实现了巴西与非洲的双赢，不仅为巴西打造了稳定的能源供应市场，促进了巴西产品对非洲出口，而且为非洲引入了新技术、创造了新岗位。但与此同时，巴西对非洲投资也受到投资项目效率低、环境与社会风险挑战的不利影响。巴西对非洲投资积累了丰富的经验，如投资活动与人文交流有机结合，投资前准备工作与投资过程动态管理兼顾，投资

与促进非洲本土发展相适应，相关经验教训都值得中国借鉴。

【战后墨西哥农业生产转型与粮食问题】

王文仙，《拉丁美洲研究》2020 年第 6 期

第二个国际粮食体制起源于 20 世纪 30 年代世界经济大萧条之际，二战后逐步形成发展。该体制以新农业技术绿色革命为基础，美国在其中占主导地位，支持农业生产，实施对外粮食援助政策。二战后，墨西哥通过绿色革命，借助于政府政策，使得粮食产量提高，实现了粮食自给自足。但 20 世纪 60 年代后期墨西哥农业生产发生变化：一方面，粮食生产出现停滞现象，不再能自给自足；另一方面，农业生产逐渐过渡到以饲料作物生产为主。70 年代初，墨西哥农业生产呈现危机迹象，粮食问题凸显。美国所谓的粮食援助政策虽然可以在一定程度上缓解墨西哥的粮食问题，却也让墨西哥更加依赖粮食进口。探讨墨西哥粮食问题的出现，可以发现外部诱因和内部因素相结合共同推动了墨西哥农业生产从粮食生产转型到农业畜牧业化：外部诱因是指战后新大众消费主义文化推动美国膳食结构发生变化，这种变化影响到墨西哥；内部因素是指墨西哥城市化过程中城市中上阶层以肉类为主的消费模式。虽然埃切维利亚和波蒂略两届政府先后整顿农业政策，但都没有解决粮食问题，未能克服农业生产危机。

【中国拉丁美洲研究的回顾与思考】

王晓德，《拉丁美洲研究》2021 年第 1 期

中国的拉丁美洲研究经历了百余年的历程，但只是到了中华人民共和国成立之后才逐步形成了一个专门的研究领域。改革开放之后，中国的拉丁美洲研究进入了快速发展时期，创办了本领域的专门研究刊物，研究机构增多，研究队伍迅速扩大，成立了为研究人员提供学术交流平台的两个全国性学会——中国拉丁美洲史研究会和中国拉丁美洲学会。从改革开放至今，中国的拉丁美洲研究取得了引人瞩目的成果，对拉美历史与现状的探讨不断走向深入。如果把中国的拉美研究作为一门学科的话，那么经过几代人的艰辛努力，到现在这门学科

的确已经茁壮成长起来，而且日趋成熟，正在满载着丰硕的研究成果稳步向前推进。然而，在总结成绩时尤其要看到不足，中国的拉丁美洲研究依然存在着很大的提升空间，拉美地区很多国家在研究中基本上还属于空白，与拉美相关的一些重大问题尚未深入开展。回顾过去，总结得失，认识不足，展望未来，必然有助于中国的拉丁美洲研究大踏步地向着更高水平迈进。

【百年变局中迷茫的拉美】

吴洪英，《现代国际关系》2020 年第 6 期

文章探讨了 2019 年拉美 15 国相继暴发大规模抗议的原因、特点，指出“拉美之乱”既是百年未有之大变局的一个变量，又是大变局的一部分，从根本上折射出拉美国家对自身发展道路的迷茫与困惑，如，国家定位“向南还是向北”、意识形态“向左还是向右”、发展理念“开放还是闭关”等。文章最后指出，拉美国家需要通过结构性改革，探索出一条适合国情的发展道路。

【中拉“一带一路”合作：挑战与深化路径】

现代院拉美所课题组，《国际问题研究》2020 年第 2 期

在国际局势动荡复杂、大国竞争日益激烈的背景下，中拉有必要以共建“一带一路”为引领，带动双方合作优化升级、创新发展，并为广大发展中国家的合作及可持续发展提供良好范本。文章首先概括了 2017 年以来中拉“一带一路”合作的进展；其次，探讨了中拉在新形势下推进“一带一路”合作的必要性，认为“一带一路”合作将助力中国经济转型升级、助力拉美国家走出发展困境、破除中拉合作阶段性难题、帮助中拉应对世界局势复杂深刻变化；再次，指出了阻碍中拉“一带一路”合作深化的因素，其中既包括中拉本身的原因，也包括域外因素；最后，提出了深化合作的路径：以互利共赢、优势互补为总原则，以构建“中拉命运共同体”为长期目标，全面推进“五通”工程，同时加强其他配套工作，重点深化政府、智库和企业三方对话交流。

【民商合一民法典和商法典的生存空间——以巴西私法立法结构变迁为例】

夏小雄，《拉丁美洲研究》2020 年第 5 期

巴西在 2002 年制定了民商合一的民法典，此后在学者主导下又拟定了商法典草案提交立法机构审议。巴西商法典的制定以推动商事制度现代化、增强商法适用稳定性及改善营商投资环境为目的，对商法体系和商法制度进行了全面优化和完善，不仅能够弥补统一民法典的不足和漏洞，而且能为巴西商法制度现代化、营商投资环境优化创造条件。巴西私法立法经验表明民商合一民法典和商法典的制定并不矛盾；商法典立法需要具有现代性品格，应以“企业”概念为核心建构商法制度体系。对巴西私法立法改革经验的研究可以为中国私法体系完善提供一定参考经验。

【拉美民众意识形态极化趋势及其影响】

肖宇，《拉丁美洲研究》2020 年第 2 期

自 2014 年以来，持极端意识形态的民众尤其是持极左观点的民众比重出现了显著上升，这主要是受到经济发展形势和各国执政党意识形态两个因素的交互影响。宏观上，以极左民众比重上升为特征的极化趋势主要是受到整个区域经济持续低迷和右翼政府的紧缩性经济政策影响。微观上，民众对国家经济形势的判断与其所在国执政党的意识形态共同影响着其极化方向。在右翼执政的国家，民众对国家经济形势的评价越负面，其持极左观点的概率越高，持极右观点的概率越低；在左翼执政的国家，民众对国家经济形势的评价越负面，其持极左观点的概率越低，持极右观点的概率越高。最后，本文讨论了民众意识形态极化对拉美国家政局稳定的影响。

【百年未有之大变局中的中拉关系】

谢文泽，《人民论坛》2020 年 1 月（中）

我国对自身有清醒的认识，我国仍处于全球价值链的中低端，美欧发达国家仍主导国际经贸规则的制定，我国参与国际规则制定的能

力有待提高。面对百年未遇之大变局，习近平总书记指出，发展中国家是我国在国际事务中的天然同盟军。拉美经委会呼吁拉美国家与中国等新兴发展中大国构建“联盟”关系。“全面建交、全面合作、全面参与全球治理，携手实现共同发展”不仅是“中拉命运共同体”的基本内容，更是中拉“携手共进”的本质内涵。

【中国共产党与拉美共产党关系的曲折发展】

徐世澄，《拉丁美洲研究》2020 年第 1 期

20 世纪 50 年代和 60 年代初，中共与拉美各国共产党的关系比较密切。到 1960 年，在拉美 22 个共产党和工人党中，有 18 个党与中共建立和发展了友好关系。60 年代初期，拉美共产党虽然与中共有分歧和争论，但仍与中共维持着正常往来。1965 年至 70 年代后期，由于拉美大多数共产党在国际共运大论战中支持苏共立场，中共与拉美多数共产党的关系恶化和中断。与此同时，从拉美老共产党分裂出来的新党陆续与中共建立起党际关系。中国“文化大革命”结束和改革开放开始之后，大多数拉美共产党与中共恢复和发展关系，中共也调整了与拉美新党的关系。无论是与拉美老党还是与拉美新党的关系，中共都遵循中共十二大确立的“独立自主，完全平等，相互尊重，互不干涉内部事务”党际关系四项原则。此后，中共在党际关系方面，又突破了主要与共产党交往的传统，开始尝试与拉美民族民主等各类政党开展交往并取得重大突破，党际交往逐步由外延向内涵转变。

【玻利维亚争取社会主义运动东山再起】

徐世澄，《唯实》2021 年第 1 期

最近一年玻利维亚政治生态发生了戏剧性的变化。2019 年 11 月玻利维亚发生政变，左翼政党争取社会主义运动主席、总统埃沃·莫拉莱斯政府被推翻，莫拉莱斯被迫流亡国外。一年后，2020 年 10 月玻利维亚举行大选，争取社会主义运动候选人路易斯·阿尔塞当选总统，于 11 月 8 日就任总统。该文主要分析玻利维亚左翼东山再起的

前因后果。

【特朗普执政以来美国对拉美政策的调整及其影响】

严谨，《拉丁美洲研究》2020 年第 2 期

特朗普政府执政后，公开祭出“门罗主义”的旗帜，大幅度调整对拉美政策，展现更公开的干涉行径、更浓厚的利己色彩、更明显的分化企图和更强烈的排外取向。短期看，特朗普政府对拉美政策的调整取得一定成效。但长期看，美国和拉美之间的深层次矛盾和冲突并未完全纾解，在特定的时空背景下存在进一步被激化的可能性；与此同时，特朗普政府对拉美政策的调整还加剧了大国在拉美展开战略博弈的风险。

【试论美国对拉美的新战略——“美洲增长”倡议】

杨建民，《学术探索》2020 年第 9 期

2019 年 12 月，美国官方正式推出了“美洲增长”倡议，目标是催化私营部门对拉丁美洲和加勒比地区能源和基础设施的投资，促进创造就业和启动经济增长。倡议的主要内容包括发挥私营部门作用、与拉美国家建立伙伴关系、美国政府机构的整体参与等。美洲开发银行还提出了“美洲增长”倡议的主要行动计划和 42 项政策建议。“美洲增长”倡议不仅有鲜明的意识形态色彩，而且直接与中国的“一带一路”倡议展开竞争、制衡中国在拉美日益增长的影响力，进一步增强对拉美各国的影响与控制以及支持拉美地区右翼政府打击左翼政府等战略意图。

【新冠疫情下拉美的发展困境与变革之路】

杨首国，载《2021 世界发展状况》

新冠肺炎疫情成为检视拉美治理能力与发展水平的“放大镜”，亦是加剧各种问题矛盾的“催化剂”。一年来，该地区新旧问题交织，不确定性增加。当前及今后相当一段时间，争取外援、控制疫情、重振经济是拉美国家的重要任务。拉美国家接连发出信号，期望

中国继2008年金融危机之后，再次助力拉美走出危机。其积极务实态度，既有疫情防控的应急需要，更有复苏和发展经济的长远战略考量。困境之下，拉美国家普遍将加强与华关系提升到新的战略高度，中拉合作展现韧性与更强动力。

【拉丁美洲与马克思主义的“错遇”】

叶健辉，《拉丁美洲研究》2020年第1期

马克思主义建立在马克思、恩格斯以欧洲中心的经验基础之上，具有浓烈的欧洲色彩。马克思本人在1857年的文章中将拉丁美洲的“解放者”玻利瓦尔视为拿破仑三世滑稽的模仿者。马克思、恩格斯一般只在涉及欧洲问题的情况下，才会关心欧洲之外的世界。马克思、恩格斯去世之后，传承马克思主义的第二国际各社会主义政党也聚焦于欧洲自身的问题，很少关心欧洲之外的世界。但由于在殖民地问题上的立场影响到了第二国际各社会主义政党的选举，第二国际不得不讨论殖民地问题。为应对资产阶级的殖民政策，荷兰社会民主党代表提出了“社会主义殖民政策”问题。1907年第二国际第七次代表大会在德国斯图加特召开，与会代表就殖民地问题展开了激烈讨论。作为阿根廷社会党代表的曼努埃尔·乌加特参与了这次会议，随后形成的将马克思主义或社会主义与拉丁美洲民族主义结合在一起的基本思想，成为马克思主义或社会主义拉丁美洲化的开端，马克思主义或社会主义可以脱去其诞生时所具有的欧洲色彩。

【拉美马克思主义的“科尔多瓦学派”】

叶健辉，《拉丁美洲研究》2021年第2期

拉美马克思主义的“科尔多瓦学派”创立于1963年，基本理论资源是意大利共产党领导人葛兰西的思想。在理论上，“科尔多瓦学派”致力于马克思主义的本土化，使马克思主义深入拉美社会，建立马克思主义文化领导权，引领拉美走向社会主义。在拉美社会主义革命道路问题上，“科尔多瓦学派”一度对游击战寄予希望，但游击战的失败使“科尔多瓦学派”转向“工厂委员会”道路。“科尔多瓦

学派”希望实现马克思主义与主导阿根廷工会运动的民众主义联合，以此实现社会主义。“科尔多瓦学派”是马克思主义在拉美本土化的一个标志，是马克思主义扎根第三世界的重要成果。与西欧马克思主义的“法兰克福学派”相比，拉美马克思主义的“科尔多瓦学派”将理论与实践相统一的道路更符合马克思主义的基本精神，对同属第三世界的中国来说更具有借鉴价值。

【21 世纪以来拉美社会民主主义的变化趋势与影响】

袁东振，《当代世界》2020 年第 2 期

进入 21 世纪以来，拉美社会民主主义出现一系列新变化，不少拉美社会民主主义政党对其传统指导思想、理论和政策主张作出调整。这种变化和调整一定程度上体现了拉美地区政治社会思潮的新趋势，将对拉美政治发展走向产生新影响。

【拉美国家的腐败问题与腐败治理趋势】

袁东振，《西南科技大学学报（哲学社会科学版）》2020 年第 3 期

拉美腐败现象较复杂，遍及政治、经济和社会领域，及公共部门和私人部门，既有外源性或非制度性腐败，也有内源性或制度性腐败；既有行贿受贿、渎职、裙带关系、权钱交易等具体形式，也有大腐败和小腐败等规模形式。在腐败多发高发频发态势下，拉美腐败治理也呈现新趋势。许多国家加大对腐败行为和腐败者惩治力度，竭力打破有罪不罚的传统，加强腐败治理的制度和法律体系建设，寻求反腐败国际合作，营造全民反腐的气氛和环境，改善国家形象。

【玻利维亚“争取社会主义运动”重新执政：挑战与前景】

袁东振，《当代世界》2021 年第 2 期

“争取社会主义运动”时隔一年后通过大选再度执政，是玻利维亚政治、经济和社会现实进程的必然结果。作为玻利维亚第一大政治

力量，“争取社会主义运动”具有继续执政的能力，甚至具有长期执政的实力。但未来能否继续执政甚至长期执政，主要取决于其化解所面临各种重大风险的能力，取决于其解决国家政治经济和社会难题的能力，取决于其自身建设的能力。

【中国对拉美地区科技援助模式探究】

袁月，《西部学刊》2020 年第 13 期

拉美地区国家的科技发展，尤其是创新能力和产出水平严重落后于世界发达国家及部分新兴国家。这就决定了我国对拉美科技援助有实现的可能性和迫切需要。在科技援外模式上，要注意区分国别、区分科技层次，因地制宜地实施援助目标。我国对拉美科技援外的优先领域应向高新科技倾斜，以共建联合实验室、农业科技园区，建立科技合作计划、与受援国联合开展技术适应示范、与他国合作共进拉美等作为主要援助形式。积极探索援外项目的可持续性，推动我国企业、技术、设备、产品、标准等“走出去”。发挥我国对拉美地区科技援外的地位和作用，须处理好政治与经济社会、援助国与受援国的利益、中国国家利益和企业利益等的关系，这不仅有利于人才和技术流动，推动双方贸易合作、双方合作水平和领域能有更深层次的发展，也符合人类命运共同体的发展要求。

【“双循环”新发展格局下国家中心城市国际连通性提升研究——以郑州为例】

岳云霞，《城市》2020 年第 11 期

该文选取郑州为例，分析了“双循环”新格局下国家中心城市对外合作的立足点。文章认为，在“双循环”新发展格局下，国家中心城市有条件荷载内循环的良性运行与升级，并成为外循环的承担者和调度者。美洲涵盖发达国家、新兴经济体和发展中国家，是我国构建外循环的重点对象。“一带一路”建设进入精细阶段的现实要求使对外经济合作成为内陆城市提升国际连通性的有效路径。郑州作为内陆龙头城市，与美洲合作具有口岸、产业链和生产配套以及政策对

接优势，也受到对外贸易水平、金融实力、人才结构及连通渠道制约，应通过培育国际性平台、提升贸易与投资便利度、优化人文综合环境、建设互联互通基础设施及构建对外联系网络提升其国际连通性。

【中拉合作视角下的拉美“转型发展”战略解析】

张红颖，《当代经济》2021 年第 2 期

当今世界正处于巨大转型期，拉美和加勒比地区国家面临的结构性挑战要求制定全新的发展战略。该文旨在从中拉合作的视角出发，通过资料分析法解析拉美“转型中发展”战略。研究表明，“转型中发展”战略是拉美国家为应对当下普遍面临的结构性危机提出的经济社会发展战略，主要包括内发展和国际合作两个层面，主张采取多种创新举措，积极应对发展挑战。中国“一带一路”倡议应该积极对接拉美发展需求，推动中拉合作纵深发展。

【上帝和祖国——试论阿根廷天主教在民族构建中的作用】

张琨，《世界宗教研究》2020 年第 1 期

19 世纪末 20 世纪初来自欧洲的移民潮对阿根廷这个正在形成中的国家提出了巨大的挑战。在这种大背景下，同时也出于自身利益的考量，阿根廷的天主教会加入了由政府主导的、构建阿根廷民族主义的历史进程。通过在重要节假日的宣讲及活动、组织信徒参加与国家象征联系紧密的朝圣活动以及在义理和组织层面对左派思想及活动进行打压的方式，阿根廷教会不仅与世俗政府一起逐步化解了这波移民潮所带来的认同危机，逐步构建起了新兴的“阿根廷民族”，同时，教会还成功地将自身熔铸进阿根廷的民族性之中，并对后续的历史发展起到了重要的影响。

【墨西哥恰帕斯印第安社会田野研究的省思】

张青仁，《广西民族大学学报（哲学社会科学版）》2020 年第 2 期

在国家中心主义和现代化的诉求下，20 世纪美国人类学对墨西

哥印第安社会的研究旨在美墨两国的对比中呈现、剖析印第安社会与文明的特征，实现对美国利益及其支配的全球体系的维护。在混血作为民族国家象征的语境下，20 世纪的墨西哥人类学研究长期致力于将印第安人整合为现代民族国家公民的理论建设与实践。新自由主义改革导致的社会裂变使墨西哥人类学界的印第安研究沦为政治观点交锋的战场。萨帕塔运动后，墨西哥人类学研究出现了反思全球化的实践转向，开始强化与世界各大区域人类学研究的合作。中国学者对恰帕斯印第安社会的民族志研究，不仅是凝视墨西哥的行动，更是在与墨西哥社会多元主体交互凝视的参与实践中反思、批判全球化与世界体系，重塑全球社会的实践。

【中拉关系及中国对拉战略研究的一种进路】

张凡，《拉丁美洲研究》2020 年第 1 期

文章阐述了 21 世纪以来中国与拉丁美洲关系及中国对拉战略研究三个方面的问题。首先，中拉关系及其研究标志着中国改革开放和发展进程的深度与广度，极具象征意义。中国与拉美这一最为遥远、陌生大陆的交往程度，可以视为 21 世纪初叶中国在世界舞台上位置及其影响力的衡量标准之一。其次，中国政治、经济、外交、文化影响力在拉美展现的完整图景，揭示出中拉关系及中国对拉战略研究的问题意识，从而尝试界定该研究领域的基本维度和中心议题，聚焦中拉双方战略定位、整体合作与双边联系、经贸与科技交流、制度与文化交融碰撞、全球治理互动等特定时期的现实挑战和演变趋势。再次，这一业已成为学界“显学”的研究理应兼顾相关学科建设和知识积累，在针对特定区域的研究中提炼出具有普遍意义的概念和命题，不仅在该研究所涉区域研究范围、研究传统和议题设置等方面有所建树，而且在中国与发展中地区乃至整个世界的联系上贡献知识生产和理论创新的思考。

【新冠疫情影响下的拉美能源转型】

张锐，《拉丁美洲研究》2021 年第 1 期

疫情对拉美能源转型形成严峻挑战，主要包括能源需求的紧缩、社会隔离的阻碍和政府对化石能源行业的扶持。面临疫情冲击，2020 年拉美地区能源转型仍保持良好势头，拉美能源转型的机遇面仍大于挑战面。未来须重点关注拉美各国转型政策的稳定性及各国能否建立可持续的、兼顾社会公平的能源转型模式。

【拉美民粹主义对民主影响的实证研究】

张芯瑜，《拉丁美洲研究》2021 年第 1 期

该文基于 9 个拉美国家 1986—2016 年的数据，采用了多个随机效应模型，并在模型中加入了公民社会作为调节变量，对民粹主义和民主的关系进行了实证研究。结果表明，民粹主义执政党对民主会产生消极影响，民粹主义在野党对民主会产生积极影响，并且后者的影响大于前者。公民社会发展水平的提高会显著减弱民粹主义执政党对民主的负面影响，但对民粹主义在野党的调节作用较弱。准确把握不同民粹主义角色与民主的关系，不仅有助于深化对民粹主义的认识，还有助于正确处理民粹主义的问题。

【后危机时代拉美地区区域经济一体化形势与展望】

张勇，《国际经济评论》2020 年第 3 期

拉美地区具有倡导一体化的历史传统。然而，2008—2009 年全球金融危机爆发加速了国际政治经济格局的深度调整。2017 年以来美国特朗普政府的单边主义和贸易保护主义对世界贸易、投资、货币和发展体系产生了巨大影响，导致拉美地区区域一体化发生新变局，即出现了拉美地区原有一体化的被动调整和新增一体化的主动拓展这两种趋势。尽管内生动力仍是驱动经济一体化的主因，但是一体化速度和方向越来越受到国际环境变化的影响。中期内，加强拉美地区内部经济一体化程度和面向亚太的跨区域经济一体化具有比较大的潜力，而旨在促进生产结构转型和沿全球价值链升级的结构性改革则是

其重要保障。中国应抓住机遇，积极对接拉美地区跨区域经济一体化的需求。

【疫情冲击下的拉美金融】

张勇，《中国金融》2021 年第 5 期

自 2020 年 2 月下旬以来，新冠肺炎疫情在全球加速蔓延，使得原本脆弱复苏的世界经济“雪上加霜”，拉美地区经济也难以独善其身。更糟糕的是，在 2020 年第二季度拉美地区逐渐成为全球疫情的新“震中”。这无疑给拉美地区经济造成严重的冲击，进而可能加速诱发原本积累的金融风险。

【从全球治理的角度看拉美地区网络空间治理及中拉合作】

赵重阳，《拉丁美洲研究》2020 年第 6 期

随着网络空间对人类社会和国家安全的影响越来越全面和深入，对其进行全球治理的必要性和紧迫性日益突出，使网络空间治理成为全球治理议程中的一个新兴领域。拉丁美洲和加勒比国家属于网络发展中国家，一直积极参与网络空间全球治理进程。中国与拉美国家应该加强在相关议题上的沟通与合作，在提高网络空间建设和治理能力的同时，推进建立更加公正、公平、公开的网络空间全球治理秩序。

【欧盟—南共市经贸合作：基础、动力与进展】

赵怀普、曾子洛，《拉丁美洲研究》2020 年第 3 期

该文主要采用历史分析的方法，基于历史与现实结合视角，探讨欧盟—南共市经贸合作的动因、进程与影响。经贸合作是欧盟—南共市战略伙伴关系的重要支柱，双方经贸合作具有良好的历史和现实基础，在多方面动力的推动下，合作程度不断加深并迈向自贸新高地。然而双边关系的不对称性以及一体化程度的差异，使得双方的利益诉求和政策目标不尽相同，由此导致自贸协定谈判进程充满艰难曲折。但欧盟和南共市克服困难最终达成了自贸协定，不仅对双方意义重

大，而且对世界政治经济格局也有重要影响。由于依然存在着诸多制约因素和挑战，欧盟—南共市自贸协定的实施与双边经贸关系的发展或仍不会一帆风顺，但双方合作的大趋势不会改变。

【中国对巴西的文化外交：实践与挑战】

左晓园，《拉丁美洲研究》2020 年第 4 期

该文通过梳理中国对巴西的文化外交政策与实践的演变，分析当前中国对巴西文化外交面临的挑战，揭示了国际形势的变化以及对国际形势的判断如何影响中国文化外交的政策与实践。新中国成立 70 多年来，中国对巴西的文化外交在不同的历史时期体现不同的特点，这既是世界政治经济形势变化、作为新兴经济体的中国和巴西实力增长的结果，也反映了中国对世界与自我认知的变化。中国对巴西的文化外交促进了双方的了解，提升了中国在巴西的软实力，但影响文化外交效果的因素很多。为了更好地制定和实施对巴西的文化外交政策，中国应在加强对象国研究、如何将文化资源转化为外交优势、完善文化传播体系、加强文化传播能力、文化产品研发和文化外交人才培养等方面进行深入研究。

【拉美国家数字贸易治理行动及诉求研究】

周念利、吴希贤，《拉丁美洲研究》2020 年第 3 期

拉美国家参与数字贸易治理的进程及特点表明，在 WTO 框架下拉美国家在数字贸易治理领域最重要的利益关切主要体现在三方面：第一，希望对发展中国家的基础设施建设给予技术援助，对发展中国家的中小企业以及妇女参与数字贸易给予关注；第二，强调 WTO 框架下的数字版权规则要更透明、明确管辖权归属、注重权利和义务的平衡，加强对源代码和算法的保护；第三，建议在 WTO 成员海关管理实践中引入更多的数字贸易便利化措施，承认无纸化贸易的合法性及尽量做到政府数据公开。通过比较 WTO 其他成员对于拉美核心诉求的态度，该文认为，拉美提出的消弭数字鸿沟的诉求符合 WTO 各成员方立场，很可能会在 WTO 谈判中得以实现。保护源代码和算法

的诉求符合发达成员的核心立场，很可能得到发达成员的极大支持。而公开政府数据对发展中成员而言有一定困难，在 WTO 谈判中此诉求很可能不会实现。在此基础上，该文提出了中国参与 WTO 数字贸易谈判的相关政策建议。

【中拉“一带一路”合作】

周志伟，《当代世界》2020 年第 10 期

拉美现阶段处在政治生态、经济形态和外交政策调整过程中。左右翼政党激烈竞争、新兴政治力量崛起、民粹主义回潮、经济脆弱性加剧、社会矛盾凸显、美国重拾“门罗主义”等成为当前拉美地区大变局的重要因素。在这种变局中，中拉“一带一路”合作恰恰处于“换挡加速”和“升级换代”阶段，需要探索出符合拉美政治、经济及外交变局特点的合作路径。虽然拉美地区变局蕴含的不确定因素增多，但是中国在经贸领域的“不可替代性”促使拉美国家对“一带一路”倡议的认知更为务实。鉴于此，中国可针对拉美变局适当调整政策思路，促进中拉合作走深走实。

【金砖国家政治安全合作的内涵与挑战】

朱天祥、谢乐天，《拉丁美洲研究》2020 年第 6 期

政治安全合作是金砖国家合作的初衷之一，也是目前金砖国家合作的支柱之一。金砖国家能否以及如何有效地在政治安全领域开展务实合作至关重要。总的来讲，金砖国家政治安全合作就是要在以联合国为核心的多边框架下，应对和解决各个层面、各种领域的和平与安全问题。具体而言，金砖国家主张在理念上维护《联合国宪章》规定的“集体办法”与“和平方法”，在制度上推动联合国全面改革尤其是安理会权力结构的调整，在行动上支持联合国授权、参与或认可的国际实践，从而确保实现金砖国家政治安全合作关于“合法性”“合理性”与“合规性”的价值追求。在此过程中，金砖国家需要重点处理好与发达国家集团之间的竞合关系，协调好不同类型金砖成员之间的利益矛盾，管控好涉及金砖国家核心利益的争端与冲突。另

外，金砖国家还有必要探索一些诸如内外协作和双多边互动的创新性路径与方式，以便更好地确保政治安全合作的顺利开展。虽然政治安全合作实属不易，但是当前的新冠肺炎疫情与国际形势的变化为金砖国家维护国际和平与安全提供了必要的动力与难得的契机。

（供稿人：本书编者）